Johann P. Luck

Historische Genealogie des Reichsgräflichen Hauses Erbach

Johann P. Luck

Historische Genealogie des Reichsgräflichen Hauses Erbach

ISBN/EAN: 9783744796132

Printed in Europe, USA, Canada, Australia, Japan

Cover: Foto ©ninafisch / pixelio.de

More available books at **www.hansebooks.com**

Historische Genealogie
des
Reichsgräflichen Hauses
Erbach
die
als Zusätze und Verbesserungen
zu
Daniel Schneiders
im Jahr 1736 herausgegebenen
Erbachischen Historie
und auch
als ein eigenes Werk
gebraucht werden kann
in
vielvermehrten Tabellen
und beygefügten
richtigen Beweisthümern
entworfen
und
auf Hochherrschaftlichen Befehl
durch den Druck bekannt gemacht
von
Johann Philipp Wilhelm Luck
Gräflich - Erbach - Fürstenauischen gemeinschaftlichen Consistorialrath
und Stadtpfarrer zu Michelstadt

Frankfurt am Mayn 1786

An den Leser.

Daß es nicht unnöthig sey, zu der von Daniel Schneider 1736 herausgegebenen Erläuterung der Stammtafel des Reichsgräflichen Hauses Erbach Zusätze und Verbesserungen zu machen, wird ein jeder glauben, der betrachtet, daß seitdeme funfzig Jahre verstrichen sind, und der gegenwärtige genealogische Tabellen und ihre Beweisthümer gegen die ältere hält.

Ich sage also jetzt nur etwas, so wohl von dem Plane, nach welchem, bey dieser genealogischen Schrift, zu Werke gegangen worden, als von einigen Eigenschaften derselben. Was das erste betrift: so habe (a) hiebey, nicht nur auf die, welche das Schneiderische Werk selbst besitzen, sondern auch auf andere, welche jenes Werk nicht haben, gesehen. Letztern zu Gefallen, habe ich die merkwürdigsten Begebenheiten derer ältern Herren von Erbach, in den Tabellen, kürzlich angeführt, und in den Beweisthümern die Urkunden, die besonders interessant sind, als Stiftungen ꝛc. ꝛc. ob sie gleich in dem ersten Werke stehen, der Hauptsache nach und Auszugsweise eingerückt. (b) Die Uebersetzung des vorkommenden Lateinischen war darum nothwendig, weil die Erbachische Historie nicht in den Händen der Gelehrten allein ist, sondern auch viele Unterthanen die Geschichte ihrer Landesherrschaft mit Begierde lesen.

Was das andere angehet: so kan, da es ohnmöglich ist, in jenen grauen und dunkeln Zeiten, Licht zu finden, und die Nachrichten wieder haben zu wollen, welche Zeit, Krieg, Brand und andere Umstände zerstöret haben, jedoch ohne mir dabey Vorwürfe zu machen, nicht sagen, daß nicht noch mehr Licht nöthig wäre. Es hat vor ohngefehr zwanzig Jahren, der durch seine historische

rische Nachrichten von Hessen bekannt gewordene Joh. Friederich Conrad Ketter, gewesener Pfarrer zu Höchst in der Herrschaft Breuberg, ein Mann von groser Kenntnis diplomatischer Sachen, auch scharfer historischen Beurtheilung, die alten Tabellen, nach gründlichen Probationen, zu verbessern gesucht. Es ist aber Schade, daß Er die Beweisthümer nicht mit den Tabellen ordentlich abgefasset hat. Ich habe indessen seine Papiere durchsehen und mir kein Bedenken gemacht, mich zuweilen auf Ihn schlechtweg zu berufen.

Dagegen erscheinet die neuere Genealogie nun schon seit 286 Jahren in völligem Lichte. Ich habe, da mir das gemeinschaftliche Archiv, so wohl auch daselbe beschaffen ist, bey weitem nicht hinreichend war, es dißfalls an mühsamer Aufsuchung anderer Quellen, die das Werk selbst darthut, nicht fehlen lassen; und nur einige wenige Stellen sind es, bey welchen meine Bemühungen vergeblich geblieben.

Sollte die Tadelsucht mich etwa über die Pünctlichkeit in den genealogischen Begebenheiten unserer Tage anfechten wollen: so sage ich, daß ich für die Nachwelt schreibe, die mir bey der spätesten Blüte des Hochgräflichen Hauses Erbach, welche wir wünschen und hoffen, hierüber danken wird.

Die hinten befindliche Zusätze sind theils daher entstanden, weil ich an der Habhaftwerdung derer in solchen enthaltenen Documenten, bis das Werk größtentheils abgedruckt war, behindert worden, theils auch, weil einige Sachen noch beyzufügen für nothwendig und gut angesehen habe. Ich schäme mich nicht, mich selbst zu verbessern, und meine Leser werden ein paar Beyspiele von Gebräuchen des Alterthums bey Vermählungen und Beysetzungen in hiesigem Hochgräflichen Hause nicht mit Widerwillen lesen.

Die Tabellarische Vorstellung der Successionen auf Breuberg kan mit den richtigsten Urkunden bewiesen werden, aber der enge Raum hat es jetzt nicht verstattet, sie beyzufügen, oder anzuzeigen. Vielleicht erscheinet noch ein glücklicher Zeitpunct, der meine verbesserte Geschichte von Breuberg mit den deutlichsten Urkunden bekannt machet.

Historische

enſtadt, † 25. Jul. 839.

C. Ludwig, Sohn des Eginhards, geb. 820.

* * *

E. Poppo, Herr zu Erbach, lebte 1110.
G. Burkhard, Herr zu Erbach, lebte 1140.

bach, erſchien auf dem 12ten Turnier
198. † IV. Non. Oct. 1213.
Herrn zu Dillingen T. † 1188.

Schenk zu Erbach 1224, Patron
che zu Waiblingen.

3) Hanns, † kal. Jun. 1272. Gem. Susanna, Gottfried, Herrn von Epſtein T. † III. Non. Jun. 1281.

4) N. Schenkin von Erbach. Gemahl: Friedrich von Hutten, todt 1290.

5) Hanns, hatte Hdard, (a) bewilliget mit dem Kloſter daß das Kloſter morbach, und weinige Güter in 1280 ausgeſöhnet vertauſchte und aus dem Geem. Igarba, gethan (a), † 1000 Gaja T. Jan. 1296. (b), (mahlin: Anna, Ghard (a), Eas v. Rirneck T. † Würzburg (b) Sept. 1306. eper (c).

12) Philipp, † kal. Apr. 1299. Gem. Dieters von Ratten, Ritters T. † 17. kal. May 1315.

13) Albrecht, kommt vor 1306, † Idus Nov. 1319. Gem. Giſela, Herrn von Dobſenſtein Tochter, † XIIII. kal. Jun. 1298.

14) Julius, Prälat des Cloſters Lorſch.
15) Sibylla Starkenrads von Berubert Gemahlin.

16) Gen. Rauh (a), til an Habiß n wird 1316 des Schloſſes I (c), kauft kindsbach (d), Petr. & Pauli ; Uda, Schenk i (e)

26) Jutta, Aebtiſſ. zu Steliß genthal 1340.
27) Eliſabeth, Conventualin zu Schönau 1330.

28) Henrich (a), † IV. Idus Oct. 1334 (b). Gemahlin: Clara von Löwenſtein (c).
29) Eberhard (a), † in Vigil. S. Gregorii 1327 (b). Gemahlin: Mene, Grafen von Sponheim T. verm. 1323 (c), † IV. fer. S. Jacob 1341.

30) Elſe,
31) Jutta, Nonnen zu Stella genthal.
32) Henrich, Canonicus zu Worms.

33) Conrad (a), † Hanſen ligt, daß der Hrn Geberrsfelden dieſ zu Stogheim macht werde genannt wird 1370 von Domherr mit dem halben b), und von Jugenbrim Würzlebet (c), † April 1372. Se lin: Lucia, genannt von Hirſchhorn mit ter (d). Lit. A. nb
85 vor.

47) Schenkin, † 1375 in vigilia b. Andr. Apoſt.
48) Friederich, war auf dem coſten Turnier zu Eßlingen. Gem. Urſula, Grafen von Tilbingen T. Lit. D.

49) Anna, † 1370 in vig. Aſc. Dni.
50) Henrich (a), belehnt Rüdiger von Finkenbach (b), macht viele Stiftungen (c), † in ipſo die Jo. Apoſt. 1387 (d). Gem. Eliſabetha, Ulrichs, Hrn. von Bickesbach T. 1360, † 1380.
Lit. E.

51) Eberhard, Dhomherr zu Speier und Conventual zu Weiſſenb. 1339, † 1373.
52) Joa, Meiſterin im Cloſter Höchſt, † 1345 IV. Non. May.
53) Conrad, kommt vor 1340, 1350. Gemahlin: Eva von Cronberg.
Lit. F.

Historische
Erläuterungen und Beweisthümer
des Geschlechtsregisters
des
Gräflichen Hauses Erbach.

Tab. I.
A. Eginhard und Imma.

So gewiß es ist, daß Eginhard an dem Hofe des Kaisers Carl des Großen erzogen, und daselbst in der Folge zu wichtigen Geschäften gebraucht worden; so wenig ist man vermögend, von seinen Eltern, Geburtsort, ja auch von dem Amte, welches er eigentlich bekleidet, etwas gewisses zu sagen. Er wird bald Capellanus, d. i. so viel als Secretarius, bald Palatii Regalis Domesticus, bald Archicapellanus, bald Cancellarius genennt. Aus denen Schenkungen, die er von Kaiser Carl dem Großen, wie auch von dem Nachfolger und Sohn desselben, Ludwig dem Frommen, erhalten, wie auch aus dem vertrauten Umgange mit dem Kaiserlichen Hause, der aus seinen Briefen erhellet, siehet man deutlich, daß er in großem Ansehen gestanden haben müsse.

Dieses sowohl, als daß derselbe seinen ehelichen Umgang mit der Imma aufgehoben, und als Stifter und Abt des Closters Seeligenstadt am Mayn gestorben, ist etwas bekanntes, und kann hiervon

Weinkens in Eginhardo illustrato,

Schmink in Dissert. historica, die er der Lebensbeschreibung Caroli M. vorgesetzt,

nachgesehen werden.

Er hat nebst der Imma sein Begräbniß im Closter Seeligenstadt gefunden, wie dieses nachfolgendes Document, so ich aus dem Capitelbuch daselbst, mit Erlaubniß des Herrn Prälaten abgeschrieben, beweiset:

Beweisthümer zur I. Tabelle.

(*) Ad futuram rei memoriam Reverendissimus D. Petrus IV. Schultheis Mogonus, Abbas hujus loci animum inducens, antiquato veteri saxeo monumento aliud pro immortali honore et gloria Illustrissimorum Fundatorum nostrorum ex marmore magnificentius extruere, Anno 1721 mense Augusto, amoto per coemeterium operculo antiquissimi illius monumenti saxei, eodem, quo nunc est loco tribus elevatis gradibus positi praesentibus P. P. Leopoldo Barrone, Cellerario, ac Edmundo Weingärtner Custode, non sine ingenti gaudio reperiebat sericos tres nigri coloris loculos, quorum unus *Eginhardi*, alter *Immae*, tertius Giselae serenissimarum sororum infra nominata lipsana testabantur, quae postero anno 1722 mense Majo, hora undecima summo sacro de requiem pro iisdem fundatoribus et benefactoribus a P. Casimiro Korn decantato, in tribus denuo sericis nigri coloris loculis distincte involuta, in duabus autem scite elaboratis arculis tuto conservanda, in recens dein erecto solido ex marmore monumento, in ore et conspectu totius conventus per manus supradicti Custodis superpelliceo induti adjectis in Charta Pergamena omnium praesentium nominibus solenniter collocata sunt. Reperta in veteri Monumento ossium Lipsana a D. Christiano *Cregut* Medicinae Doctore ex Hanau, qua ordinario hujus Abbatiae Physico, ad hoc praecipue vocato hoc ordine ac nomine appellata sunt:

Primus saccus

— Ossa *Eginhardi*.

Duo ossa femoris; duo ossa tibiae; duo ossa humeri; duo ossa surae, die Wadenbeine; unum os ulnae, das kleine Bein nächst dem Anfang des Arms; Maxilla inferior cum dentibus; duo ossa Ischion; Os sacrum intra vertebras; duae vertebrae dorsi; una vertebra colli; frusta duo ossis Ileon nächst bey dem Ischio; Os anterius pollicis; quatuor frusta cranii.

Ossa

(*) Zum immerwährenden Andenken:

Nachdem sich der hochwürdigste Herr, Petrus IV. Schultheiß, von Mainz gebürtig, Abt dieses Closters, längst vorgesetzt hatte, zu Ehren der erlauchten Stiffter unsers Gottes haußes, anstatt des veralteten steinernen Grabmals, ein prächtigeres von Marmor errichten zu lassen; so hat man im Monat August 1721 hiemit den Anfang gemacht. Es wurde, in Gegenwart der Herren PP. Leopold Baro, Keller, und Edmundus Weingärtner, Custos, durch einen Steinhauer, der Deckel von dem uralten, und barmo es noch besindlich, auf drey Stuffen erhöheten steinernen Grabmal weggehoben, und zu nicht genug zu beschreibender Freude drey Beutel von schwarzem Sammet angetroffen, in deren erstem die Gebeine des Eginhards, in dem andern der Imma, und im dritten der Gisela, beyder erlauchten Schwestern, besage der Auffschrift, befunden. Jahrs darauf hat man diese Gebeine an einem Tage des Monats May, um eilf Uhr Vormittags, nach einem von P. Korn für die Ruhe dieser Stiffter und Wohlthäter abgesungenem Hochamte, in drey neue schwarz sammetene Beutel, jeden besonders eingewickelt, und in zwern künstlich gearbeiteten Särgen, in Gegenwart des ganzen Convents durch oben genannten P. Custos legen, und nebst beygefügter, auf Pergament geschriebener, und von allen Gegenwärtigen unterzeichneter Urkunde in das neue Monument niedersetzen lassen. Die in dem alten Grabmale vorgefundene Ueberbleibsele sind von dem bley erforderten Hanauischen Medico Dr. Cregut, als hiesigen Closters Physicus, folgendermassen beschrieben worden;

In dem ersten Sack Gebeine des Eginhards.

Zwey Schenkelbeine; zwey Schienbeine; zwey Schulterbeine; zwey Wadenbeine; Ein Stück von dem kleinen Bein nächst dem Anfang des Arms; der untere Kinnbacken mit eilf Zähnen; zwey Hüftbeine; das heilige Bein unter den Gewerben; zwey Wirbelbeine vom Rücken; ein Wirbelbein vom Hals; zween Stücke von dem Osse Ileon; nächst bey dem Hüftbein, das vordere Bein vom Daumen; vier Stücke der Hirnschale.

Gebeine

Ossa *Immae.*

Duo Ossa femoris; duo Ossa tibiae; unum Os humeri vom Ellnbogen bis an die Schultern; duo Ossa Radii, die starke Röhre vom Ellnbogen bis an die Hand; frustum Cranii Occipitis cum sutura. Octodecim frusta Costarum; duo frusta Ossis Ischion; duae vertebrae dorsi; quatuor minora frusta Ossis Ischion, tria Ossa manus; frustum maxillae inferioris cum tribus dentibus; et variae magnitudinis ac variorum frusta 13.

Ossa *Giselae.*

Maxilla superior cum undecim dentibus et separatim octo dentes; unum os claviculae; quatuor vertebrae dorsi; quinque frusta vertebrarum lumborum; quatuor vertebrae colli; Octo Costae fere integrae; Viginti septem frusta majora et minora Costarum; duo Ossa tibiae minora duobus prioribus Ossibus; frustum Ossis Claviculae infra collum in superiore parte Pectoris; frustum Ossis tibiae; duo frusta Ossis tibiae, wo die Gegenröhre in die Pfanne gehet; viginti octo Ossa manuum et pedum; septem Ossa rarsi et metatarsi, runde Beine zwischen der Hand und dem Ellnbogen; 63 frusta Ossium cum aliquot minimis frustis variarum partium et variae magnitudinis.

Ich halte mich übrigens bey den Lebensumständen des Eginhards und der Imma nicht weiter auf, und bestimme auch ihre Sterbjahre nicht: sondern verweise meine Leser, sowohl was diesen Punct, als die vom Eginhard gestiftet seyn sollende mehrere Clöster, wie auch seine Schriften, worunter die vorzüglichste sein Buch de vita Caroli Magni ist, auf die oben angeführte Schriftsteller.

Mein Hauptzweck in Absicht dieser zweyen Personen, die an der Spitze des Gräfl. Erbachischen Geschlechtsregisters von uralten Zeiten her angezeichnet sind, ist:

I. Etwas von der Herkunft der Imma zu sagen,

II. Sehr wahrscheinlich darzuthun, daß die Herrn Grafen von Erbach von Eginhard abstammen.

I. Ueber die Abkunft der Imma, der Gemahlin des Eginhards, will ich mich, da die Meinungen der Geschichtsforscher und Critiker so verschieden sind, und sich überhaupt eine so große Dunkelheit hierüber verbreitet, nicht erklären, aber doch so viel sagen, daß sie eine Person von hohem Geblüte, ja eine Verwandtin von dem Kaiserlichen Hause gewesen seyn müsse. Ich finde Grund zu dieser Meinung darinnen, weil Eginhard an den Kaiser Lotharius geschrieben, und Ihn

Weinkens in Eginhardo illustrato p. 90.

Nepotem suum, oder *Neptitatem vestram* nennet. Eine solche Benennung zeiget allerdings eine nahe Verwandtschaft zwischen dem Eginhard und dem Lotharius an. Man
giebt

Gebeine der Imma.

Zwey Hüftbeine; zwey Stücke von den Schienbeinen; ein Stück vom Schulterbein vom Ellnbogen bis an die Schultern; zwey Beine von der starken Röhre vom Ellnbogen bis an die Hand; ein Stück von der Hirnschale des Hinterhaupts mit der Nath; 18 Stück von den Rippen; zwey Stücke vom Hüftbein; zwey Geweibe aus dem Rücken; vier kleine Stücke des Hüftbeins; drey Beine von der Hand; ein Stück von dem untern Kiefer mit drey Zähnen, und 13 Stück Gebeine von verschiedener Art und Größe.

Gebeine der Gisela.

Der obere Kiefer mit eilf Zähnen, und ausserdem noch acht Zähne; ein Schlüsselbein; zwoen Geweibe aus dem Rücken; fünf Stücke der Lungenwirbel; vier Geweibe am Halse; acht beynahe noch ganze Rippen; 27 Stück von den Rippen groß und klein; zwey Stücke von den Schienbeinen, die aber kleiner sind, als die vorigen; ein Stück vom Schlüsselbein unterm Hals oben an der Brust; ein Stück vom Schienbein; zwey Stücke vom Schienbein, wo die Gegenröhre in die Pfanne gehet; 28 Gebeine von den Händen und Füssen; sieben Stück von den runden Beinen zwischen der Hand und dem Ellnbogen; 63 Stück Gebeine mit einigen ganz kleinen Stücken von verschiedener Art und Größe.

giebt zwar das Wort Neptitas für einen Schreibfehler aus, und glaubt, es hätte pietas heissen sollen. Allein, obgleich Eginhard das Wort pietas in verschiedenen Briefen an die Kaisere gebraucht; so lässet es doch der Zusammenhang des 34sten Briefes, worauf wir uns berufen, nicht wohl zu, daß man glaubte, das Wort neptitas sey irrig für pietas gesetzt worden. Schon im Anfang dieses Briefes zeigt es sich, daß Eginhard den Ausdruck pietas mit Unterschied gebraucht, und solchen eben hier dem Lotharius nicht habe beylegen wollen. Es heisset nemlich: Vivat Dominus meus piissimus *Augustus* in perpetuum. Und dann war die Absicht seines Briefes, den Lotharius zu ermahnen, daß er die Pflichten des vierten Gebots besser in Acht nehmen, und keinen Zwiespalt zwischen sich und seinem Vater, der ihn zum Mitregenten angenommen habe, gestatten sollte. Wie sollte Eginhard dem Lotharius, der sich hierinnen manches vielleicht zu Schulden kommen lassen, das Wort pietas beylegen wollen? wie konnte er solches?

Die Einwendung: Neptitas sey kein gut Latein, und vox barbara, hat nichts auf sich; denn wer weiß es nicht, daß in jenen Zeiten viele Worte gebraucht worden, die eben beym Cicero nicht gefunden werden.

Pappebroch ad historiam translat. Marcellini & Petri 2. Jun. sagt: daß dieser Nepotismus des Lotharius doch statt finden könne, wenn auch schon Eginhard kein Eidam Kaiser Carl des Großen gewesen wäre; man dörfte nemlich nur annehmen, die Imma sey eine Tochter des Grafen von Hasbanien und eine Schwester der Kaiserin Ermengardis, welche den Lotharius gebohren.

Schmink l. c.

Auf eben die Art leitet der Herr von Eckard II. Theil Franciae orient. die Verwandtschaft durch die Hildegardis, eine Gemahlin des Kaisers Carl des Großen, her. Der Herr von Estor führet dieses

Kleine Schriften ersten Bandes drittes Stück: kurze, doch eigentliche genealogische Abstammung der Herren Grafen von Erbach §. 6.

an, und macht folgende Tabelle:

```
                            Nebi.
                             |
                            Imma.
      ┌──────────────────────┼──────────────────────┐
  Gerold, Herzog           N. N.              Hildegard,
  in Bayern                                 Gemahlin Kaisers
                                           Carl des Großen.
                             |                      |
                        Imma, Gemahlin        Ludwig der
                        des Kaiserl. Staats-  Fromme,
                        secretarius Egin-     Kaiser.
                        hards.                      |
                                              Lotharius, welchen
                                              der Eginhard einen
                                              Nepotem nennet.
```

Von der vornehmen Herkunft der Imma zeuget auch, daß der Abt Lupus zu Ferrara in seinen Trostbriefen an den Eginhard sie Nobilissimam Venerabilem fœminam nennet.

f. *Weinkens* in Eginh. illustr. p. 10.

Eine Benennung, von welcher angeführter *Weinkens* saget, daß diese Titul zu damaligen Zeiten nur Personen von der höchsten Herkunft gegeben worden.

II. Daß die Herren Grafen von Erbach von Eginhard abstammen, ist, obgleich der Verfasser der Erbachischen Geschichte p. 14. daran zweifeln will, doch nicht ganz zu bezweifeln. Dann einmal ist es ganz ausgemacht, daß Eginhard die Gegenden der Grafschaft Erbach besessen, und sich mit seiner Imma in solchen aufgehalten. Dieses beweisen zwo Urkunden.

Eine fande sich 1706 unter einem, auf einer Höhe hinter Güttersbach, einem Pfarrdorf im Gräflich-Erbach-Fürstenauischen Gebiete, gestandenen und umgefallenen Bild-

Beweisthümer zur I. Tabelle.

Bildstocks, in dessen Häusgen sich ein in Stein ausgehauenes Crucifix und hinten eine Lilie zeiget. In dem darunter und im Grunde des Steins befundenen blevernen Kästgen traf man einige Gebeine, nebst folgender Membrane an. Ich will die Zeilen derselben mit beygefügten Ziffern bemerken:

(*) 1) Ego Eginhardus hanc Christi effigiem in colle Gadobaci ad viam regiam Palatinatus constitui una cum 2) reliqis Sri Pauli in memoriam Emmae meae et Hludovici cum saltus ille amnes inter Moenum et Nicerum 3) mihi ex dono cesserit tempore Karoli Magni Imperat. DCCCXX Papæ rev. Paschalis ao. regim. et sedis IV. ista fuit 4) inter venandum devotio et nota viae Michlenstadi sub lilio symbolum Karoli Magni venandum fortes ac fideles nostros 5) subditos Item et conventus in sylvis statutus est terminus.

Nach dem letzten Wort: terminus ist ein 2 Finger breit leerer Raum, nach welchem annoch 2 oder 3 Worte in dieser 5ten Zeile stehen, die aber auch nicht zu erkennen. Unter diesen Worten stehen noch zwey Reihen:

Hrabanus Maurus
Presb. fuldensis DCCCXX V. Id. May.

Die andere Urkunde bezeuget uns noch eine Schenkung, welche Kaiser Ludwig der Fromme an den Eginhard und seine Gemahlin, die Imma, gemacht, kraft welcher Ihnen die Celle Michelstadt, nebst einer Gegend von einer Meile im Umkreise, eigenthümlich übergeben worden. Die Urkunde hierüber findet sich

Erbach. Histor. dritter Satz Urk. Nro. 8. p. 503.

Es ist zwar an dem, daß Eginhard mit diesem Kaiserlichen Geschenke wieder ein Geschenke ans Closter Lorsch gemacht hat, wie dieses der Schenkungsbrief

in obangezogenen Urkunden Nro. 9. besaget.

Allein in diesem Schenkungsbrief ist ausdrücklich enthalten, daß, so lange Eginhard und Imma noch im Leben seyen, sie ersagte Zelle, nebst Zugehör, in ihrer Gewalt und Botmäßigkeit behalten, und, daß dieses auch bey dem überlebenden Theil also Statt finden sollte. Würden aber Eginhard und Imma Nachkommenschaft haben, so sollten sie Bittweise (precario) im Besitze dieses Landes seyn.

Da nun gewiß ist, daß Eginhard Söhne gehabt hat, indem nicht nur in der Gütterobachischen Urkunde des Ludovici gedacht wird, sondern auch in denen von Weinkens angeführten Briefen des Eginhards, sich zwey an seinen Sohn Vulffinus befinden; so dörfen wir an seiner Nachkommenschaft nicht zweifeln, und können glauben, daß solche sich, vermöge des Schenkungsbriefs, in hiesiger Gegend aufgehalten haben. Die Geschichte weiset uns, daß es lange zuvor, ehe das Closter Lorsch zerstöret worden, Herren von Erbach gegeben, und daß die Meinung derer, die da sagen, daß diese Herren erst nach der Zerstörung dieses Closters entstanden, und mit dem Raube desselben versehen worden, ganz falsch sey.

Ja, wir haben auch Beweisthümer, daß die Herren von Erbach, in Sachen des Closters Lorsch, betreffend dessen in hiesiger Gegend gelegene Güter, ihren Rath und Bewilligung gegeben, und an die diesfalls aufgesetzte Briefe ihr Siegel mitgehangen haben, wie aus Erbach. Hist. Urk. Nro. XII* erhellet. Betrachten wir noch, daß der

in

(*) Ich Eginhard habe dieses Bild Christi nebst einigen Ueberbleibseln des heil. Paulus auf einem Hügel bey Gütterobach an der Hauptstraße gegen die Pfalz zum Andenken meiner lieben Imma und Ludwigs niedergesetzt, da ich zu Zeiten des Kaisers Carl des Großen im Jahr 820 — mit dieser zwischen dem Mayn und Neckar gelegenen Waldung beschenket worden. — —

Anmerkung. Ich traue nicht, in meiner Uebersetzung fortzufahren, weil wohl schwerlich bey der zum theil verloschen und zum theil mit frischer Dinte überstrichenen Schrift ein begreiflicher Verstand herauskommt, und uns an dem bisherigen genügen kann.

In Tab. I. vorkommende Georg mit dem Erbschenkenamt der Pfalz belehnet war; so giebt dieses einen sichern Schluß auf das Ansehen und Alter dieser Familie, die sich beym völligen Flor des Lorschen Closters schon Herren von Erbach nannte.

Es hat zwar ersagtes Closter in Michelstadt eine Probstey; in Steinbach ein Nonnencloster errichtet, und sonst in der Marbach, zu Bullau, Weidengesäs, Erbuch, Erbach, Stogbeim, Asselbrunn, Steinbach, Rebebach und Zelle Güter besessen, wie dieses Urkunde zum dritten Satz Nro. 11. darthut. Aber es waren diese Güter, worüber das angeführte, und in dem gemeinschaftlichen Archive sich noch vorfindende Diplom ein kaiserliches Privilegium von Henrich V. enthält, wohl lauter Stiftungen, welche nach und nach dem Closter Lorsch oder der Celle Michelstadt, und, ohne Zweifel, durch die Mildthätigkeit der Nachkommen des Eginhards, aus der Schenkung Ludwig des Frommen gemacht worden, nur ein geringer Theil dessen, was diese enthalten hat, und bis auf gegenwärtige Zeit bey dem Hause Erbach geblieben.

Der während der Zeit, als das Closter Lorsch noch bestanden und floriret, und bis auf die jetzige Zeit fortgedauerte Besitz desjenigen Stück Landes, so in der Schenkung gedachten Kaisers enthalten ist, ist also ein höchstwahrscheinlicher Grund der daher zu vermuthenden Geschlechtsfolge von dem ersten Besitzer, dem Eginhard, zumalen, da, wann die Nachkommen desselben ausgestorben wären, das Closter Lorsch zu dem Besitz der ganzen Schenkung hätte kommen müssen; und die jetzige Herren von Erbach diese Länder nie würden erlanget haben.

Nimmt man zu allem diesem noch die vielhundertjährige Tradition von der Abstammung des Gräflichen Hauses Erbach von Eginhard und Jmma, welche sich nicht nur in solchem, sondern auch in dem von Eginhard gestifteten Closter Seeligenstadt, oder dem damaligen Mühlenheim, a Seculis her erhalten, ingleichen die allen Glauben verdienende Zeugnisse eines Hub. Thom. *Leodii* in Comment. de Palatinorum Origine, und, anders zu verschweigen, eines Aventini in Chronico Bavariae, der in seinem vierten Buch schreibet: Sein (des Caroli M.) Canzler Eginhard hat ihn um eine seiner Töchter gebuhlet, die hat er ihm auch gegeben, soll noch ein Geschlecht in der Pfalz bey Heidelberg (welches kein anders seyn kann, als das Erbachische) von ihm vorhanden seyn, zu Hülfe. und verbindet solche mit dem Besitz eben derjenigen Lande, welche Eginhard inne gehabt; So nähern sich alle diese Umstände zusammen, einer historischen Ueberzeugung, daß solche den berühmten Eginhard und die Jmma zu Stammeltern haben, ob auch schon das Geschlechtsregister nicht in einer ununterbrochenen Reihe bis auf solche hinauf geleitet werden kann.

Von B — H

kann die Erbachische Historie nachgelesen werden.

Eberhard, de Gudenus Sylloge I. Codex dipl. Monast. Schönaugiensis XIII.

(*) Conradus de Lauffen donat praedium Gernsheim — — Charta Com. Pal. Rh. 1184.
— — — Ut autem — quae gesta sunt, perpetim rata et inconvulsa muneant, hanc chartam sigilli nostri et Abbatis Schoenaugiensis sigilli impressione roborari et confirmari fecimus idoneis testibus

— — —

de Ministerialibus
Eberhardus de Erpach
Acta sunt hec anno inc. Dominicae MCLXXXIV.

Friederich, von ihm kann die Erbachische Historie S. 18. nachgelesen werden.

Georg eben daselbst S. 18. und folg.

Gerhard,

(*) Conrad von Lauffen schenkt ein Gut zu Gernsheim Brief des Pfalzgrafen bey Rhein 1184. Zur Bestättigung dieses haben wir diesen Brief mit Unserm und des Abts von Schönau Insiegeln bekräftiget. Zeugen waren

von den Ministerialen
Eberhard von Erbach
geschehen im Jahr der Menschwerdung des Herrn, 1184.

Beweisthümer zur I. Tabelle. 7

Gerhard, stehet nicht in der alten Stammtafel, ich finde ihn aber in de Gudenus Syll. I. p. 134 Codex dipl. Monast. Schoenaugiensis, wo es heisset:

(*) Quod de consensu *investitoris* ipsius ecclesie in Wibelingen *Gerhardi* Pincerne de Erpach novimus esse tractatum Actum anno incarn. Domini MCCXXII.

Philipp, s. die Erbachische Historie p. 20.

1) Eberhard (a) Erb. Hist. p. 20. (b) Urk. Nro. III. (c) Urk. Nro. IV. (d) ebendas. Nro. V. (e) Erb. Hist. und den daselbst angeführten Lünig Reichsarchiv Part. spec. Cont. II. p. 4. Die Gemahlin wird aus Urk. Nro. VII. bewiesen, woselbst der Nro. 6. vorkommende Eberhard den Ulrich, Herrn von Bickenbach, seinen avunculum (Mutter Bruder) nennet.

2) Conrad, (a) s. Urk. Nro. III. IV. (b) de Gudenus Codex diplom. Sec. XIII. wo es heisset:

(**) Ipsique fratres Pincerne (Johannes, Eberhardus et Conradus) villam in *Mosa, que ad ipsos proprietatis titulo pertinebat*, cum omnibus suis pertinenciis manibus nostris simpliciter et libere resignarunt et a nobis in feodum receperunt Dat. Moguntiae A. Domini MCCLXXVII. VI. kal. Oct.

(c) Urk. Nro. VII. (d) Erbach. Hist. S. 24.

3) Hanns beweiset sich aus der bey seinem Bruder Conrad l. b. angeführten Urkunde. Von seiner Gemahlin s. die Erbachische Historie p. 24.

4) N. N. Schenkin. Diese hat Herr Pf. Retter in die Stammtafel gesetzt.

5) Hanns, (a) Urk. Nro. CCXXVIII. (b) Grabstein im Closter Steinbach:
Anno Domini millesimo CCXC. sexto quinto Idus Junii O. Johannes Pincerna de Erpach.
Von seiner Gemahlin s. Erbach. Hist. S. 25.

6) Eberhard, (a) de Gudenus Cod. dipl. T. II. p. 847. CCCIC.

(***) *Gerhardi* Archiep. Mog. Arbitramentum super jure Patron. Rollboc. litigiose inter Fratres Teutonicos et Dynastas Bickenbacenses

Testes Eberhardus Pincerna
XII. Cal. Maj. 1291.

(b) Den Lehnbrief hierüber von Pfalzgraf Rudolph von 1300 hat Retter ex Originali, in seinen hessischen Sammlungen vierten Stück abdrucken lassen. (c) Urk. Nro. IX. und XI.

Er erhielte diese Belohnung, weil er es mit Mainz mit dem Kaiser Ludwig aus Bayern gehalten, und ihm zehen geharnischter Mann und Pferde zugeführet.

(d) s. Lehmann Speier. Chronik. (e) Grabstein im Steinbacher Closter:
Anno Domini millesimo CCCXXII in Vigilia S. Georgii O. Eberhardus Pincerna.

(f) Grabstein eben daselbst:
Anno Domini millesimo MCCCII. quarta Idus Junii Agnetis conjux Eberhardi, Pincerne de Erpach.

7) Conrad, (a) s. Urk. Nro. IX. und XI. (b) Urk. Nro. XIV. 1. wo der Nro. 16. vorkommende Schenk Conrad den Arroes von Breuberg seiner Mutter Bruder nennet.

8) Georg, siehe die Erbach. Historie S. 28.

B 2   9) Con-

(*) Alles dieses ist mit Vorbewust und Bewilligung des Patrons der Kirche Weiblingen, Schenk Eberhards von Erbach, geschehen. So geschehen im Jahr der Menschwerdung des Herrn 1222.

(**) Wir Wernher v. S. G. des heil. Stuls zu Mentz Bischof etc. bekennen — — Und gedachte Schenken zu Erbach Johannes, Eberhard und Conrad, Gebrüdere, haben ihr Gut, in Mossau, so dieselben als ein Eigenthum besessen haben, mit allen ihren Zugehörung zu unsern Handen gestellet und von Uns zu Lehn empfangen. So geschehen Mainz 26. Oct. 1277.

(***) Gerhards, Erzbischofs zu Mainz, Entscheidung wegen des zwischen den Brüdern des deutschen Ordens und den Herren zu Bickenbach strittigen Patronatrechts zu Rösbach.

Zeugen: Eberhard Schenk,
den 20. April 1291.

8 **Beweisthümer zur I. Tabelle.**

9) **Conrad der Jüngere.** Von ihm ist erst im Jahr 1773 ein Leichenstein im alten Closterhofe zu Steinbach unter der Erde gefunden worden. Er giebt durch seinen Anblick, und durch die Vergleichung mit den ältesten Steinen gnugsam zu erkennen, daß er der älteste sey, den wir haben. Die Umschrift dieses Steins ist diese:

Anno Dni MCCLXXIX XVII k. Junii O. Conradus Jun. Pincerna de Erpach et uxsor sua filia Comitis de Cigenhann Gerdrudis O Idus Januarii.

Im Jahr 1785 wurde, unter Vermuthung, daß unter dem Schutt der eingefallenen oder abgerissenen Clostergebäude noch mehrere Grabsteine anzutreffen seyn möchten, weiter nachgesucht. Man kam an den Ort, wo der vor 12 Jahren entdeckte Stein gelegen, auf einen Stein ohne Aufschrift, der aber doch einen Ranft hatte, und einem Deckel auf einen steinernen Sarg nicht ungleich sahe. Nachdem dieser Stein weggehoben worden, fand man Gebeine von beyderley Geschlecht, aber doch nicht mehr, als von zwey Personen. Es ist also höchstwahrscheinlich, daß diese Gebeine denen zugehören, die auf dem Grabsteine beschrieben sind, und daß einstweilen ein steinerner Deckel auf das Grab gelegt worden, bis der überlebende Theil auch dahin gebracht werden können.

Es haben daher der zu Erbach residirende Herr Graf Franz diese Gebeine in ein dazu aus Magonienholz verfertigtes Särglein legen, und in die gemeinschaftliche Gräfliche Leichengruft zu Michelstadt bringen lassen. Am obern Theil des Särgleins ist folgende Aufschrift in Messingblech eingegraben:

Hic Jacent
Ossa
Conradi Junioris Pincernae de Erpach
et uxoris suae
Gertrudis Filiae Comitis de Cigenham
quorum alter XVII kal. Jun. MCCLXXIX
altera Idibus Januar. obiit
in eorum sepulcro in Coenobio Steinbacensi
Ao MDCCLXXIII. reperta
et Michelstadii in requietorio communi
reposita

Francisco Comite Erbaco Erbacensi
Ao MDCCLXXXV. (*)

In der alten Stammtafel stehet weder dieser Herr, noch seine Gemahlin. Dann der unter Nro. 2. angeführte Schenk Conrad lebte noch nach der Urk. Nro. VII. 1290. Und der unter Nro. 7. angegebene Conrad war 1320 noch am Leben. Wir müssen also diesem Herrn in der Stammtafel einen Platz geben. Und wenn wir betrachten, daß der Conrad (Nro. 2.) noch 1290 gelebt, und unser neuentdeckter Conrad dieserwegen der Jüngere genannt worden; so wird er wohl an der angewiesenen Stelle recht stehen.

Die Gemahlin desselben, Gertrudis, habe ich in der Ziegenhainischen Stammtafel nicht angetroffen. Sie war indessen, nach Aussage unsers untrüglichen Dokuments, wirklich vorhanden.

10) **Eberhard (a), seine Herkunft von Schenk Conrad Nro. 2. ist richtig.** Urk. Nro. VII. wo Conrad saget:

Daß die Insiegel Engelbards, eines Dhomherrn zu Speier, und Eberhards, eines Ritters, seiner Söhne und Gerhards, seines Enkels, mit beygehangen worden.

(b) Urk. Nro. XII. kraft welcher ihn der Probst zu Lorsch ersucht hat, sein Siegel mit beyzuhängen.

11) **Engelbard (a), daß er ein Bruder des vorigen gewesen, erhellet aus der Nro. 10. l. a. angeführten Urk. Nro. VII.** (b) Gropp Coll. noviss. rerum et Script. Wurzb. p. 843, wo es heißet: Engelhard Schenck de Erpach ao. 1287 Canonicus Cathedr. Wurzb. (c) das Canonicat zu Speier ergiebt sich aus Urk. Nro. VII.

12) Phi-

(*) Da diese lateinische Aufschrift anderst nichts, als ein kurzer Begrif der vorangegangenen Erzählung ist; so hat man die Uebersetzung derselben für überflüßig gehalten.

Beweisthümer zur I. Tabelle.

12) **Philipp.** 13) **Albrecht,** s. Erb. Hist. p. 29.
14) **Julius.** 15) **Sibylla,** s. Erb. Hist. p. 32.
16) **Conrad** (a) stehet in der alten Stammtafel falsch, indem er ein Sohn Conrads Nro. 7, und ein Bruder derer nachfolgenden unter Nro. 17. 19. 20. ist. Urk. Nro. XIV. 1.

woselbst er den Arroes von Breuberg seinen Avunculum (Mutter Bruder) nennet, und Conrad, Gerlach, Engelhard und Eberhard Schenken zu Erbach als Brüder angegeben werden 1303.

(b) Urk. XIV. 3. (c) Joannis Rer. Mogunt. T. I. p. 648.

(*) Anno tandem praecipite (MCCCXXV) (Matthias A. E.) a Conrado Pincerna Erpacensi ejusque conjuge Ida, partem, quam tenebant castri juxta Nicrum Steinacensis Steinach uff dem Neckar cum bonis omnibus — — in dioecesis Moguntiensis potestatem redegit.

(d) Urk. Nro. XIV. 5. (**)

Ludwig v. G. Gn. Römischer Kaiser zu allen Zeiten Mehrer des Reichs. Entbieten dem Edlen Schenk Conrad von Erbach Unsern und des Reichs lieben Getreuen Gnade und alles Guetes. Deine Uns und dem Reich erwiesene angenehme Dienste und treue Ergebenheit haben es verdienet, daß wir dir eine gnädige Vergeltung erzeigen. Wir geben also dir und deinen Erben die Freyheit und Befugnis, daß alle, die sich nach dem Dorfe Baurnweldern Schutzes oder Wohnung halber begeben werden, alle die Freyheit, Befreyung und Sicherheit haben sollen, welche die nach Unserer königlichen Stadt Eberbach kommende, oder daselbst wohnende zu geniessen haben. Nebst dem stehen wir die auch durch dieses Privilegium für obgedachten Ort Baurnweldern zu, daß daselbst von nun an, auf jeden Dinstag in der Wochen offentlicher Markt gehalten werden soll, mit dem Rechte und der Befreyung, die ein solcher Markt in unserer Stadt Eberbach zu haben pfleget. Zu Urkund dessen haben wir gegenwärtigen Brief auszufertigen, und mit Unserm Majestätssiegel zu bekräftigen befohlen. Geben im Tiburtischen Schlosse den 25. Jun. 1328. unsers Königreiches im 14. des Reichs im ersten Jare.

(e) Urk. XIIX.

In Gottes Namen Amen. Wir Schenke Conrad von Erbach und Ude sine eliche Husfruwe versehen — — daß wir — unverscheidlichen für uns und alle unsere Sohne durch unser Seelen Heil eine ewige Messe und Priester Pfründe in unserer Capellen zu Erpach die bo geweihet ist in unsers Herrn Gottes ere unser libe Fruwe sine Mutter und sant Niclas ere ufgerichtet gestiftet haben — — und han wir dazu gegeben und gestiftet — Unsern Hof und Zoverrybe zu Stogbrim gelegen den Kernhof ꝛc. ꝛc.

Wir Conrat und Eberhart Schenken Gebrüdere Sone des vorgenanten unsers Herrn Schenk Conrats und Drauwen Uden das vorgesagt unser Vader und Muder die — Messe mit unsern guten Willen ufgericht ꝛc. ꝛc.

So haben wir Schenk Conrat von Erbach der alte und Ude sine eliche Husfruwe unser Ingesiegel gehenket an diesen Brief der geben ist do man zalte nach Christus Geburt dreyzehenhundert und eins und vierzig Jare an dem nächsten Sonntag nach St. Walburgis der heil. Jungfrauen.

(f) Urk. Nro. XXI. (g) siehe die unter c. und d. angezogene Urkunden.

17) **Gerlach** (a) stehet in der alten Stammtafel aus eben den Gründen unrichtig, und ist jetzt berichtigt, wie der vorige. (b) Seine geistliche Stellen zu Speier und zu Worms, nebst seinem Todestag werden, ausser der Erbach. Hist. p. 29. kürzlich mit folgendem Avtographo erwiesen:

Codex minor Spirens. f. 298. vers. 1324. Lunx ante Valent. Canon. Praepositus S. Trin. mense Jun. 1329. elect. Episc. Wormat. ob. XV. kal. Jun. 1332.

Engelhard fuit frater ipsius, illique in Praepositurs S. Trin. immediate successit.

1324. Montags vor Valentinstag wurde er (Gerlach) Probst zur heil. Dreyfaltigkeit, 1329. zum Bischof von Worms erwählet, starb den 18. May 1332.

Sein Bruder Engelhard ist gleich auf ihn in der Probstey gefolget.

18) Lu-

(*) Zu Ende des Jahrs hat er (der Erzbischof Matthias) von Conrad Schenk von Erbach und Uda seiner Ehegattin einen Theil des Schlosses Steinach am Neckar mit allen dazu gehörigen Gütern — — der Mainzer Diöces zugebracht.

(**) Anmerkung. Das lateinische Original dieses Privilegiums stehet in den Urkunden der Erbach. Historie am angezogenen Orte.

10 Beweisthümer zur I. Tabelle.

18) Luckardis, gehört in diese Reihe, da in Urk. Nro. XXI. der Nro. 16. befindliche Conrad ihr Bruder genennt wird. Ihre Vermählung bekräftigt der Herr Consistorialrath Wenk in der Stammtafel derer von Jatta Hessische Landesgeschichte I. Th. p. 311.

```
                    Gerhard 1289.
                  N  —    —   —
            Gem. R. Tochter Conrads v. Dauberg
         ┌──────────────────┴──────────────────┐
               Gerhard 1312. 1313. † vor 1335.
               Gem. Luckardis Tochter Schenk Eberhards
                    von Erbach 1312 — 1339.
     ┌─────────────┬──────────────┬──────────────────┐
   Gerlach       Reichard         Elisabeth 1339.
  1335 — 1339.   1335. 1336.      Gem. Albrecht v. Buchenau.
```

19) Engelhard (a), daß er ein Bruder der vorigen, siehe Nro. 16. l. a. (b) Seine geistliche Stellen aber Codex major Can. Spir. Vol. II. fol. 191. vers. cum Necrologio:

(*) Anno 1302. fer. II. poſt Catharinam Canon. Capitularis et Portarius (i. e. redituum ad officium Portae ſpectantium dispenſator) ſimul Praepoſitus Collegiatae S. Trinit. obiit VI. Non. Martii 1346. ſucceſſit fratri ſuo Gerlaco in Praepoſitura S. Trin. immediate.

20) Eberhard stehet nicht in der alten Stammtafel, und der Verfaſſer der Erbachiſchen Hiſtorie hat es auch nicht ergänzet, ob es gleich Urk. Nro. XIV. die bey Nro. 16. angeführt worden, genugſam beweiſet, daß er ein Bruder des Conrads, Gerlachs und Engelhards und ein Sohn Conrads Nro. 7. geweſen.

21) Catharina, ſ. Erb. Hiſt. p. 37.

22) Uda beweiſet ſich aus den Urkunden zum dritten Satz Nro. 35. 2. wo es heiſſet: Daß Schenk Eberhard genannt Rauch und Uda ſeine Gemahlin ꝛc. ꝛc. 1333.

23) Gerhard (a) iſt als ein Enkel Schenk Conrads Nro. 2. aus der Urk. Nro. VII. die Nro. 10. l. a. angeführt worden, erſichtlich. (b) Urk. Nro. XIV. 1. wo es heiſſet: apud quondam Gerhardum Pincernam de Erpach.

24) Elisabeth, ſ. Erbach. Hiſt. p. 38.

25) Eberhard genannt Rauch (a), ſeine Abſtammung ergiebt ſich aus dem Beynamen. (b) Urk. Nro. VI. C. q. (c) Erbach. Hiſtorie S. 39. und den daſelbſt angezogenen Joannis Rer. Mog Tom. I. p. 642. b. (d) Urk. zum dritten Satz Nro 35. 2.

Wir Bruder Hermann von Oesborn ein Commendor des Hofes zu Mosaue — er feuren uns an boſem genwortigen Briſe, — — das wir verkauft haben dem edillen herrn Schenken Eberhart, der genant iſt Rauch und Brauwe Uden ſiner elichen wirtin und allen irn Erben und Schenken Eberhart deme Jungen vnd Schenke Henrich unem Gruber die Schenken Rauchs Jederen Sone su unſer Dorf Zauningisbach sampt driten halp hundert Punt Heller vnde fünf Schilling Heller — — der geben ist nach Chriſtus Geburte dritzehnhundert Jar in deme drn und dritzigſten Jare vf ſante Walpurgs Dac.

(e) ſiehe die eben angeführte Urkunde.

26) Jutta ſtehet weder in der alten Stammtafel, noch in der Hiſtorie. Sie war aber doch vorhanden, de Gudenus Cod. dipl. P. III. p. 663. Elenchus Abbatiſſ. Coenob. Seeligenth.

Jutta Schenkin ex Pincernis de Erpach ad Clavem ſedens occ. 1340. D. poſt Jacobi Feſtum.

Jutta, Schenkin von Erbach, kommt als Aebtiſſin vor 1340. Sonntag nach Jacobitag.

27) Elisabeth, ſ. die Erbach. Hiſt. p. 40.

28) Henrich (a) iſt in der alten Stammtafel unrichtig als ein Sohn Philipps Nro. 12. angegeben, und in der Hiſtorie ſo gelaſſen worden, da er doch nach der Nro.

(*) Im Jahr 1302 zwey Tag nach Catharinentag wurde er Canonicus Capitularis und Portarius, (b. l. Verwalter der Gefälle, die zum Thürhüteramt gehören,) und zugleich Probſt der Collegiatkirche zur heil. Dreyfaltigkeit, ſtarb den 10. Merz 1346. Er was unmittelbar nach ſeinem Bruder Gerlach Probſt zur heil. Dreyfaltigkeit worden.

Beweisthümer zur I. Tabelle.

Nro. 25. l. d. angeführten Urk. 35. 2 dem Schenk Albrecht Nro. 13. zugehöret.
(b) Reichstein im Steinbächer Closter Erb. Hist. p. 39. und Tab. I. gestochen:
    1334. VI. Idus Oct. O. Henricus Pincerna dictus Rauch bone memorie.

29) Eberhard (a), s. Nro. 25. l. d. (b) Reichstein zu Steinbach im Closter, Ec. bach. Hist. p. 39. gestochen Tab. II.
    Anno Domini Millesimo CCCXXVII in vigilia Sancti Gregorii O. Eberhard Pi.
(c) s. Erbach. Hist. p. 40. woselbst sich auf eine im Archiv befindliche Rubric dieses Inhalts:
    1323. Schenk Eberhards Gemahlin Mene eine geborne Gräfin von Sponheim auf Schöneberg verwittumbt.
berufen wird.

30) Elisabeth. 31) Jutta stehen nicht in der alten Tabelle, de Gudenus Cod. dipl. P. III. p. 664. Catal. Abbat. Seligenth.
    Velantur *Jutta* et *Elisabeth* Schenken v. Erbach sorores carnales.

32) Heinrich, diesen hat Retter in die Tabelle gesetzt.

33) Conrad (a), daß er ein Sohn Schenk Conrads Nro. 16. sey, beweiset Erb. Hist. Urk. Nro. XVIII. wo es heisset:
    Wir Conrat und Eberhart Schenken Gebrüdere Sone der vorgenanten unsers Herrn Schenk Conrots und Vrauwen Moen rc. rc.
(b) Urk. Nro. 25. 1. (c) Urk. Nro. XXV. 2. (d) Von seiner Gemahlin redet die Erbachische Historie p. 41.

34) Magdalena, s. Erb. Hist. Urk. Nro. XXIV, wo Conrad von Frankenstein den Schenk Conrad und Eberhard seine liebe Schwäger nennet.

35) Margaretha stehet nicht in der alten Stammtafel. Retter hat sie mit Grund hineingesetzt, Johannis Script. Rer. Mog. II. p. 369.
    Conradus de Hirschhorn Canon. Mog. et S. Stephani Praepositus, filius *Engelhardi* de Hirschhorn et *Margaretha Schenken de Erpach.*

36) Agnes. Der Herr Consistorialrath Wenk giebt ihr in seiner Geschichte von Hessen in der ad p. 450. befindlichen Bickenbachischen Stammtafel Conrad den V. zum Gemahl, der 1379. verstorben, und beweiset aus dem Grabmal der Margaretha, Schenk Conrads genannt Raub (Nro. 41.) Gemahlin, wegen dem dort beygefügten Erbachischen Wappen, daß die Mutter derselben diese Agnes von Erbach gewesen.

37) Wilhelm stehet in der alten Stammtafel. Ich habe ihn aber in Speier nicht erfragen können.

38) Eberhard, daß er hier recht stehet, siehe oben Nro. 33. l. a. (b) Die Sache mit der Bickebachischen Erbschaft und die Strittigkeiten, die er hierüber gehabt, wie auch die Vergliche dieserwegen stehen in der Erbach. Hist. p. 43. und folg. ausführlich, und ich melde hier nur, daß Eberhard mit seiner Gemahlin der Elsabeth fast die Hälfte von Bickebach und Habizheim erhalten. (c) Sie stelleten nemlich zwölf Mann mit Helmen und ehernen Panzern, s. Urk. Nro. XXXI. 1. (d) erhellet aus Urk. XLVI, nach welcher seine Gemahlin 1383. eine Messe für ires seligen Wirts, Herrn Eberhard, Schenken von Erbach, Seelenheil gestiftet hat. (e) Die ganze Geschichte beweiset die Richtigkeit seiner Gemahlin, und der Herr Consistorialrath Wenk schreibt: Sie sey nach 1385. gestorben.

39) Beatrix. 40) Agatha. s. Erbach. Hist. p. 50.

41) Conrad genannt Raub (a); daß er ein Sohn Eberhards Nro. 25. gewesen, erhellet schon aus seinem Beynamen. (b) Urk. vom dritten Satz Nro. 27, 1. (c) ebendaselbst Urk. Nro. 27, 2. (d) erhellet aus dem Präsentationsschreiben für seinen Vetter Schenk Philipps (Nro. 67.) zur Pfarrey nach Weiblingen. Urk. LI. (e) Urk. zum dritten Satz Nro. 28, 2. (f) Lehmann Spelerische Chronik L. VII. c. 47. wo gesagt wird:
    daß Ihm vom Kaiser und Reich der Name eines Nothfesten und gestrengen Ritters beygeleget, und das Zeugniß gegeben worden: er sey ein Mann gewesen, der Recht und Gleich, Friede und Billigkeit gelieber habe, und dem man demnach ein so grosses und schweres Werk, als der Landfriede war, nebst andern, ja vor andern vortragen könne.

g) Reiche

12 Beweisthümer zur I. Tabelle.

(g) Leichstein im Closter Steinbach, s. Erb. Hist. gestochen Tab. II, 32. 1.
> hic jacet dns conraddus pincerna Senior dns de erpach dict. rruch qui obiit anno dni. M. CCC. XC. III. in feria sexta St. Gregorii Papae, ejus anima requiescat in pace Amen.

(h) Erbach. Hist. Urk. Nro. LI. (i) Leichstein, welchen Herr Retter unter dem Altar der Kirche zu Höchst entdeckt, und ans Licht gebracht, mit folgender Umschrift:
> In ao. dni MCCCLVII Yd Sept. obiit dia. Kunigunda de Brucke legit tima u. Pincerne in Erbach.

(k) Grabstein im Closter Steinbach, Erb. Hist. p. 51. gestochen Tab. II. Nro. 32, 2.
> Anno Dni MCCCLXXXVI. Festo. bti. Bartholomei Apli. obiit Margareta. Pincerna de Erpach Dna in Bickibuch.

Sie war Conrads VII. von Bickebach Tochter, s. Wenks Stammtafel in der Hess. Geschichte p. 450.

42) Catharina, s. Erbach. Historie p. 55.

43) Johannes, genannt Rauch. (a) Daß er an seiner rechten Stelle stehe, s. Johannis Rer. Mog. in Syllabo plen. Canon. p. 356. wo es heisset:
> daß er 1355. mit seinem Bruder, Schenk Conrad gen. Rauch vorkomme.

(b) Erbach. Historie und den daselbst angezogenen Johannis l. cit. (c) Gropp Collect. novis. Script. Wirceb. p. 844. de Gudenus Codex dipl. III. p. 462.

> Ad preces Friderici Burggravii Norimb. Gerlacus (A. E. M.) concedit in Armistitium cum Wilhelmo milite de Masebach 1364.
> Compromiserunt igitur partes in Johannem Schenk Canon. Herbipol. auf Bitten Friederichs, Burggrafen zu Nürnberg, bewilligt Gerlach Eribischof zu Mainz einen Stillstand mit Wilhelm von Masebach.
> Die Partheien haben hier Schenk Johannes von Erbach, einen Canonicum zu Würzburg zum Schiedsrichter ernennet.

44) Eberhard. 45) Wilhelm. 46) Gerhard, de Gudenus Cod. dipl. T. III. p. 576. CCCLXV.
> Processus contra — — Eberhardum Pincernam de Erpach et Complices Ao. 1385. wo es heisset: Eberhardus dictus Schenke miles Dominus in Erbach Wilhelmus et Gerhardus dicti Rauch fratres.

47) Schenkin. Sie beweiset sich als eine Tochter Eberhards und der Gräfin Mene von Sponheim, durch das auf dem Grabstein Tab. III. befindliche Erbach. und Sponheimische Wappen. Der Grabstein hat die Umschrift:
> Anno dni millesno CCCLXXV in vigilia bti Andree apli pincerna. dia de erpach.

48) Friederich, siehe Erbach. Historie p. 56.

49) Henrich (a). Daß er ein Sohn Eberhards Nro. 29. sey, ergiebt sich aus Nro. XXXI. 1. wo es heisset:
> wenn die Edeln Eberhart Schenke, Conrad Schenke Rauch und Henrich Schenk Gesettern, Schenken von Erbach ic. c.

(b) Urk. Nro. LVIII. (c) Urk. Nro. XXXI, 1. (d) Urk. Nro. LV. (e) Leichstein in der Pfarrkirche zu Michelstadt. Tab. II, 37. gestochen:
> Anno Domini Millesimo CCCLXXXVII obiit nobilis Dominus Henricus Pincerna de erpach in ipso festo Johannis.

50) Eberhard. In einem uralten, im Speier. Dhomstiftischen Archive aufbehaltenen Sterbbuche, welches mit Gothischer Feder auf Pergament geschrieben ist, kommt folgendes vor:
> III. Nonarum Aug. ao. Domini MCCCLXXIII. obiit Eberhardus (Pincerna de Erpach miles.
> Ist so hieher mitgetheilt worden.

51) Anna. Diese, welche sich ebenfalls nicht in der alten Stammtafel findet, will Herr Pfarrer Retter ebenfalls für eine Tochter Eberhards, aus eben den Gründen, wie bey Nro. 47. gehalten wissen. Der Stein ist Tab. III. Nro. 48. gestochen. Er paßt aber nicht zur Gemahlin des Schenk Hansen, welche Agnes geheissen hat. Die Umschrift ist dich:
> Anno. dni. M. CCCLXX. in vigilia. ascensionis dni obiit. anna. pincerna. dna. de. erpach.

52) Joa,

Beweisthümer zur I. Tabelle.

52) Joa, stehet nicht in der alten Stammtafel, war aber doch vom Hause, und Meisterin in dem Closter Höchst. *Schonnat* Dioecef. Fuld. p. 381.

(*) Ida de Erbach *Irmengardi* succeſſiſſe videtur circa annum 1331. quae bona quaedam ſui coenobii elocat in Emphytevſin. Humans reliquit anno 1345, ut conſtat ex ejus Epitaphio, quod etiamnum extat. Anno Domini MCCCXLV. quarto Nonas Maji obiit Domina Yda de Erpach, requieſcat in Pace.

53) **Conrad.** Dieſen hat Herr Retter in die Stammtafel geſetzt.

Zugabe.

Im Jahr 1760 lieſſen weiland Herr Graf Georg Ludwig zu Erbach-Schönberg, des Gräfl. Geſamthauſes Senior, einige im Cloſter Steinbach ſich findende Grabſteine heben, und fanden darunter die Gebeine Dero uralten Vorelern, als: 1) Schenk **Eberhards,** der 1322, 2) ſeiner Gemahlin **Agnes,** die 1302, 3) einer Tochter Schenk **Eberhards** und **Mene,** die 1375. geſtorben, noch unzerſtört in der Ordnung, wie ſie an dem menſchlichen Leibe verbunden ſind, in ſteinernen Särgen liegen.

Sie lieſſen ſolche in beſondere dazu verfertigte, mit rothem Damaſt überzogene und mit goldnen Treſſen beſetzte Kiſtlein legen, und unter denen, auf jedem Kiſtlein gemachten Aufſchriften in die Herrſchaftliche Gruft bringen.

I.

Oſſa Eberhardi Pincernae Domini de Erbach quae cum ſequenti inſcriptione:

Anno Domini milleſimo CCCXXII. in Vigilia
Sti Georgii obiit Eberhardus Pincerna
in Coenobio Steinbach reperta et
a Georgio Ludovico II. Comite de Erbach
hic de novo funt recondita MDCCLX.

gehört ad Tab. I. n. 6.

II.

Oſſa Agnetis Comitis de Helffenſtein Conjugis Eberhardi Pincernae de Erbach mortuae anno milleſimo CCC II quarta Idus Junii in Coenobio Steinbach reperta, et a Georgio Ludovico II. Comite in Erbach hic de novo recondita MDCCLX.

Der Stein iſt in der Erbachiſchen Hiſtorie Tab. I. ξ in Kupfer geſtochen.

III.

Oſſa Filiae Eberhardi Pincernae Domini de Erbach et Mene natae Comitis de Sponheim, quae cum ſequenti inſcriptione:

Anno Domini milleſimo CCCLXXV in
Vigilia beati Andreae Apoſtoli — —
Pincerna de Erbach
in Coenobio Steinbach reperta, et a
Georgio Ludovico II. Comite de Erbach
hic de novo funt recondita.
MDCCLX.

Der Stein, worunter dieſe Gebeine in einem ſteinernen Sarge lagen, iſt zwar Tab. III. abgeſtochen, hat aber in der Erbachiſchen Hiſtorie keinen Platz erhalten, oben bey Nro. 47. iſt er angewieſen.

(*) Auf die Irmengardis ſcheinet die Joa von Erbach gefolget zu ſeyn ungefehr ums Jahr 1331. als in welchem Jahr ſie einige ihrem Cloſter zuſtändige Güter in Erbleibe gegeben. Sie ſtarb im Jahr 1345. wie dieſes aus ihrem annoch vorhandenen Grabſteine zu erſehen, der folgende Umſchrift hat: Im Jahr des Herrn 1345. den 4. Merz ſtarb Frau Yda von Erpach. Sie ruhe im Friede.

Beweisthümer zur II. Tabelle.

54) **Conrad.** (a) Lersner Franff. Chr. P.I. Libr. XIII. p. 40. (b) Erbach. Hist. Urk. Nro. LVII. (c) Urk. No. LVI. 1.

Ich Schenk Conrad Herr zu Erpach — — — daß ich und min Hußfrume seel. Margrede Landschade — — Geben nach Christus Geburt Flroßen hundert und im sessehnsten Jahr.

55) **Ursula.** Erbach. Hist. Urk. Nro. LVIII.

Job. Rüdiger von Vinßbach Edelknecht — — Auch ist gerebt, daß Schenk Conrads seel. Hußfreume meyn Schwesher dem Gott gnade ꝛc. ꝛc. Dat. Ao. Domini. MCCCLXXXI. feria quinta proxima post Dominicam Esto Mihi.

56) **Anna.** Stehet nicht in der alten Stammtafel, Ketter hat sie hineingesetzt, und ihren Gemahl aus

Auchenbecker Erbhofämter der Landgrafschaft Hessen p. 22.

bewiesen.

57) **Barbara.** Kann des Herrn Consistorialraths Wenks Hessische Geschichte p. 428. und die daselbst angebrachte Succession der Elisabeth von Canzenelnbogen nachgesehen werden.

58) **Eberhard der ältere.** (a) Daß er ein Sohn von Schenk Eberhard Nro. 38. gewesen, beweiset Erbach. Hist. Nro. LXXIII.

Ich Bruder Johann zu Mosa Sanct Johannes Ordens bekennen — — das ich und myne Nachkommen — ewiglich gedenken solen myns Herrn Schenk Eberharts, mnr Frauwen Elisabeth und myns Herrn Schenk Eberhards seeligr, myn Frauwen Elisabeth von Katzenelnbogen, by myns Herrn Jater und Muiter sunt gewest und alle jre . Erben in unsern Messen — — — Datum anno millesimo quadringentesimo quarto, sexta post Festum Corporis Christi.

(b) **Lehmann Speier.** Chron. VII. 74. fol. 852.

Fürsten und Stände am Rheinstrom bestellen Schenk Eberharden Herrn zu Erpach, Landvoigten, zum Hauptmann des Landfriedens am Rhein in der Wetterau jährlich um 1200. Gulden.

siehe **Erbachische Historie** p. 61. (c) ebendas. Urk. Nro. LXI. (d) Urk. Nro. LXII.
(e) Von diesen Oppenheimischen Lehen hat der Verfasser der Erbach. Geschichte nichts. Es erweiset sich aber durch folgende im Archive befindliche Urkunde:

> Wir Wenzlaw von Gotes Gnaden Romischer Kunig zu allen tzeiten Merer des Reichs vnd Kunig zu Beheim bekennen und thun kunt offentlichen mit diesem brive allen den die Jn sehen oder horen lezen, daz der hochgeborne Ruprecht der Eltere Pfalzgraue bey Reine des heiligen Reichs Erzdrugsesse und Hertzog in Bayern unser lieber Oheim und Fürste das Burcklehen zu Oppenheim, das uns und dem Reiche von todeswegen Gotzen zum Jungen von Meyntze yetzund ledig worden ist. Schenken Eberhart dem Eltern geliehen hat. Also zu solcher Verleihung solches Burcklehens zu Oppenheim haben wir mit wohlbedachten Mute, guten rare und rechtes wissen auch gunst und gutem willen gnediglichen gegeben, und leihen Ime auch das in Krafft diz Brives und Romischer kuniglicher mechte und meinen setzen und wollen, daz der egenante Schenk Eberhard und seines lehens Erben das egenante Burcklehen mit samt allen und iglichen seinen Zugehörungen nichts ausgenommen von uns und dem Reiche haben halden und belizen, und des geniesen sollen und mogen in aller der Massen, als Burcklehens zu Oppenheim recht und gewonheid ist, und als das vormals der egenante Götze ynne gehabt und besessen hat von allermenniglichen ungehindert unschedlichen doch uns und dem Reiche an unse diensten und sonst yedermann an seinen rechten Mit urkunt dez brives versiegelt mit unser kunicklichen Majestet Insigel. Geben zu Prage nach Cristus geburt dreyzehen hundert Jare, und darnach in dem funf und Neunzigsten Jare des Freytags nach Catherinen tage

| Lit. A. Con | Lit. D. Friedrich | Lit. E. Henrich | Lit. F. Conrad |
Nro. 33.	Nro. 48.	Nro. 50.	Nro. 53.
54) Conrad, wohnt einem Turnier zu Frankfurt bey 1408 (a), giebt Bischof Johann von Würzburg ein Raleben von 650 Gulden (b), † 1427. Gemahlin Margaretha, Ulrich von Landschade T. todt nach 1416.	5) Adolph, ombherr zu ickburg und Pa- zupfsung it, ref. 516 (b).	67) Siegfried blieb vor Sembach in der Schweiz 6. Jul. 1386. 68) Wolfgang war auf dem 24sten Turnier zu Hailbronn 1408. † 1412. Gem. Sibylla, Herrn v. Weinsberg T.	69) Eberhard (a), Dhomh. zu Speier . (b), Pastor zu Waiblingen 1379 (c), ref. 1387, todt 1418. Gem. Maria, Conrad, Herra zu Weinsberg T. (d).	70) Philipp (a), Dhomsherr zu Speier und Pastor zu Waiblingen (b), lebt noch 1398. 71) Sabina, Aebt. zu U. L. Fr. zu Kitzingen.	72) Else, † 1383. Gem. Conrad von Hutten.

| 73) Otto, Dhomherr zu Speier. 74) Ignes, Schenkensen Gemahlin. 75) Elisabeth, zu Liebenau. 76) Eberhard, starb Erben 1615. Lucke, Hanns T fels v. Waldburg | hard (a). Ca- us zu Maint nes, Schenk Prade (n. 65.) Ge- n 1412. †1426. ine, Amtmann arkenburg und (a) zu nau(b), †8. 1458. (c). 1) Ignes, Sch- ibe (n. 54.) T. (d), a) Mar- a, † 1448 ay (e). | 89) Theodoricus 1413 Canonicus(a) 1429. Cantor (b) 1434, Erzbischof und Churfürst zu Maint (c), † zu Aschaffenb. pr. Non. May 1459 (d). 90) Philipp, Abt und Fürst zu Weissenburg 1440 (a), † 1467 21. Dec. 91) Henrich, Teutsch. D. Ritt. und Commend. zu Protselden. | 92) Dietber, Capitular zu Maint, Würtburg und Aschaffenburg. † 1437. 93) Margaretha, Aebtißin von Kitzingen, † 1465. 94) Constantina, † ledigen Standes 1442. 95) Anna 1441. Gem. Henrich, Gr. zu Löwenstein. 96) Otto, Dhomherr zu Maint ref. (a), war Vormund (b) über Schenk Philipp (n. 85.) Amtmann zu Miltenberg (c). Gem. Amalia, Gr. Michel von Wertheim T. (d). |

| 97) Elisabeth, 1460 (a) refs Wilhelm von 98) Philipp, geb. a), Wil- tirt seinen Herrn von Hofheim (b) Gemahlin Erbauung der (c), baute a Schöllnbach (Margaretha, Hohenloe T. | Convent Steinbach, Starben c) | 108) Hanns (a), geb. 1440. laufte von Conrad von Bickebach sein Antheil am Schloß Sabisheim (b), † 22. Nov. 1484 (c). Gem. Magdalena, Simon von Stöffeln, Herrn zu Justingen T. 1469 (d), † 1487 (e). | 109) Eva (a), geb. 1469, † 1511. Gem. Sigmund, Herr von Schwarzenberg, Oberjägermeister in Francken. 110) Conrad, Canonicus zu Worms, † 1482. |

| 111) Erasmus, noch übrige von zu Erbach zu ein auf dem Reichs Reichshülfe aufg Gem. Elisabeth, 1536. | Ohlena, lin Ma- | 118) Valentin, war 1509 auf dem Reichstag zu Cölln (a), von Churpfalz zu Stillung des Bau- rentumults im Würtenb. abgeschickt (b), 1525 Commendant zu Heidelberg (c), verkauft ein Theil von Sabisheim an Löwenstein (d), Churpfälz. Abges. auf den Reichstag 1530 (e), † unvermählt 1531 (f). | 119) Walburgis, † unvermählt 1548. |

120) Catharina (a) Gemahlin.

Beweisthümer zur II. Tabelle. 15

tage unf. Reichs des Behemifchen in dem drey und dreyfigften und des Romifchen in dem tzweentzigften Jare.
(f) Erbach. Hift. Urk. Nro. LXVIII. (g) siehe Urk. Nro. LXXIII. wo es heiffet:

> Darum so hat myn Her mir vnnd mynen Nachkommen geben die Hofflatt gelegen unter dem Kirchhof zu Mosa, die etwa Fritz Eure befessen hat. Datum anno millefimo quadringentefimo quarto, fexta poft feftum Corporis Chrifti.

(h) Urk. Nro. LXXIV. (i) Urk. Nro. LXXX. (k) Urk. Nro. LXXVII. (l) Lebmanns Speier. Chronik p. 909. Endlich haben Königs Ruperti Räthe, Schenk Eberhard, Herr zu Erbach zc. zc. (m) Seine Gemahlin beweiset sich Urk. Nro. LXXXII. wo er seinem Sohne Eberhard übergiebt:

> Alle die Gute Gulte Zinse und Rente zu dem Schlosse gen Dannberg gehörig die fine zu Erbteile angefallen fint von der Edeln Elijabet von Cronberg seligen meiner lieben Haußfrauwen.

59) Jda. (a) Der in der Erbach. Hift. angeführte Humbracht p. 88. 89. (b) f. des Herrn Confiftorialraths Wenks Heffifche Geschichte, und die dafelbft beygebrachte Succeffion der Elifabeth von Katzenelnbogen.

60) Elifabeth. 61) Ulrich. Von diesen beyden finden sich Grabsteine im Klofter Steinbach. Erbach. Hift. p. 68. geftochen Tab. III. 44. 45.

> Anno Domini MCCCLXVIII. in die beati Jacobi Apli obiit Elifabeth Pincerna de Erpach o Puer Anno Domini MCCCLXIX. in die Afcenfionis Domini obiit Ulricus Pincerna de Erpach o Puer.

62) Margaretha. Urk. Nro. LXXXIV. 1.

63) Hanns. Grabftein Tab. III. 47. Nro. wo er ein Sohn Eberhard Schenken Nro. 38. genennet wird.

> Anno dni M. CCCCIII. feria feda an. lucie o. doicell. Jobes. fili. dni. eberh. pincne in erpach.

64) Hanns. (a) und (b) Sowohl seine Abkunft von Schenk Conrad Nro. 41. als auch die Stiftung nach Moffau beweifet Urk. Nro. LXXXV.

> Ich Schenke Hanß Herr zu Erpach, bekennen offentlich — — Darumb soll ein Pfarrer zu Moffau myns Vatters Schrnk seligen Conrads des alten Herrn zu Erpach, myn, myner Hausfrauwen Schenk Agnefen, mynd Brudera Schenk Conrad Domherrn zu Wyrtzburg gedenken in sein Meffen — — — Dat. 20. Domini 1390.

(c) Urk. Nro LXXXVI. 2. (d) Seine Gemahlin Agnes erweifet sich aus der Urk. Nro. LXXXV. Das übrige Erbach. Hift. p. 69.

65) Conrad. (a) Daß er recht angegeben ist, erhellet aus Urk. Nro. LXXXV. (b) Urk. Nro. LXXXVI. 1. (c) Johannis Syll. plen. Can. Tom. II. Script. Rer. Mog. p 356. Conradus I. Pincerna Canonicus Moguntinus et Herbipolenfis. (d) Urk. Nro. LXXXV. (e) Urk. Nro. LXXXVI. 3. wo es heiffet:

> Der Edel Schenk Conrad Herr zu Erbach unfer Thumherr zu Mentze lieber anbächtiger heimlicher Rath und Getreuer.

(f) Urk. Nro. LXXXVIII. (g) Daß feine Gemahlin Agnes von Erbach gewefen, ergibt fich aus Urk. Nro. LXXXVII.

66) Rudolph. (a) Gropp Coll. Noviff. Script. Wirceb. Tab. I. Canon. Cathedr. Wirceb. p. 844. (b) Urk. No. LXXXVI. 1.

67) Siegfried. Erbach. Hift. p. 71.
68) Wolfgang. Erbach. Hift. p. 72.
69) Eberhard. (a) Urk. Nro. LXXXIX. wo es heiffet:

> Schenk Henrichs (Nro. 48.) Sohn mit Namen Jungher gen. Eberhart Schenk von Erbach 1379.

(b) Er war Canonicus zu St. Guido in Speier, vermöge eines fogenannten Panisbriefs von Kaifer Wenzel, laut Urk. Nro. LXXXIX. (c) Urk. Nro LI. (d) Seine Gemahlin beweifet fich aus der Bickenbachifchen Stammtafel, beym Herrn Wenk p. 450.

D 2   70) Phi-

16 **Beweisthümer zur II. Tabelle.**

70) **Philipp.** (a) Seine Herkunft beweiset sich Urk. LVI.

Kunt si allen Luden, daß ich Schenke Hemrich von Erpach — des zu Urkunde so hab ich myn Jngesigel dun hencken an diesen Brief, und han auch gebetten myne Sone Eberhart (67) und Philipps ic. Dat Anno Domini Millesimo CCCLXXXVIII.

(b) Urk. Nro. LI.

71) **Sabina.** Urk. Nro. XCII. woselbst die Eidsformel enthalten ist.

72) **Else.** Stehet nicht in der alten Stammtafel und hat sie Retter hineingesetzt.

73) **Otto.**
74) **Agnes.** } Von diesen siehe Erbach. Hist. p. 74.

75) **Elisabeth.** Schannat. Hist. Wormat. f. 173.

(*) Elisabeth Schenkin de Erpach. Priorissa Monasterii S. Mariae Virginis in *Liebenau* Ord. S. Dominici transegit 1410. cum Johanne de *Wachenheim* super lite quadam.

76) **Eberhard.** Diesen hat die alte Stammtafel gantz unrichtig unter Eberhard den ältern Nro. 57. gesetzt, und somit demselben zwey Söhne gegeben, die Eberhard geheissen. Er gehöret vielmehr dem Conrad Nro. 54. dieses, und die Richtigkeit seiner Gemahlin beweiset die Urkunde, welche Ries in einem Verzeichnisse archivalischer Urkunden angeführet:

1417. vidimirt Schenk Conrad einen Ehebrief von 1407. zwischen Eberhard dem Jungen und Lucke von Walburg.

77) **Conrad.** (a) Hier hat die alte Stammtafel Recht, und die Erbachische Historie, die sie widerlegen will, hat Unrecht; dann in der Urkunde Nro. XCIII. worauf sich der Verfasser derselben beruffen, stehet nicht Conrad, sondern Eberhard der ältere im Original. (b) siehe Erbach. Hist. in der Nachricht von ihm Nro. 58. §. IX. (c) Urk. Nro. CCXXXI. (d) Urk. CVI.

Wir Schenk Conrad, Herr zu Erbach und Fraw. Anna von Biberach, unsere ehel. Haußfrauwe, bekennen — — daß wir geben han sechs Malter ewigs Korns, alle Jar jerlich einem gesessenen Caplon vnseres lieben Frauwen Altars in der Capellen in der Stadt Erbach off vnser Mulen zu Lorrbach dat. Ao. Domini quadringentesimo, quadragesimo octavo. 1448.

(e) die eben angeführte Urkunde.

78) **Eberhard.** (a) Daß er ein Sohn Eberhards Nro. 58. sey, erhellet aus Urk. LXXXII.

Ich Schenk Eberhard der alte Herr zu Erbach bekenne offentlich mit diesem Brieffe für mich, Conrad, Ludwigen vnd Engelharden myne Sone, daj ich dem Ersten Schenk Eberharten Herrn zu Erpach vnd Zonnemer zu Menges myne lieben Sone geben hab ic. ic.

(b) (c) Johannis Script. Rer. Mog. Tom. II. in Syllabo pleniori Praelatorum &c. Mog. ex allig. der Erbach. Hist. p. 78.

(**) Eberhardus Pincerna frater Ludovici Canonici Wormatiensis, Canonicus Majoris. D. Stephan. Praepositus, Judicii secularis Camerarius, Praefectus Mormbacensis † anno 1441. d. 14. Oct. in ipsa metropolitana ante aram D. Kiliani sepultus.

79) **Ludwig.** (a) Seine Abkunst beweiset sich aus Nro. 76. (b) Johannis und die Erbachische Historie auf angeführten Seiten.

80) **Engelhard.** (a) Siehe die Nro. 78. l. a. angeführte Urk. Nro. LXXXII.

81) **Adelheid.** Erbach. Hist. Nro. CVIII.

Ich philipps von Cronberg der Elter, und ich Alheyt Schenkinne von Erpach sin eliche Hußfrauwe ic. ic. des zu Urkund — — vnd han dazu gebetten den Edeln Schenk Eberhard den Eltern vnsern lieben Herrn Schweher vnd Vater Datum Anno Domini millesimo quadring. nono.

82) **Ida.**

(*) Elisabeth Schenkin von Erbach, Priorin des Closters der heil. Jungfrau Mariä, Dominikaner Ord. vergleicht sich mit einem Herrn von Wachenheim 1410.

(**) Eberhard Schenk, Bruder Ludwigs, Canonici in Worms, Canonicus Dompropst zu S. Stephan, und weltlicher Gerichtsdämmerer. Amtmann zu Mornbach, † 14. Oct. 1441 und ist in dieser Hauptkirche vor dem Altar des heil. Kiliani begraben.

Beweisthümer zur II. Tabelle.

82) **Jda.** Stehet nicht in der alten Tabelle, auch hat die Erbachische Historie nichts von ihr. Retter hat sie in die Stammtafel gesetzt, und sie beweiset sich aus *Sebannat* Dioec. Fuld. p. 183.

> Ich Yda Schenkin von Erpach Meisterin zu dieser Zeit des Cloisters zu Hoest, under Breuberg gelegen, bekennen — so als ich den Altar unser lieben Frauwen in der Kirche zu Hoeste von Nuwen erhoben, und dazu drey ewige Messe alle Wochen doruff zu lesen gestifftet han, daz ich den begabt und bewidmet mit dem grosen Fruchtzebenden zu grossen Hoest, den Zehenden zu Kirchbrombach, etliche Zent in dem Dorfe Dusenbach etc. Des zu Urkund han ich Yda unsers Convents Ingesiegel en diesen Brief thun henken. Dat. an. Domini Millesimo quadringentesimo quinquagesimo quarto. 1457.

83) **Waldburg.** Sowohl ihre Herkunft, als ihre angegebene Vermählung beweiset Urk. Nro. CCXXXV.

> Ich Sadamar von Labar der junge versehe, als der Allerdurchlauchtigste Hochgebohrne Fürst und Herr Ruprecht, Römischer König eine Heyrath zwischen mir und Waldburgen des Edeln Schenk Hansen Herrn von Erpach Tochter beret und gemacht — der geben ist auf den Montag für unseres Herrn Leichnams Tag in dem Jare, als man zalte nach Christus Geburt vierzehenhundert und darnach in dem fünften Jar.

84) **Dorothea.** s. die Erbach. Hist. p. 80.

85) **Philipp.** (a) Daß er ein Sohn Conrads Nro. 65° ist, beweiset er selbst in einer Urkunde:

> Wir Schenk Philipps, Herr zu Erbach bekennen und offentliche und thun kunt — So also unser lieber Vater Schenk Conrad — — —

s. Erbach. Hist. p. 81. (b) Urk. Nro. CXVII. 2. (c) Urk. CXI.

> Wir Eberhard von Eppinstein bekennen daß wir — — gegeben haben und geben in Kraft dies Briefs dem Edeln Schenk Philipps Herrn zu Erbach und Luckards von Eppinstein seiner ehel. Hausfrauwen unserm lieben Elben unnd Dochter seinen Erben und Nachkommen unser Theil des Schlosses Dreuberg mit allen Rechten, Nutzen, Gefällen Lüden und Guten und mit aller Zugebör um nun dusend Guldern guter gemeiner Frankfurter Werunge derselben Summe vier Dusend Gulden Unserer Dochter Zugelt geben han, die übrigen fünf Dusend Gulten hat er uns an bereiteten Geld gegeben und wol bezalt — Datum Millesimo Quatringentesimo quatragesimo primo.

(d) Der Lehnbrief hierüber stehet Urk. Nro. CXVII. 1. worinnen es heisset:

> Das Schloß Fürstenau mit allen seinen Begriffen — — dazu den andern unsern halben Theil an dem Dorf und Gericht zu König 1459.

(e) Urk. zum dritten Satz Nro. 27, 3. deren Inhalt dahin gehet:

> Daß anstatt der zerstörten Capelle, die dem heil. Johannes dem Taufer zu Ehren auf dem Schlosse Darmberg erbaut gewesen, Schenk Philipps eine solche zu Fürstenau zu Ehren der heil. Jungfrau Marian, Johannis des Täufers, wie auch der heil. Märterinnen Barbaren, Catharinen und Margarethen Jungfrauen erbauen und errichten, und sie mit den Gefällen zu Darmberg versehen möge. Aschaffenburg den 4. Septembris 1460.

(f) Grabstein zu Michelstadt:

> Anno Domini 1461 auf S. Sebastian Tag ist gestorben der edel und wolgeborn Schenck Philipps Herr zu Erbach, dem Gott gnad.

(g) siehe l. c).

86) **Gerhard** (a) stehet nicht in der alten Stammtafel, stammet aber nach Ausweis der von Johannis Script. Rer. Mog. T. I. p 747. angeführten Familia Erbacensi, von Schenk Eberhard (Nro. 69.) ab. (b) Johannis Syllabo plen. Can. Script. Rer. Mogunt. T. I. p. 356.

87) **Agnes,** siehe oben bey Nro. 63. l. g. und Johannis l. cit.

> Ich Schenk Otto Herr zu Erpach — — als etwa der edel Schenk Conrad Herr zu Erpach mein Swager. 1425.

88) **Hanns** (a) Urk. Nro. CXVIII. (b) Urk. Nro. CXVIII. 1. (c) Grabstein zu Beneheim:

> Anno Domini MCCCCLVIII. die VIII. mensis Februarii obiit Schenk Hans de Erbach. (c) aia rq. (d) Joannis in Fam. Geneal. Erbac. T. I. Scr. P. m. p. 747. (e) Grabstein zu Beneheim:

> Anno Domini MCCCCXLVII. die XX. mensis Maji obiit Margaretha Schenk uxore. aia. rq.

89) Theo-

89) **Theodoricus**, (a) Joannis Syll. plen. de Canonicis T. II. p. 356. 1413. de *Erbach*, *Theodoricus* Pincerna Canonicus. (b) ibid. de Cantoribus, p. 333. Theodoricus Pincerna de Erbach Eberhard in locum suffectus est 1429. suaq. meruit virtute, ut 1434. ad Pontificatus Moguntini culmen eveheretur. (c) Grabmal in der Stiftskirche zu Aschafferburg, welches in der Erbach. Historie abgestochen ist, wo sein Sterbtag auf May angegeben ist.

90) **Philipp**, stehet nicht in der alten Stammtafel, gehöret aber doch hieher, s. Joannis in Famlia Erbac. Tab. I. p. 747. führet an: ein geschriebenes Tagbuch derer Benedictiner zu Erfurt auf dem Petersberge von anno 1440, in welchem gesagt wird:

> Daß der Abt von Weissenburg, ein leiblicher Bruder des Churfürsten nebst mehr aus dern mit dem Theodoricus nach Erfurt gekommen sey.

2) *Brufebium* Chronol. Monaster. p. 23. in Catal. abb. Wesenb. wo er mit in der Reihe derer Aebte von Weissenburg gesetzt und gesagt wird:

> Daß er 32 Jahr regieret, 1467 den 21. Dec. gestorben, und in dem Creuzgang begraben sey.

91) **Henrich**. Urk. zum dritten Satz Nro. 95.

> Ich Schenk Dietriche Thumherr zu Mentze, ich Schenk Henriche Hoffcompthur zu Brotselden, ich Schenke Dietber Thumherr und Erzpriester zu Würzburg alle drey Gebrüdere Herren von Erbach ꝛc. ꝛc. nach Christus Geburt, vierzehenhundert Jar, dar nach in dem achtzehenden.

92) **Dietber**, s. Erbach. Hist. p. 136, wo es aus Joannis in Famil. Erbac. p. 747. Ser. Rer. Mog. also im Teutschen heisset:

> Dietber, Schenk, Bruder des Erzbischofs Theodoricus, wie aus einem Brief, 1435 Montags in der Creuzwoche zu ersehen, worinnen ihm der Erzbischoff den Hof, der Thiergartten, genannt, zu Mentz beym Thum gelegen, überlassen, war Canonicus zu Maintz, Würzburg und Aschaffenburg † 1437 am St. Nicolaus Abend und ist zu Aschaffenburg begraben.

93) **Margaretha**, siehe die Erbachische Historie p. 137, und was daselbst von ihr aus den *Brufebius* Chronol. Monast. Germ. fol. 77. b. gesagt worden.

94) **Constantina**, stehet nicht in der alten Stammtafel, ist aber in der Erbachischen Historie erinnert worden, s. Joannis Rer. Mog. T. I. p. 747. wo es heisset: Constantina † ledig zu Maintz 1442. Dann so liefet man in einem Verzeichnis der Verstorbenen aus der Gesellschaft der heil. Jungfrau und des heil. Christophs, die 1380 zu Maintz errichtet, und 1386 vom Bischof Adolph bestättiget worden:

> Jungfraue Constantina, Schenkin von Erbach, Schwester unsers gnädigen Herrn zu Maintz.

95) **Anna**, stehet nicht in der alten Stammtafel, und hat sie Retter hinein gesetzt.

96) **Otto**. (a) (c) siehe Joannis in Famil. Erbac. l. cit. (b) ibidem.

> Ich Schenk Otte Herr zu Erpach Als etwan der Edel Schenck Conrad Herr zu Erpach min Swager von todes wegen abgegangen ist, und einen Son, genant Philipp, hinter sich gelassen hat, dass darum der obgen. min gnediger Herr von Menze mir solche nachgeschriebene guter, in *Mompars* Wyse, zu tragen etc. etc. 1425 Dienst. nach S. Peters tag.

(c) Erbach. Hist. Urk. Nro. CXX.

97) **Elisabeth**. (a) Urk. CXXIV. 2. welche so wohl sie, als eine Tochter Schenk Conrads, Nro. 57. angiebt, als auch ihr Canonicat zu Essen beweiset. (b) Urk. Nro. CXXV.

98) **Philipp**. (a) Daß er ein Bruder der vorigen Elisabeth gewesen, erhellet aus der eben angezogenen Urkunde Nro. CXXV. wo es heisset:

> Zwischen Schenk Philippsen, Herrn zu Erbach und seiner Schwester Else.

(b) Urk. CXXXII. 1. (c) Aufschrift über der großen Kirchthür zu Michelstadt:
(*) Anno MCCCCLVII. sacra pia est renovatio corporis hujus Ecclesiae sab pincernis *Philippo Georgio* et *Johanne* Dominis de et in Erpach.

(d) Urk.

(*) Im Jahr 1457 ist die Erneuerung dieses Kirchenschiffs unter den Schenken Philipp Georg und Johannes unsern gnädigen Herrn von und zu Erbach geschehen.

Beweisthümer zur II. Tabelle.

(d) Urk. dritter Satz Nro. 26, 3. woselbst es heisset: daß sie wegen sonderbarer Andacht, welche christglaubige Seelen zu einem in Schöllnbach sich findenden Marienbild mit häufigem Besuch und Herbeybringung milder Opfer bewiesen, erbauet worden. (e) Urk. CXXVIII.

> Wir Schenk Conrad Herr zu Erpach bekennen daß wir — — der edeln wolgepornen Margaretten Gräfin von Hohenloe geboren des jetzt genannten unsers lieben Sons (Philipp) eligen Gemahl — verschrieben han. Dat. anno 1441 Dominica ante Sim. et Jud. applor. (f)

99) **Amalia.** (a) (b) Sowohl ihre Abkunft, als ihre Verheyrathung werden durch Urk. Nro. CXXVIII. 1. bewiesen:

> In Got Namen Amen. Kunt sey allen und yeglichem, daß na Rade und Gupt dünken des hochwürdigen Fürsten und Herrn Herrn Diederich Erzbischove zu Cölln ein wißlich stedeligliche Er gerapt und geflossen es tuschen dem Edeln Hermann Jangber zu Rennberg eligen Son des edeln Rowig Herrn zu Rennberg, an eyme, und der edeln Iunckfrawen eligen Dochter des edeln Schenk Conrads, Herrn zu Erbach von yme und fryline wetland der edeln Anna von Bickenbach syme elige Hupßfrauwen In dem Jare Dusent vier hundert vier und funfzig.

100) **Hanns.** Sowohl seine Herkunft, als seine geistliche Stelle beweiset Urk. CXXXII. 1. dann Schenk Philipp nennet ihn fratrem meum aibem (amabilem) b. i. seinen geliebten Bruder (*) und auch Clericum Moguntinum.

101) **Judith.** Alles von ihr wird durch Urk. CXXXIX. bewiesen:

> Zu wissen, daß eine Freundschafft, die sich langst zur Ee, zwischen der wolgebornen Iungfrauwen Iutten Schenkin zu Erbach, des Edeln Schenk Conrads Herra zu Erbach Tochter eynes, und den edeln Engelbart zu Rodenstein, als andern Theils mit Willen des edeln wolgebornen Schenk Philipps Herrn zu Erbach der vorgenannt Jungfrauwen Iutten Bruder beredt und beteydinget ist. Dat. 1457.

102) **Elisabeth,** s. Erbach. Hist. S. 142.

103) **Georg.** (a) Aus dem Churmainz. Lehnbriefe von 1477. Urk. Nro. CXLI. erhellet seine Abkunft, weil es da heisset:

> Die willige Dinste die uns und unserm Stifte Schenk Georgen Vater gethan hat.

(b) Reichsmatricul zu Nürnberg 1480 Schenk Georg drey zu Roß und sechs zu Fuß. 1481 drey zu Roß und sechs zu Fuß. (c) Grabstein zu Michelstadt:

> Anno Domini 1481 uf St. Gertrauden tag starb der edel und wolgeborn Schenk Jorg von Erbach dem Gott gnad.

Er hat noch ein Grabmal in der Kirche, s. Erbach. Hist. p. 143. (d) Ihr Grabstein in der Michelstädter Kirche:

> Anno 1501 uf Sont. nach Annone. Frau Cordula von Frauenberg. Jo. zum Haag Tochter, Schenk Georg sel. Haußfrau.

104) **Conrad,** siehe die Erbachische Historie S. 144. und den daselbst angezogenen Joannis Rer. Mog. Syll. plen. Can. p. 356. Tom. II.

105) **Adolarius,** siehe Erbach. Historie p. 145.

106) **Maria,** siehe Erbach. Historie p. 145.

107) **Agnes.** (a) (b) Ihr Herkommen und Vermählung beweiset sich aus Urk. CXLIV.

> Ich Wilhelm Herr zu Finstingen bekenne — — als ich mich zu der edeln Schenkin Agnesen von Erbach vermählet habe nach lude des Wibdums Brief, darinnen begriffen ist, daß der Ebel Schenk Hanns Herr von Erbach, ihr Vater — — am Dienstage nach Martinus Tage 1459.

(c) Urk. Nro. CXLIII. Mein freundlich Dienst. Wolgeborner lieber Swager. Nachdem meine liebe Schwester Agnesen Schenkin von Erbach und auch myn lieber Swager Wilhelm Herr zu Finstingen seligen und löblichen Gedächtnis nacheinander Todeswegen abgegangen sind 1472.

E 2   108)

(*) also nicht habilem, wie Schneiders dieses abgekürzte Wort gegeben.

Beweisthümer zur II. Tabelle.

108) **Hanns.** (a) (b) Seine Herkunft sowohl, als die Erkaufung des Bickenbachischen Theils von Habsheim beweiset Urk. Nro. CXLII.

> Ich Conrad Herr von Bickebach bekenne — — daß ich den Edeln Schenk Hansen Herrn von Erbach, mynen lieben Oheim myne Teile am Schlosse. Habitzheim, der von myne guedigen Herrn Herzog Otten von Bayern zu Lehen rühret. umb druhundert Gulden, verkauft habe ohne Datum.

(c) Erbach. Hist. S. 146. (d) Grabstein zu Michelstadt:

> Anno Domini 1484. uf. S. Catharinen Tag starb der edel und wolgeborne Schenk Hans von Erbach der sele Gott gnad.

(e) Grabstein eben das.

> Anno Domini 1487. uf. Dinstag nach Conceptionis Mariae starb die Wolgeborne Frau Magdalene Geborne von Stoffeln, Schenk Hansen sel. von Erbach ehlich Gemahl. d. G. G.

109) **Eva.** Ihre Herkunft, wie auch ihre Vermählung erhellet Nro. CXLVI.

> Wir Sigmund Herr zu Schwarzenberg, Eva geborn von Erbach, Frau zu Schwarzenberg sein eliche Gemahl, thun kunt — — als der edle Schenk Orte Herr von Erpach unser lieber Schwecher und Vater sel. — am St: Marie Magd: Abend. 1469.

110) **Conrad**, stehet nicht in der alten Stammtafel. Retter hat ihn eingerückt. S. Schannat. Hist. Wormat. P. I. in Syllabo Can. Majoris. Eccl. p. 102.

Erpach, Pincerna Conradus ob. 1482.

111) **Erasmus.** (a) de *Gudenus* Cod. dipl. IV. p. 480. Literis Anno MCCCCLXXXVII. die Galli signatis Rudolfus de Wazdorff Jo. de *Luttorf* Conr. de *Herbolstadt* Fridr. *Feck* et *Conr.* de Warzdorf ceu tutores liberorum Alberti Comitis de Mansfeld (unsers gn. Herrn seel. Kinder) notum faciunt, quod vendiderint Erasmo Pincernae ab Erpach Dynastiam Bickenbacensem pretio 7770. flor. (*). (b) Zuerst war durch eine päbstliche von Alexander VI. 1496 gegebene Bulle, die sich Urk. zu der S. befindet, auf Bitten Schenk Erasmus zugestanden, daß die Capelläne zu Erbach die Macht haben sollten, auf den Nothfall die Sacramente auszuspenden, auch ein Begräbnisort bey und vor Erbach erlaubet, doch mit dem Beding, daß die Gebühren dem Pfarrer von Michelstadt entrichtet werden mußten. Darauf erwirkte Erasmus vollends die Erhöhung der Erbachischen Capelle zu einer eigenen Michelstadt unabhängigen Pfarrkirche. Ich theile hievon die Erzählung des Joannis Rer. Mog. Tab. I. p. 809. mit.

> 1497. suchte Erasmus Schenk von Erbach, und Herr zu Bickenbach an, daß die Capelle in der Burg zu Erbach von dem Erzbischofen zu Mainz zur Pfarrkirche gemacht werden möchte. Bisher mußten die Einwohner zum Gottesdienst nach Michelstadt gehen: Dieses fiel dem Erasmus und besonders den Hoffrauenzimmer darum beschwerlich, weil Michelstadt in einem andern Gebiete lag. Erzbischof Bertholt hielte dieses Ansuchen vor billig, trennte diese Capelle unterm 15 Dec. von der Michelstädtischen Pfarrkirche, erhob sie zu einer Pfarrkirche, und versahe sie mit einem eigenen Pfarrer.

(c) Lehmann Speyer. Chronik. Erb. Hist. Urk. Lit. B. 2.

> Von Gottes Gn: Röm: König ic. ic. Edeln lieben Getreuwen. Wir haben des heiligen Reichs Stande und Versammlung so ietzo zu Worms sein, erfordert zu das in der Stadt Breisgaw zu kommen und ermahnen darauf Euch der Pflicht darmit Ir Uns und dem heiligen Reiche verbunden seyt. — — gebietend und bittend, daß Ir auf Dingstag nach Michels Abend schierkünftig daselbst zu Freyburg — — persönlich bey Uns und der gemelten Ständen und Versammlung erscheinen und wie Uns und Ihnen — — das getreuwest und best belt rathschlagen, handeln und beschliessen ic. ic. Geben in Unser und des heiligen Reichs Statt Worms am Freytag nach Unser lieben Frauwen Tag Assumptionis Anno Dni MCCCCLXXXVII. — —

(d) Urk. L. B. 1.

> Wir Friedrich von Gottes Gnaden Römischer Kaiser ic. ic. Entbieten dem Edeln, unserm und des Reichs lieben Getreuwen Görig Johannsen und Erasmen den Schenken zu Erpach, — — Wie ermahnen euch, — das Ir die Entzt. zu Ros und Fuß — — mit Wägen, Geschütz und aller Gereytschaft gerüstet — — auf sand Jorgen Tag schierkünftig

---

(*) Rudolph von Wazdorf als Vormünder über Graf Albrecht von Mannsfeld Kinder machen 1487 auf S. Gallus schriftlich bekannt, daß sie die Herrschaft Dickebach an Schenk Erasmus von Erbach um 7770 Gulden verkaufet haben.

Beweisthümer zur II. Tabelle.   21

künftig bey unsrer Stadt Wien im Veld habet — — Das wir mit unserm lieben Sun zu der Villigkeit gegen euch zu erkennen vnd zu gut nit vergessen wollen. Geben zu Ppaz am Samstag vor sannd Enderes Tag des heiligen zwölfft Potn. nach Christi Geputh Viertzehnhundert und in Neunzigsten.

(c) Urk. Nro. CXLIX.

In dem Namen der heiligen Drivaltiakeit ist ain Hyrat abgeredt und bethedingt — — zwischen der des wolgebornen Herrn Jörgen, Grafen zu Werdenberg und zum Heiligenberg eliche Tochter Frölin Elsbet Greve zu Werdenberg, ains, und Schenk Erasmus Herr zu Erpach, anders Tails — — geschehen zu Haylprunnen uff Dienstag nach sant Bartolomaeus des heiligen Zwölfboten Tags, nach Christi Geburt vierzehnhundert und im fünf und achtzigsten Jare.

112) **Magdalena**, siehe Erbach. Hist. p. 152.

113) **Eberhard**, siehe die Beweisthümer der III. Tabelle.

114) **Georg**, siehe Erbach. Historie p. 158. wo aus einem alten Missale, das sich noch in der Kirchenbibliothek zu Michelstadt befindet, erhellet, daß er ein Bruder Schenk Eberhards, Canonicus zu Speier und Pastor zu Beerfelden und Pfungstadt gewesen, den 16. Febr. 1509 gestorben, und auf dem Kirchhof zu Speier begraben sey.

115) **Magdalena.** Sie beweiset sich, obgleich die alte Stammtafel und die Erbachische Historie nichts von ihr wissen, durch folgendes Original, das im Archiv vorhanden:

Aufschrift eines Briefes von Schenk Eberhard, Herrn zu Erbach, und Merga, Schenkin von Erbach geb. Gräfin zu Wertheim — — auf den Unschuldigen Kindleinctag im 25. Jahr.

Der wolgebornen Magdalena, Schenkin zu Erbach, Priorin zum Neuen Closter (*) Unserer freundlich lieben Schwester und Schwägerin.

116) **Maria.** (a) Erhellet aus dem angezogenen Schreiben, wo es heißt:

Ich bin auf diesem vergangenen Bayerischen Zug zu Eschenberg gewesen, und meiner Schwester Merge ein Edelstein geschickt, weil mir nit möglich war, zu ihr zu kommen; Als ist sie, von Stund an, mit der Priorin zu mir gekommen, hat mich die Priorin — — gebeten, ihr (**) zu vergönstigen, ein Oberstin zu werden, das sie sich dann von selbst so doch beschweret, ich ihr auch nicht wissen zu rathen, doch zu ihrem Willen geflehet.

(b) **Epitaphium im Closter Schmerlenbach:**

Anno Domini 1541. uff Freytag nach Andreae Apost. starb die erwürdige und wolgeborne Frau, Marie, Eptisin des Closters Schmerlenbach, geborne Schenkin von Erbach. G. w. b. selé gnedig und barmherzig seyn. Sie hat, nach Aussage des Sterbbuches 16 Jahr regiert.

117) **Magdalena**, siehe Erbach. Historie p. 158.

118) **Valentin.** (a) *Senkenberg* ungedruckte Schriften P. I. p. 157. Beschreibung des Reichstags zu Cölln im Jahr 1505. durch Jorg Brandenburg, Herolden:

Anno Domini M. D. V. des XIX Dagkes May hat die Römisch kenial Majestait zon koniglichen tag gen Colen beschreben und darzu erfordert vill Churfürsten fürsten, prelaten, stettende, alle Norad des Reichs, als die nach Ordnung ein peter dem andern im Reunder volgt mit fein Graven, Herren, Ritter und Edlen.

S. 168 der Pfalzgrave bey Reyn mot dem seyn. Schenk Valkren der tzu Erbach.

(b) s. Licturii app. ad sasç temp. in Jo Pistorii Script. Germ. Tom. II. fol. ed. Struvii 1726. de rebellibus rusticis Würtenb. (von den aufrührerischen Bauern im Herzogthum Württemberg) wo es, wie auch beym Martin Crusio, Annal. Suev. T. II. heisset:

Der Pfalzgraf habe Schenk Valentin von Erbach mit noch dreyen von Adel abgesendet, um die Bauern zum Gehorsam zu bringen.

(c) Peter

(*) In einem andern Schreiben wird dieß Closter ausdrücklich Clarenthal genennt.
(**) der Schenkin

(c) Peter Haaren Beschreibung des Bauernkriegs 1525. p. 70. auch Schardtius Rust. tumult. Libr. IV. p. 161. woselbst es heisset:

> Der Churfürst habe, zu besserer Vertheidigung des Schlosses Jrrenbühel und Heidelberg, einen Trupp der besten Leute mit einem Fähnlein vom Hofgesind und den Stückmeistern, unter Anführung Schenk Valentins von Erbach, eingelegt.

(d) Erbach. Hist. p. 159. (e) de Gudenus Cod dipl. Tom. IV. p. 620.

> Kunt und offenbar — — daß im Jar MDXXX uf Freitag den XXIX Tag des Monats Jul. titl. herr Albrecht, der heil. Röm. Kirche Cardinal zu Mainz, auch die Herren Jo. Metzgerhausen, Dumprobst zu Trier; Herr Schenk Veltin zu Erbach, Herrn Ludwig, Pfalzgrafen bey Rhein zu diesem ausgeschriebenen tage gen Augsburg geschickte Potschaft.

(f) Grabmal zu Michelstadt:

> Hier liegt begraben der wolgeborne Schenk Valentin Herr zu Erpach.

119) **Waldburgis.** (a) s. Urk. Nro. CLXVIII. (b) Grabstein in der Michelstädter Kirche:

> Hier liegt begraben die wolgeborne Walpurgis Frau zu Erpach, seine (Sch. Valtins) Schwester.

120) **Catharina**, Urk. Nro. CLXIX. 1.

> Wir nachbenannter Schenk Eberhard, Herr zu Erbach an eynem, und hans Wernher, Freyherr von Zimbern anstatt der wolgebornen moue lieben elichen Gemahl Catharinen, und Jrer Schwester Frau Anna, eine geborne von Erpach am andern theil ꝛc. ꝛc. Als sich Speen und Jrrung wegen unsers Vaters und Schwehers, Schenk Erasmus ꝛc. ꝛc. Dinstag in den heil. Pfingstfeuertagen 1516.

121) **Anna** (*). (a) s. die vorige Urkunde. (b) Jhrer Vermählungen erwähnet Sattler in der Beschreibung von Württemberg:

> Georg von Lupfen hatte Innam von Erpach, Henrichs Gnagrii von Stöffeln Wittib zur Ehe, und starb 1546 mit Hinterlassung 3 Sohne.

Beweisthümer zur III. Tabelle.

113) **Eberhard**; (a) beweiset sich ungefehrlich aus seinem Epitaphio. (b) Erbach. Hist. p. 154. (c) Erbach. Hist. p. 154. 328. (d) Seine Churpfälzische Dienste beweiset folgendes Diplom im Archive:

> Wir Ludwig, von Gottes Gnaden Pfalzgraf bey Rhein ꝛc. bekennen und thun kunt offentlich mit dißem Brieve, das wir den Edeln, unsern lieben getrewen, Schenk Eberharten Herrn zu Erpach, zu unserm und unser erben Ratte und Diener von Hauß aus bestellet und aufgenommen haben, unnd thun das hiermit in Krafft dis Briefs also, das er, auff unsere und unser erben gesonnen, pederzeit, mit zehen gerüsteter Reysigen Knechten und Pferden, zu allen und yeden unsern Geschefften, unns, wider menniglich, abgenommen diejhenen, denen er mit Lehnpflicht verwandt ist, williglich dienen, gehorsam, gewertig unnd verbunden seyn, dazu soll er zu yeder Zeitt, so wir das an Jne gesonnen, unns unnd unsern erben getrewlich nach seinem besten Verstendnis ratten, unnd unsere Heymlichkeiten, wo er die erfert, unsere und Jne langen mocht, ewiglich verschweigen, unnd anders nit dan zu unserm Nutz und frommen, oben, auch sonst alles das thun, das ein getrewer Ratte unnd Diener seynem Herrn schuldig unnd pflichtig ist unnd billiglich thun soll. Darumb soll er und die seyn, so bald unnd offt sie also unns zu Dienst erfordert und komen werden, so er aus frowem Hauß regt, Jnn unser Kost seyn mit futter, mahl, schlaffstreuten, und stallmut. Wir Jme auch sollich Zeit für redlichen Reysigen schaden sten — — Wer es auch Sach, daß genannter Schenk Eberhart, redlicher ehehaft, oder seines Leibes halben, so wir Jne erfordern, unnd mit zu Dienst kommen kont, soll er uns, an sein statt, ein redlichen geschickten Edelmann zuordnen, der unns in aller maß die Zeit dienen und gewertig, auch verpflicht seyn soll, als ob er zugegen wäre. Unnd umb solchen seinen Dinst sollen und wollen wir Jme, eyns yeden Jars, das uff hudt Datum an und auffgeben soll, durch unsern Cammermeister so ye zu Zeiten seyn würdet, zu Ratte und Dienstgeld uff sein zimlich quittanz geben und ußrichten lassen zweyhundert Rheynischer Gulden. — — Darauff hat der gemeldt, Schenk Eberhart uns mit trewen gelobt — — . Urkhundt versigelt mit unserm anhengenden Seerel Datum Seidelberg, sant Jorgen des heiligen Ritters Tag Anno Domini Millesimo Quingentesimo Decimo Nono. (e) Erbach.

(*) Diese und die Nro. 120. vorgekommene Catharina waren zuvor im Stifte zu Essen, wie dieses die deswegen aufgesetzte Ahnenprobe beweiset.

chenberg
Herrn B...
feinen S... ...n. 1574 (e).
Stande (Ludwig, geb. Voc. Jucund. 1515,
gen (g). b gleich.
Elisabeth Catharina, geb. Freytag nach
verm. 10 1516 (a), war im Closter Cla-
ward dem thal (b), Marienborn (c), refign.
...6 (d).

138) Marg...
1539 (a), Von seinem Leben und
1588 zu ...in, starb den 16 Febr.
Herrn zu Grafen zu Sayn und
22 Jun. Leibs 13 Jul. 1571 (e).
chenderte, n. zu Erbach Dienstag
begraben. von Plauen Tochter,
...a, Albrechts, Grafen
...geführt den 19 Nov.
...19 und ist zu Corbach

zu Augsburg 1559 (e), hatte 12 Kin. 1503, und
ist zu Alsey begraben (f).
134) Brigitta, geb. Freytag nach Egid. 1518 (a),
starb 7 Aug. 1535 (b).
135) Ein Herrlein Montag nach Gregor. 1520.
136) Ursula, Mittwoch nach Mar. Verkünd. 1522.
137) Dorothea, Sonnt. nach Quasimod. 1523.

141) Elisabeth, geb. den
16 Aug. 1542 (a), ver-
mählt an Hermann,
Grafen zu Sayn, den
8 Septemb. 1571 in
Erbach (b), starb, als
Wittib, im Monat Au-
gust 1598 (e).

142) Walpurgis, geb.
13 Februar. 1545 (a),
vermählt an Georg,
Grafen zu Tübingen,
den 13 Nov. 1564 in
Erbach (b), Wittib
den 5 Febr. 1571 (c),
lebt noch 1592 (d).

1.
143) Anna, geb.
Mittw. nach Jac.
Apost. den 28 Jul.
1568 (a), starb den
13 Oct. gebachten
Jahrs (b).

1.
144) mit der Mutter,
den 13 Jul. 1571.

2.
145) Agnes Maria,
geb. den 24 May
1573 (a), verm. an
Henrich dem Mitt-
lern Reuß von
Plauen, den 5 May
1603 (b), Wittib
16 Jan. 1616 (c),
† zu Gera 28 Jan.
1634, und ward den
1 Nov. zu Schleiz
beygef. (d).

146)
...bach ?c. geb. 10 Aug.
Er Bärtenberg. Diensten
senßen als Obrister (b),
...Dreuberg (c), starb
ward den 3. Apr. 1627
jän
bre
Red im May 1601 (b).
M:
gentßlich todt gebohren.
Er 1
Es Oct. 1588 (a), starb
161
Ven
Kann. 1590 (a), starb
vert
bein
26 Sterben 15 May 1591.
bey
Nr. (a), verm. an Graf
zu C ze zu Waldenb. Sim.
† Jul 1643 (c).

Jul. 1598.

4.
166) Christine, geb. den 5 Jun. 1596 (a), verm. an Wilhelm, Grafen zu Naßau,
zu Siegen, 19 Jun. 1619 (b), Wittwe 7 Jul. 1642 (c), starb 6 Jul. 1646 (d).

4.
167) Elisabethe Juliane, geb. 21 Jan. 1600 (a), verm. I. an Georg Ludwig,
Grafen zu Ebrenstein, 1620 (b), II. Jo. Banner, Schwedischen Feldmarschall,
1634 (c), starb den 29 Mart. 1640 (d), ist in Stockholm begraben.

4.
168) Louise Juliane, geb. 1604 (a), verm. an Joh. Ernst, Grafen von Sayn,
1624 (b), Wittwe 1632 (c), starb. 1672 (d).

4.
169) Georg Albrecht I. reg. Graf zu Erbach, geb. den 16 Dec. 1597 (a), gieng
1612 nach Frankreich, 1617 nach Jtalien, Venedig und Malta, kam in die
Gefangenschaft nach Tunis (b), und wurde durch 27000 Gulden ranzionirt (c).
Er besaß nach 1643 das ganze Land. In dem dreißigjährigen Kriege mußte er
es mit den Schweden halten (b). Er machte gute Verordnungen in Religions-
und Policey-Sachen (e), hatte auch die Administration der Grafschaft Hanau
über sich (f). Er starb den 18 Nov. 1647 (g). beygesetzt den 5 Sept. 1648 (h).
Gemahlinnen: I. Magdalena, Joh. Grafen zu Oettenlenbogen Tochter, verm.
zu Erbach den 30 May 1624 (i), starb den 31 Jul. und ward den 22 Aug. 1633
beygesetzt (k). II. Anna Dorothea, Albrechts, Grafen und Herrn zu Limpurg
Tochter, verm. zu Gaildorf den 23 Feb. 1634 (l), starb den 23 Jun. und
ward den 23 Jul. 1634 beygesetzt (m). III. Elisabetha Dorothea, Georg
Friederichs, Grafen zu Hohenloe-Schillingsfürst Tochter, geb. 27 Aug. 1617 (n),
zu Frankfurt verm. 26 Jul. 1635 (o), 1647 Vermünderin (p), starb 12 Nov.
1655 und ward den 28 Febr. 1656 nächtlich beygesetzt.

2.
170) Georg Gott-
fried, geb. 12 Oct.
1599 (a), † 17 Jan.
1600, und ward
den 18 ej. beyge-
setzt (b).

2.
171) Friederich
Otto, geb. 27 Febr.
1601 (a), † 23 Apr.
und ward 29 ej.
beygef. (b).

172) 2 1.
1602 Carlotta, geb. 24 Mart.
Tauft. an Joh. Ernst, Gr.
im May 1650 (b),
173) 2 1673 (c), † 7 Jun.
1603
Georg 1.
1620 Ilippina, geb. 15 Jul.
† 5 Mart. 1633 (b).

1.
174) drues Herrlein.
1605 3.
Neufriederich, geb. zu Bar-
gen 1636 (a), † auf dem
...berg 23 April 1653,
2 Jan. zu Michelstadt

3.
186) Ein todtes Herrlein, geb. 5 Dec. beyg.
6 ej. 1637.

3.
187) Sophia Elisabetha, geb. 13 May
1640 (a), † 18 Jun. 1641.

3.
188) Christina Elisabeth, geb. 10 Sept.
1641 (a), verm. an Salenius Ernst, Gr.
zu Manderscheid. 12 Dec. 1662. zu Friedenwalde (b), † 26 Nov. 1692 (c).

3.
189) Georg Ludwig.
s. f. Tab. Lit. H.

3.
190) Georg Albrecht, geb. 14 May
1644 (a), † 27 Mart. 1645 (b).

3.
191) Mauritia Susanna, geb. 30 Mart.
1645 (a), † 17 Nov. ej. a. (b).

3.
192) Georg Albrecht, s.b.f. Tab. Lit. I.

3.
193) Georg, geb. 19 May 1646 (a), gieng
in Holland. Dienste und ward endlich
General-Major und Gouverneur zu
Zwol (b), † 18 Jun. 1678 auf der Reise
nach Cuilenburg und ward den 17 Sept.
in hies. Gruft beygef. (c). Gem. Louise
Anne, Gr. Georg Friederichs zu Waldeck T. geb. 30 Apr. 1653, verm. zu
Corbach 22 Aug. 1671 (d), † zu Erbach
den 30 Mart. und ward 4 Jul. 1714 in
der Gruft beygesetzt (e).

Wilhelm Friederich, geb. im Mart. 1676
...enburg (a), starb daselbst 18 Aug. eben
... Jahrs, liegt in hiesiger Gruft (b).

197) Charlotte Wilhelmine Albertine, geb. zu Mechel
18 Nov. 1672 (a), starb in Arolsen 20 Mart. 1683 (b),
ist in der Gruft zu Michelstadt (e).

Beweisthümer zur III. Tabelle.

(e) Erbach. Hist. p. 154. wie auch *Sebardius* Redivivus Rustic. tumult. in Germania Libr. V. p. 170. woselbst gesagt wird:

Daß, bey einem Tumult im Leiningischen, wo die Bauren das Schloß Westerburg in Brand gesteckt, und ihre Verwüstungen, in der Einbildung, daß ihnen alles zu Gebote stehen müsse, weiter fortgesetzet hätten, der Churfürst dem Eberhard von Erbach befohlen, die Truppen zusammen zu ziehen. Dieses beweiset, daß Schenk Eberhard der Churpfalz Hauptmann gewesen.

Doch wir haben in folgendem Originalschreiben noch einen nähern Beweis:

Wolgeborner herr. Euer Gnaden seindt unser unterthenig gantz willig dienst sunder fleiß zuvor. Gnediger herr. Wir haben dieß tags, als verordnete Brandtmeister die Dorf Guntheim Newkirchen und Dichtelbach, und derselben Innwohner unsern gnedigsten herrn von Maintz zugehörig, geprantschaft. Ire Leib und Güter gefertiget. wollen E. G. solichs dem Kriegsvolck wissens zuerkennen in Undertheniglicheit mit verhalten Geben unter unser beiden Secret uf Dinstag nach Trin. Anno XXV.

Friederich von Fleckenstein
Wolf von Morlen Prantmaister.

Auffschrift:
Dem Wolgebornen herrn herrn Eberhardt Schenken zu Erbach Obernfeldthauptmann unserm gnedigen herrn.

(f) Kaiserl. Privilegium vom Hofgericht zu Rothweil.

Wir Carl der Fünfte von Gottes Gnaden Römischer Kaiser ꝛc. ꝛc. bekennen offentlich mit diesem Briefe, und thun kund allen meniglich — — Wiewol wir aus Röm. Kaiserl. Höhe und Würdigkeit, — — und angeborner Tugend und Mildigkeit, allezeit geneigt seyn, aller menniglich grösserer Unterthanen und des H. Reichs Unt. erbanen und Getreuwen Aufnehmen Rutz und Bestes zu betrachten; So würdet doch unser Kaiserl. Gemüth nicht beweget, druen unsere Kaiserliche Gnad und Gut mitzutheilen, die sich uns und dem heiligen Reich allezeit in getreuwer Gehorsam Dienstferigkeit für anderen williglich erzaigen vund halten, Sie in noch mehr Ehre, Stand, Würden und Gutten zu erheben, vnud mit unserer Kaiserl. Gnad zu begaben. Wann wir nun gütlich angesehen und betrachtet haben solch Eberbarkeit, Redlichkeit Vernunft und Schicklichkeit, auch die getreuwen angenehme nützliche und willige Dienste, so die Edle, Unsere und des Reichs liebe ʃetreue Eberhard und Veltn, die Schenken, Herrn zu Erpach, Gevettern, und ihre Vorfordern, unsern Vorfahren am Reiche, uns und demselben Reiche in mannigfaltige Wege williglich und mit Fleiß getban haben — — Darum so haben wir mit wolbedachten Muth — — denselben Eberharden und Veltn, den Schenken, Herren zu Erbach, Gevettern und ihren ehelichen Leibes Erben für und für, und zu ewiger Zeit, diese sondere Gnade gethan und Freyheit gegeben, thun und geben ihnen die auch von Röm. Kaiserl. Macht wissentlich in Kraft dieses Briefs, also daß nun hinführo sie, ihre Diener, Vögt, Amtleute, Unterthanen, Hintersassen und Verwandre, noch ihre Haab und Güter gemeiniglich oder sonderlich von jemandeu, wer der, oder die oder umb was Sachen das wäre, weder an Unser und den Reichs Hofgericht zu Rothweil, Westphälisch Land, noch ander Gericht, keines ausgenommen, nicht fürgenommen, gebeischet, geladen noch betagt, noch daselbst weder Sie, ihr Leib, Haab und Güther gericht, gäche, geurtheilet noch procedirt werden soll noch mag, in keine weise, sondern wer zu Jnen. Spruch und Forderung zu haben vermeinet, der soll das nemlichen gegen die genannte Eberhard und Veltn Gevettern und ihren ehelichen Leibes Erben allein vor Uns oder Unserm Kaiserl. und Königl. Cammergericht, oder wem wir die nach ye zu Zeiten an Unser statt befehlen, und dann gegen ihre Diener, Vögte, Amtleute, Hintersassen Unterthanen und Verwandte und derselben Haab und Guther vor dem Richter und Gerichten darinnen sie gesessen, und eigentlich gehörig seyn, und sonsten nirgends anderswo, suchen und fürnehmen, dahin auch in yeder Richter auf der gemeldten Eberharden und Velten Gevettern und ihrer Erben Absorderung zu Recht weisen. soll, es wäre dann, daß denen Klägern auf ihr Anrufen und Begehren an den gemeldten Enden das Recht versaget oder gefährlich vorentzogen, und das wissentlich gemacht würde, So mögen dieselben oder oder dieselbe das Recht suchen und nehmen an den Enden und Gerichten, da sich das gebühret. Wo aber darüber sie, ihre Diener, Vögte, Amtleute, Hintersassen, Unterthanen und Verwandten, Mann und Frauen, ihr Haab und Güter gemeiniglich oder sonderlich durch Jemand an steigen Hof- Land- Westphälische oder anderu Gericht fürgenommen, gebeischen, geladen, baselbst beklagt, oder wuder Sie, Leib, Haab und Güther gericht, geurtheilt, procedirt oder gehandelt würde, in was Sachen das bestehe, soll doch solches alles krafftlos und untauglich seyn, und denenselben fürgeladenen Personen an ihren Leibern, Haab und Gütern gar keinen Schaden noch Nachtheil bringen, in keine Weis noch Wege; daß wir auch alles und jedes jetz hermit gäntzlich abthun, cassiren und vernichten von obgedachter Unserer Kaiserl. Macht wissentlich und in Kraft dieses Briefs. Und gebiethen darauf allen und jeglichen Unsern und des heil. Röm. Reichs Churfürsten — — — von Röm. Kaisel. Macht ernstlich mit diesem Brief, und wollen, daß sie den vielgemeldten Eberharden und Veltin, Schenken, Herrn zu Erbach, Gevettern, und ihre Erben vorgenannt, auch ihre Diener

24 Beweisthümer zur III. Tabelle.

Diener — — — an den jetzt gemeldten Unsern Gnaden und Freyheiten, nicht hindern noch irren, sondern das alles, wie obstehet, gerubiglich gebrauchen, nutzen und geniessen und gäntzlich dabey bleiben lassen, und hinwieder nicht thun, noch des jemand andern zu thun gestatten, bey der Poen dreyßig Mark löthigen Goldes zu vermeiden, die ein jeder, so oft er hiewieder thäte, halb in Unsere und des Reichs Cammer, und den andern halben Theil obgemeldten Eberh... und Valtin denen Schenken, Gevettern und ihren Erben ohnablässig zu bezahlen v... en seyn soll. mit Urkund dieses Brieses mit unserm Kaiserl. anhangenden Insiegel besiegelt. Geben in Unserm Königl. Stubl und Stadt Jach, den zwölften Tag des Monats Januarii nach Christi Unsers lieben Herrn Geburt im Funfzehnhunderten und ein und dreyßigsten Unsers Kaiserthums im eüfften und unsrer Reiche im Funfzehenden Jaren

Carl V.

Ad mand. Caesa. ...et Cath. Majest. propr.

Alexander Schweis.

(g) Das Kaiserliche, Regenoburg am 15 Tag des Monats August 1532 ausgefertigte Diploma stehet Erbach. Historie Url. Nro. LXIV. (h) siehe die Erbachische Historie und die Reformationsgeschichte der Graffschaft Erbach. (i) Epi... bium, welches in Kupfer gestochen l. c. dessen Aufschrift ist:

DER WOLGEBORNE HERR EBERHART GRAVE ZU ERPACH STARB IM IHAR CHRISTI DEN XIV TAG NOVEMBRIS SIN... ALTERS LXIII. IHAR VII. MONAT XXII. TAG. SEINER REGIERUNG IM XXX. IHAR.
VND IST. MIT DER WOLGEBORNEN FRAUWEN MARIA GEBORNE GRAEVIN zu WERTHEIM XXXVI IHAR II. MONAT VII. TAG IN DER EHE GEWESEN. VND XVI KINDER BEKOMMEN VII SOHNE VND VIII. DOCHTER STARB IM IHAR CHRISTI MDLIII DEN XXVIII. SEPTEMB. IHRES ALTERS LXVIII. IHAR VII. MONAT. V. TAG.

(k) Url. CLXIV. 8. wo ein Verzeichnis aller Kinder dieses Herrn, so in einem alten, in der Kirchenbibliothek zu Michelstadt befindlichen Missale stehet, angeführet ist:

Anno Funfzehnhundert und drey Jar uff Sant Affran der heyligen Jungfrauwen Tag, ist mein gnedigen Herrn Schenk Eberharrten Herrn zu Erpach und Bickenbach die wolgebornen Mergz gebern Greoin zu Wertheim zu einem elichen Gemahel gen Erpach zu Hauß gefurt worden.

(l) siehe Erbach. Hist. p. 155. (m) siehe das lit. i. angeführte Epitaphium.

122) Margaretha. Missale:

Of Samstag Sant Laurenzen Tag im 1504ten Jar zuschen ein und zwanen nach Mitternacht ist mins gnedigen Herrn Gemahel eines jungen Freuleins nieder gekommen und gewesen, die Margaretha genennet worden.

123) Georg. (a) Missale:

Of Sonntag nach Anthonii im 1506ten Jar zuschen sieben und achten gegen der Nacht ist meins gnedigen Herrn Gemahel eines jungen Herrn genesen, der Schenk Jorg genennet worden.

(b) Url. CLXX. woselbst sich sein Bestallungsbrief und Instruction unterm dat. Georg. 1531 und Nro. CLXXXI. Himmelf. 1531 die Versicherung einer Zulage befindet. (c) Erbach. Hist. p. 162. Ich will hier den Beweis seines Hofmeisteramtes, welchen Schneider vermisset hat, aus dem Alting Hist. Eccles. Palat. de anno 1559 p. 176. hersetzen: Nachdem Alting die Unruhen, die im Jahr 1559 zu Heidelberg zwischen Tillemanno Heshusio und seinen Collegen entstanden waren, angeführet, so schreibt er:

Diese Händel hätten damalen nicht entschieden, und beygelegt werden können, weil der Churfürst auf den Reichstag gezogen. Es sey aber an dessen Stelle der Graf Georg zu Erbach in Heidelberg als Grosshofmeister der Pfalz zurückgelassen worden. Dieser habe den 4. Aug. 1559 alle Kirchendiener zusammen beruffen, und sie mit Thränen ermahnet, daß sie die noch schwache Kirche nicht zerrütten, sondern sie vielmehr zu erbauen suchten möchten.

Was dieser Herr in Absicht der damaligen Religionsangelegenheiten sich für grose Mühe gegeben, erhellet aus einem im Archiv sich findenden

Verzeich=

Beweisthümer zur III. Tabelle.

Verzaichnis, was mein gnediger Herr selbs gemacht hat, und ist seiner Gnaden Handschrift.

1) Wie man Kirchenzucht anrichten solle; 2) Rathschlag auf das Interim; 3) Das Interims Lob hinter sich zu lesen; 4) Bedencken über die Sächsische Supplicanten eines neuen Synodi halben 1562; 5) Antwort auf die Bayrischen Articul; 6) Auszug aus dem Büchlein Chilemanns, Ob Ampt und Gewalt der Pfarrer, zu Magdeburg gedruckt; 7) Bedencken über den dem Würtembergischen zugeschickten Auszug Luthers vom Nachtmal des Herrn; 8) Bekäntnnis in der Religion an myn gnedigen herrn Graven Valentin auf den Reichs Tag zu Augsburg 1559; 9) Auszug aus Lutheri Kirchen Postill von Tauf und Abendmal; 10) Auszug aus dem *Westphalo de Coena Domini*, do er etlicher alter Väter Spruch zusammengelesen; 11) *Extract* aus der Sächsischen Kirchen Confession von H... do; 12) Auszug aus dem Büchlein Brentii *contra Bullingerum* 1561; 13) Bedencken über Chilemanni Antwort gegen Philippi Schrift, so er an Pfalz gethan; 14) *Extract* von dem Büchlein *Jacobi Andreae* von der Vergleichung des heil. Abendmals und noch mehr andere.

Die vortrefliche Schrift: Patrocinium Christiani, welche sich in Urk. Nro. CLXXXI. 1. befindet, ist im Jahr 1544 auch aus seiner Feder gekommen. (d) ebendas. S. 164. Was es mit dieser Theilung für eine Bewandnis gehabt, zeiget die Urkunde CLXXIV. 2. welche einen Hauptfamilienvertrag, Fürstenau den 12 May. 1544 enthält, in welchem veru... worden,

daß nie eine Grund Theilung vorgenommen werden, kein Theil etwas vor sich von der Grafschaft verkaufen, die gesamten Unterthanen allen Herrschaften vereydet seyn sollten etc. etc. gleichwol aber zur Verhütung aller aus der Gemeinschaft entstehenden Zwietspalt, ein jeder seine absonderte Behausung Obrigkeit und Nutzen haben solle.

(e) Aus dem Archivalbericht, wie die wohlgebornen Herrn, Herrn Georg Eberhard und Valentin, Graven zu Erbach, Gebrüdere, das Schloß und Herrschaft Breuberg zu ihrem halben Theil eingenommen:

Als auf gehaltenen gütlichen Freundtag zu Wurmbs im Augusto dieses laufenden Sechs und fünfzigsten Jahres verabschiedt, daß der wolgeborne Herr Ludwig, Grave von Stollberg Königstein und Rutschefort etc. etc. die auch wolgeborne H.ren Georgen Eberhard und Valentin, Graven zu Erbach, Gebrüdere, zu wirklicher Possession der Herrschaft und Schlosses Breuberg, samt dem Dorf Remlingen, alles zu Jrer Gnaden halben Theil, vermög des Vertrags zwischen Werthem und Erbach in ao. 51 aufgericht, kommen lassen solle, wie obgemelter Wurmbische Abschied solches alles clärlicher ausweiset:

Demnach sind wohlgedachte meine gnedige Herren die Graven zu Erbach und Herren zu Breuberg, Gebrüdere, uf Montag nach Michaelis den 5. Octobris zu Breuberg eingezogen, und da Jre Gnaden zwischen beede Thore gekommen, ist in Gegenwärtigkeit wohlgedacht, meines gnedigen Herrn von Stollberg Copia des Burgfriedens (*) (dessen sich Jre Gnaden zuvor mit einander verglichen gehabt, alsbald öffentlich verlesen worden, darauf wolgedachter Grave Ludwig von Stollberg, und meine gnedige Herren, die Graven von Erbach solchen Burgfrieden (*) einander mit Handgebender Treue angelobt, und festiglich zu halten versprochen haben, darnach Jre Gnaden sämtlich miteinander ins Schloß gegangen. Uff Dinstags den 6. Oct. anno 56. sind die drey Unter Lützelbach, Vorgst, und Kirchbrombach inglichen die zu Newenstatt, die von Wersau und Mümlingen frühe auf das Schloß erfordert worden, die auch also erschienen. Und ließen wohlgedachte Graven von Stollberg und Erbach Jhnen durch Cursilium Barem von Bellenhoffen, Oberamtmann zu Creutzenach anzeigen: „Sie, die Untertha„nen wüsten sich wohl zu erinnern, wie nach Absterben des wolgebornen Herrn, Herrn „Michel, Graven zu Wertheim sel. (Gedächtnis der auch wolgeborne Ludwig Grave „Michels seel. Fräuleins, auch verhoffter Frucht wegen, damit die Wittfrau von „Wertheim schwanger seyn sollte, sie zur Huldigung und Pflicht angenommen hätte. „Nachdeme aber die wolgebornen Herrn, Herr Georg Herr Eberhard, und Herr Va„lentin Graven zu Erbach, Gebrüdere, sich ihrer Erforderung halben, vor etlichen „Jahren mit wolgedachten Grave Michel von Wertheim sel. und seiner Gnaden Got„monden dergestalt verglichen, und vertragen, daß uff den Fall, do der männliche „Stamm von Wertheim, über kurz oder lang, abgehen würde, sie den halb Theil an die„sem Schloß und der Herrschaft Breuberg Jnen, denen von Erbach, oder Jren männ„lichen Erben, so der Zeit vorhanden, heimfallen sollte; wie dann sie, die Unterthau„nen, auch eine Erbverschreibung über sich gegeben, Jnen den Grafen von Erbach, auf „solchen Fall, zum halben Theil gehorsam und gewärtig zu seyn, wie Jnen dann solche „Verschreibung alsbald fürgelesen werden solle. Dieweil es nun, durch des Absterben „wol-

---

(*) Dieser Burgfriede findet sich Urk. Nro. CLXXXVII.

"wolgedachtes Graven Michels seligen, zu einem solchen Fall gerathen, das der, männ-
"lich Stamm von Wertheim abgegangen, und das halbe Theil dieser Herrschaft denen
"von Erbach also heimgefallen: So wolle wolgedachter Grave Ludwig von Stolberg
"und Königstein ꝛc. ꝛc. sie, die Unterthanen, ihrer Pflicht, darein er sie, nach Grave
"Michels seligen Absterben genommen, hiemit wiederum allerdings ledig gezehlet haben.
"Dieweil aber Ihro Gnaden, hiezwischen, das halb Theil an diesem Schloß und Herr-
"schaft, in Craft seiner Gnaden Erbgerechtigkeit, an sich gelößt; So sollten sie jetzunder
"meinen gnedigen Herrn von Königstein zum halben Theil, desgleichen meinem gnedigen
"Herrn von Erbach, zum andern halben Theil, allen, als Herrn zu Breuberg, Erb-
"huldigung thun, allermaßen und gestalt wie Jnen der Apht vorgelesen worden ist. —
Nach solchem Fürlesen haben die Unterthanen je einer nach dem andern Stollberg,
und den drey Gebrüdern von Erbach die Handgelübte gethan ꝛc. ꝛc. wie die Pfört-
ner, Thürner, Wächter auch Büchsenmeister auf dem Schloffe Breuberg zu Ge-
lübde angenommen worden, vf obgemeldten 6. Oct. 56.

In den folgenden Tagen war man beschäftiget, die innere Regimentsverfassungen dieser
nun gemeinschaftlichen Herrschaft Breuberg in geist- und weltlichen Sachen in Ordnung
zu bringen, wie davon die Erbachische Historie p. 165. und die Urkund Nro. CLXXVII.
zu lesen ist.

(f) siehe die Reformationsgeschichte. (g) Ausser der ersten Kirchenordnung vom
Jahr 1557 ist auch noch eine Hofgerichtsordnung von Ihm vorhanden. (h) Epitaphium von Alabaster, dessen Kupferstich Erbach. Historie Lit. B. zu sehen ist.

DER WOLGEBORNE HERR. GEORG GRAF ZV ERBACH VND HER ZV
BREVBERG IST GESTORBEN IM IHAR MDLXIX. DEN XVII. TAG. DES
MONATS AVGVST NACHMITTAG VMB. VI. VHREN. SEINES ALTERS
LXIII. IHAR VII. MONAT. VND III. TAG. SEINER REGIERVNG XXX
IHAR. II. MONAT VND III. TAG (*).

(i) Urk. Nro. CLXXIII.

Geben zu Simmern uf Mittwochs vor Martinus Abend und zoben des Monats Nov.
nach Christi, unsers lieben Herrn Geburt Funfzehnhundert fünf und dreyßigsten Jahr.

(k) Trauerbekanntmachungsschreiben von Graf Georg an Churfürst von Pfalz
Friederich III. d. 19. Febr. LXIII.

Durchleuchtiger hochgebohrner Fürst Erw. Ch. Gnaden sind mein vnderthenig schuldig
vnd ganz willige Dienste zuvor, Gnedigster Herr. Ich kan E. Ch. G. vnderthenig
nit verhalten, daß die hochgebohrne Fürstin, mein freundlich hertzgeliebt Gemahel selige, am vergangnen Mittwoch gantz schwach worden, denselben Morgen ein wenig
Speise zu sich genommen, aber darnach ghar kein Speiß auch zur Labung gebraucht.
Allein, daß sie etwan ein wenig getrunken, und nit wohl einbringen mögen, bis vff
den Freitag, do ist sie morgens frü, vngeverlich vmb fünf Uhren, aus dieser Welt
verschieden. Was nun dieser Abschied mir, als ihrem Ehegemahl, für Schmertzen vnd
Bekümmernis gebracht hat, vnd noch bringt, haben E. C. F. G. bey sich selbst zu er-
messen. Doch tröst ich mich nit wenig, daß der allmechtig gütig und barmhertzige Gott
sie in dieser Krankheit wie mehr bescheiden, so bestandig bey groser Gedult, und ganz
vernünftiger Christlicher Gelägentnis, bis in ihr letztes Ende, erhalten, und abscheiden
lassen. Darumb man billig Ime Lob Ehre und Dank sagen solle. Heut vormittag um
9 Uhren ist sie zu Michelstadt im Chor zur Erde bestattet worden, der allmechtige Gott
wolle Ihr und Uns eine selige fröliche Auferstehung verleihen. Solichs hab ich E. C.
F. G. in der Eil vnterthenig zu wissen thun wollen, und werden E. C. F. G. solchen
leidigen Fall denen Brüdern und Schwestern füglich wol mitzu zu verständigen, dann
ich in der jetzigen Bekümmernis nit viel schreiben kann. Bevell mich hiemit E. C. F. G.
die der ewig gütige Gott samt allen ihren Geliebten für allem Leid behüten wolle. Datum Samstag zu Abend den 19 Febr. Anno LXIIII.

In dorso stehet:

Uf diß schreiben hat mein gnedigster Herr Pfaltzgraf Churfürst einen von Abel, Hans
Philipp von Landschad, des Marschalls Sohn, zu meinem gnedigen Herrn Graven
Georgen ghen Fürsteneau geschickt, das Laid clagen und trösten lassen.

Churfürstl. Condolenzschreiben.

Mein freundlich Grus und alles liebs zuvor: Wolgeborner, lieber Schwager und Bruder. Von meinem Rath und lieben getreuwen Doctor Christoph Eben bin ich bericht,
in was schwerem Creuz und Anfechtung Jr euch gefunden, trag beswegen mit euch ein
christlich freundlich mitleyden, vnd ist an dem, daß ich leichtlich abnehmen kann, wie
beschwerlich euch zu Gemüthe gehet, daß ihr erstlich den Bruder, meynen auch lieben
Schwa-

(*) Dieses Grabmal wurde einem Johann von Trarbach Bildhauer zu Simmern veraccor-
dirt vor 250 Gulden, hat sich aber, mit allen Kosten, laut vorhandenen Accord, Briefen und Rechnungen auf 521 Gulden beloffen.

Beweisthümer zur III. Tabelle. 27

Schwager seligen, dessen Ir euch, Menschlicher weyß, nit wenig zu trösten gehabt, dann auch zum andern, meine liebe Schwester seelige, Euer geliebte Gemahl, verlohren habt, ob wol das eynem Christen der höchste Trost ist, wann Ime eyn lieber Freund oder Freundin absstirbt, das er in wahrer Erkanntnis und Bekanntnis abscheidet, wie dann ich gedachter meiner lieben Schwester seel. Abschiedts von gemeldten meynem Rath, der Lengh nach bericht bin. Das aber mein lieber Schwager und Großhoffmeister in so langwieriger Kraufheit liegt, und schier menniglich an seinem Leben und Gesundheit zweifeln will, das ist erst der rechte Duff, der das Hertze rühret; dann da er von dem lieben Gott aus der Welt solte erfordert werden, so würde auf den Fall, euch nit allein die ganze Regierung ewerer Land und Leut obliegen, sondern des jungen Herrn Vormundschaft wird euch, wie billig, auch beynwachsen. Daß auch Ihr, als ein verständiger Graf, denen Dingen mit Ernst nachdenket, kann euch niemands verargen, noch verdenken. Es füge und schicke es aber der liebe Gott, nach seinem göttlichen Willen, wie es Ime gefällt, so bitt Ich euch doch ganz freundlich, Ir wollet in ewerer Bekümmernis christliche Bescheidenheit halten, und euch nit auch, dadurch, aus ewerer Gesundheit in Schwachheit setzen. Was dann ich, als ein Frwnd, bey euch leisten und thun kann, daju sollt Ir mich willig und geneigt finden. Bit abermalen ganz freundlich, Ir wollet diß mein Schreiben im Besten vermerken, und euch in eurem langwierigen Creuz Gottes und seines heiligen Wortes trösten, wie Ir ongezweifelt ohne mein Erinnern thun werdet ic. ic. und Ir habt mich euch ju freundlichem Willen ganz wol geneigt. Dat. Heidelberg Freytag 26 Merz 64.

Friederich Pfalzgraf Churfürst.

(k) Aufschrift des Epitaphiums:

DIE DVRCHLAVCHTIGE HOCHGEBORNE FVRSTIN, FRAV ELISABET. GEBORNE PFALZGRAEVIN BEY RHEIN VND HERZOGIN IN BEYERN, HAT IN DER EHE GELEBET MIT DEM WOLGEBORNEN HERRN GEORG GRAVEN ZV ERBACH, VND HERRN ZV BREVBERG. XXVIII. IHAR III. MONAT. VND. VII. TAG IST. GESTORBEN IM IRAR MDLXIV. DEN XVIII. TAG. FEBRVARII VORMITTAG VM V. VHREN. IRES ALTERS XLV. IAR. III. TAG.

124) Margaretha. (a) Missale:

Uff Mitwoch nach Sanct Simonis und Judä obent im 1508ten Jare umb drie Uhren des Tags ist meins gnedigen Herrn Gemahel eines jungen Frewleins genesen, auch Margaretha genannt worden.

(b) Urk. Nro. CLXXX. 4. (c) Auszug Condolenzschreibens von Herrn Friedrich, Freyherrn von Schwarzenberg an Frau Margaretha Gräfin zu Rieneck, geborne Gräfin zu Erbach. d. 3. Oct. 1559.

Gestern ist mir Ire Lb. schreiben, das Datum hält Lohr den 27. Sept. in welchem sie erstlich den leidigen beschwerlichen Abgang des wolgebornen Herrn Philipps von Rieneck, Ihres liebsten Gemahls und Eheherrns, gedenken ic. ic. zu Handen gekommen.

(d) Der Tag ihres Todes lässet sich so eigentlich nicht bestimmen, fällt aber, nach Ausweiß einiger schriftlichen Nachrichten, ins Jahr 1579.

125) Barbara. (a) Missale:

Uff Dinstag nach St. Martins Tag im 1509 Jahr zwischen achten und neunen ist meins gnedigen Herrn Gemahl abermal eines jungen Frewleins genesen, und Barbara genennet worden.

(b) siehe Erbach. Historie Nro. CLXXX. 7. allwo das Ihr ausgeworfene Vitalitium oder Unterhalt beschrieben wird. (c) Leichstein:

Die wolgeborne Fräulein Barbara Gräbinne zu Erbach starb den 31 Monatstag Octobris im Jhar Christi 1574.

126) Anna. (a) und (b) Missale:

Off Mitwoch nach der heyligen drie Konig Tag im 1510. Jarr zwischen vier und funfen gegen den Tag ist meins gnedigen Herrn Gemahel wiederumb eines jungen Frewleins niederkommen, vnd gelegen, vnd Anna genannt worden. Ist von dieser Welt verschieden uff Mariæ Heimsuchung Anno 40. zwischen 6. und 7 Uhren zu Morgen, der Gott gnedig und barmherzig seyn wolle.

127) Eberhard. (a) Eigenhändiger Auffatz seiner Lebensumstände. Erbach. Hist. p. 168. (b) Erbach. Historie p. 164. (c) Wir Carl der Fünfte von Gottes Gnaden Römischer Kayser, zu allen Zeiten Mehrer des Reichs ic. ic.

Bekennen offentlich mit diesem Brive, Für Uns und Unsere Nachkommen am Reiche, vnd thun kunt aller männiglich — Wiewol die Höhe Römisch Kaiserlicher Würdigkeit,

G 2 durch

Beweisthümer zur III. Tabelle.

durch Macht Jres erleuchteten Thrones, darinn uns der Allmechtig Gott gesetzt hat, mit Edeln Geschlechtern und Unterthanen gezieret ist, jedoch, so dieselben edlen Geschlechte und Unterthanen mit mer Ere und Würdigkeit begabt, ye mer derselbe Kayserl. Thron gezieret, und die Underthanen bey Erkanntnuß jrer Gehorsam gehalten und zu getrewen Diensten beweget und gereizet werden. Dieweil sich dann die Edlen, vnsere vnd des Reichs liebe Getrewen Georg und Eberhard, Gebrüdere, Grafen zu Erbach, gegen vnns, vnd dem heiligen Reiche, in vnsern verschiedenen Kriegsläufften, vnd in andere Wege, in teglicher getrewer Dienstperkeit, vnd mit Darstreckung Jrer Haab, Leib und Vermögen, für andern, oft redlich vnd wol erzaigt, vnd das noch in teglicher Uebung seyn. Haben wir das, auch Jr und Jrer Alfordern Erlich berkomen vnd wervdienen angesehen — — vnd darumben zur Ergößlichkeit solcher Jrer getrewen vnd nußlichen Dienste, auch, damit Sie vnd jre Erben hinfürter gegen vns vnd dem heiligen Reiche in solchen Diensten verharren, vnd noch zu größeren Tugenden und Guttthaten gereizet würden. Mit wolbedachtem Muthe, zeitigen Rathe vnd rechtem Wissen vnserer vnd des heiligen Reichs Churfürsten, Fürsten, Graven, Edeln, und Getreuen, so auf diesem vnserm Reichs-Tag versamlet vnd dasumal bey vns gewesen sein, den obgenanten Georgen vnd Eberharten Graven zu Erbach diese besondere Gnad, Regalia vnnd Freyheit gethan vnnd gegeben. Geben das Juen auch aus Römisch Kaiserlicher Macht vollkommenheit wissentlich und in craft diß Briewes — Also das Sy, oder Jre Erben und Nachkommen, Jres Namens vnd Stamens, Jnnhaber der Grafschaft Erbach in derselben Jrer Grafschaft an einem Ort Jnen dazu gefällig ain Münzstatt aufrichten vnd nun hinfübro in ewiger Zeit, so oft Sy verlustet, Reinisch Gulden, desgleichen Silbermünz, als nemlich dicke Pfenning zu ganzen oder halben Reinischen Gulden, alte Cornest, Wrißpfenning, ganz vnd halbe Pagen, Kreuzer, Pfenning vnd Häller durch ainen aufrichtigen erbahren verstendigen Münzmeister, dem Sy zu ainer jeden Zeit dazu verordnen, schlagen und münzen lassen, vnd damit getrewlich gefarren vnd handeln sollen vnd mögen. Doch, daß solche Rheinische Gulden: auch Silbermünz alles von Strich und Nadel, Gehalt, Korn, Gewicht vnd Grab nach Lauth vnd vermöge vnserer Reichs-Ordnung, vnnd nicht geringer geschlagen, vnnd sonderlich vnserer vnd des heil. Reichs Churfürsten, Fürsten vnd anderer Reichsstände, die aus vondern, vnsern oder vnserer Vorfordern am Reiche Kayserl. vnd Kunniglichen Begnadungen, zu münzen Macht haben, gemeß gemacht, damit der gemain Mann bestehen, vnnd dadurch mit betrogen, sondern gefördert werde. Und ob wir über kurz oder lang, in dem bayligen Reiche der gulden oder silbern Münz halben ainich Enderung fürnehmen oder was chen würden, derselben soll gemeldter Grav Georg und Eberhart von Erbach vnd Jre Nachlommen sich alsdann auch gemäß vnd gehorsam halten.

Und gepieten darauf rc. rc.

Mit Urkund diß Brievs besiegelt mit Unserm Kayserlichen anhängenden Jnnsiegel. Geben in Unserer und des Reichs Stadt Regensburg am vierzehenden Tag des Monats May, nach Christi unsers Herrn Gepurd Funfzehenhundert and im ain und vierzigsten vnd unser Reiche im Sechs und zwanzigsten Jaren

Carol

Ad mandatum Caef. et Cathol.
Majſt proprium
J. B. Oberoburger.

(d) Er ſtand ſchon ſeit 1543 in Churfürſtl. Pfälziſchen Dienſten, wie dieſes die Urkunden Nro. CLXXXIII. und CLXXXIV. 3. darthun, den 3. April wurde er, nach Urk. CI.XXXIV. 5. Großhofmeiſter, zog nach Heidelberg, und bekam zur Belohnung wegen ſeiner der Pfalz geleiſteten treuen Dienſte, 12000 Thaler. *Alting* hiſt. Eccl. Pal. p. 183. nennet ihn 1559 Oberhofmarſchall Archi Mareſchallus. Da ihn aber der Churfürſt in dem oben angeführten Condolenzſchreiben an Graf Georg, ſelbſt ſeinen Obriſthofmeiſter nennet, ſo muß Alting entweder unrecht haben, oder unſer Graf Eberhard muß zuerſt Oberhofmarſchall geweſen ſeyn. (e) Epitaphium:

DER WOLGEBORNE HERR EBERHART, GRAVE ZV ERBACH, VND HERR ZV BREVBERG STARB IM IHAR CHRISTI MDLXIIII DEN XII. TAG JVLII NACH MITTAG VM VIII. VHREN SEINES ALTERS LIII. IHAR V. MONAT XXV TAG SEINER REGIERVNG IM XXV. IAHR. VND HAT IN DER EHE GELEBET. MIT DER WOLGEBORNEN FRAVEN MARGARETHEN GEBOHRNEN WILD VND RHEINGRAEVIN GRAEVIN ZV SALM VND VINSTINGEN XXV. IHAR VIII MONAT. VND VI TAGE MIT IHR GEZEVGET V. KINDER EINEN SOHN VND VIER TOCHTER.

(f) in Herrn Graf Eberhards Bibel eigenhändig geſchrieben:

A MDXXI. uf Montag nach Matthaei Apli den 25 Tag Septembr: iſt mein Gemahl Frau Margaretha geb. Wild- und Rheingräfin, Gräfin zu Salm und Vinflingen, geboren zu Thaun:

(g) eben

Beweisthümer zur III. Tabelle.

(g) eben daselbst.

A. MDXXXVIII uf den Dienstag nach Crucis haben wir beyde zu Heidelberg beygeschlafen.

Die Ehberedung, welche Urk. Nro. CLXXXII. 2. zu lesen ist: ist Heidelberg Dienstag nach Exalt. Crucis 1538 errichtet und unterzeichnet

   Pfalzgraf Ludwig   Eberhart, Grave zu Erpach
    Churfürst   der Jüngere.

Not. Der Churfürst war Vormund der Gräflichen Braut.

(h) Grabstein:

Die Wolgeborne Frau Margaretha, Gräfin zu Erpach, geborne Wild- und Rheingräfin starb den 8 Monats Tag — — — 1574.

128) Conrad. Missale:

Uff Fritag zu Nacht nach Vincentii im 1512ten Jahre zwischen einen und zweyen nach Mitternacht ist meins gnedigen Herrn Gemahel aber eines jungen Herrn niederkommen und Schenk Conrad genennet worden.

129) Conrad. Missale:

Uff Dienstag nach dem heyligen Christag auch im Anno 1512 als man am dritten Tag darnach 1513. schrieb ist meins gnedigen Herrn Gemahel des Morgens do es vier schlug, aber eines jungen Herrn niederkommen, und Schenk Conrad genennet worden.

130) Elisabeth. (a) Missale:

Uff Sonntag nach Helene Anno 1514 umb neun Uhren des Tags ist myns gnedigen Herrn Gemahel eyns jungen Frewleins genesen, und Elisabeth genennet worden.

(b) sihe Urk. CLXXX. 7. welche besaget,

daß ihnen das zu Mürmelstadt von dem von Rödigkheim erkaufte Hauß, nebst dem uebem Herrschaftlichen Bau zu König bey der Kirche, und außer dem Geld, an Naturalien: Korn 50. Mltr. Haber 50. Malter. Wein 5 Fuder, an Hämeln 25. an Schafen 25. Saß nachtshünern 50. Sommerhünern 50 Stk: an Heu 12 Wagen, Ohmet 6. Wagen, an Rockenstroe 25. Reuling an Haberstroe 25. Reuling, nebst nothdürftigen Brennholz ausgeworfen worden. Den 6. Nov. im 1559 Jahr.

Im Jahr 1564. bekamen sie noch ein mehrers. Zur Wohnung den vordern Bau in der Kellerey, hatten zu Rückilheimers Hof gehörigen Garten vor dem obern Thor, den Baum Garten uf der obern Seite gegen der Schiedsmauer zu, nebst neun Beten Kraut gärten, auch den Zwinger von Obern biß zum untern Thor.

Anno 1566. als die dritte Schwester hinzukam, wurde ihnen die ganze Kellerey eingeraumet, desgleichen der neu angelegte Dam Garten auch der Fischgraben um Michristadt sampt den Zwingern, noch 25. Malter Korn, nebst allerley Wildprät, womit sie von Zeit zu Zeit versorget werden solten.

(c) Grabstein:

Die wolgeborne Frewlein Elisabeth, Gräfin zu Erbach starb den 4 Monatstag Junii im Jahr Christi 1574.

131) Ludwig. Missale:

Uff Suntag Vocem Jucunditatis Anno 1515 zuschen eins und zweyen nach Mitternacht ist myns gnedigen Herrn Gemahel eines jungen Herrn gelegen, und Schenk Ludwig genannt worden, hat Pfalzgraf Ludwig Churfürst ꝛc. zu Fürstenau in der großen Stube uffer Dauf gehoben.

132) Catharina. (a) Missale:

Uff Feltag nach Vitt Anno 1516 zwischen zwölfen und ein Uhren ist myns gnedigen Herrn Gemahel eines jungen Frewleins niederkommen und Catharina benannt worden.

(b) Concept-Schreibens von Schenk Eberhart und Merga an die Aebtißin zu Clarenthal genannt das Neue Closter.

Unsern freundlichen Gruß zuvor: Ehrwürdige Andächtige liebe besondere. Es hat Uns unsere Schwester mehr als einmal geschrieben, wie ihr eine Beschwerde traget, unserer Tochter Catharina halben, als ob sie nicht daß eingebracht hätte, als ihr vielleichte gerne gehabt habt, für einem — — — und zum andern, so würden wir glaublich berichtet, daß unsere Tochter vom Closter weder belleidet, oder einiges Gute geschehe. Aus den und andern Ursachen sind wir verursachet, Unsere Tochter wieder zu Uns zu nehmen, ist darauf unser Begehren, und unsere Tochter unverzüglich mit dem Unsern, den wir dahin abgefertiget, Zeigern dieses, folgen zu lassen — — — ohne Tag und Jahr.

(c) Es

(c) Es bezeugen dieses noch vorhandene Quittungen, so die Aebtißin von Mergenborn Wandala, Gräfin zu Wertheim, über 20 Gulden, so die Grafen, Georg und Eberhard für ihre beyde Schwestern, Elisabeth und Catharina dem Closter jährlich zahlen lassen, von 1547. 1549. 1551. 1552 außgestellt. (d) Sie war es, die als die dritte Schwester zu ihren Herrn Brüdern a. 1566 gekommen, s. Nro. 28. l. b. Urk. CLXXX. 7.

133) **Valentin.** (a) Missale:

Uff Dienstag nach Margarethe Ao. 1517. zuschen zweyen und dreyen nach Mittag, ist meines gnedigen Herrn Gemahel eines jungen Herrn genesen, und Schenk Velcin genannt worden.

(b) Aus seiner eigenen Handschrift:

Anno 1526. den 30 Dag Octobris hab ich zu Maynz uff ein Canonicat Possess genommen, und also von meinem Herrn Vater im Thumherrnstand gethan worden Anno 1544. biß ich uff Erforderung und That balder meiner Brüder George und Eberharde, Graven zu Erbach wiederum vom Thumherrnstand abkumen, und mein Canonicat resignirt.

Joannis Rer. Mogunt. T. II. Syll. pl. Sect. VI. de Canonicis schreibt, daß er damals Amtmann zu Bingen gewesen. (c) Erbach. Hist. p. 163. (d) Urk. CLXXXV. CLXXXVI. (e) Auszug-Schreibens von Churf. Otto Heinrich an Herrn Grafen Valentin Heidelberg 12. Jun. 1559.

Ott Heinrich von Gottes Gnaden ꝛc. ꝛc. Unsern günstigen Gruß zuvor. Wolgeborner lieber Getrewer Nachdem wir dich, nebn andern, auf innstehenden Reichs tag gegen Augsburg zu verschiden günstig entschlossen und bedacht seyn — — Ist demnach unser günstiges Gesinnen und Begehren, du wollest deine Sach dermassen darnach anstellen, uff ferneres Erfoedern alsdann gewißlich allhier zu erscheinen, fürters nach Augsburg zu ziehen, und den Reichssachen daselbst unserttwegen eine Zeitlang beyzuwohnen. Thun wir Uns zu dir also günstig verlassen ꝛc.

(f) 1) Berichtschreiben an Herrn Grav Georgen zu Erbach, von Jo. Bild, Amtsschreiber zu Altzey den 12. Dec. 1563.

Wolgeborner Graf, Gnediger Herr, E. Gn. soll ich mit betruebten Herten vnangezeigt nit lassen, wie daß auch der Wolgeporn mein gnediger Herr Grav. Valtin E. G. geliebter Bruder sel. Gedächtnis heut, umb die zwue Uren, in der Nacht, christlich und wohl von diesen zergängl. Welt abgeschieden ist, und zu vor den jüngst vergangenen Freitag umb die neun Uhren, die drey Prädicanten, die hier sind, zusammen zurussen, gefordert, und samt anderer Anwesenheit, christlich wohl verständige Coussession gethan, und darauf das Nachtmal empfangen, seiner Gnaden hat das Prestlenztialische Fieber den 4. Decembers, seiner Gnaden selbst Anzeige nach, zu Pfeddersheim angestossen, und niemand nichts, bis in fünften Tag, bis es überhand genomm.n, im wenigsten angezeigt, daß also seine Gnaden den jüngsten Donnerstag von Schwabenheim hergeführet, vnd also, wie obbemeldt, heut in Gott verschieden, und weil seine Gnaden mit und andern selbst Anzeige gethan, wo der Allmechtig Gott über Ire Gnaden gepieten würde, solche allhie, in dem Chor, mit wenigem Pomp und Ceremonien, zur Erde bestatten soll; dem bin ich also anheute nachkommen, gebührender ordentlicher Weise, dero Begehren nach, zur Erde bestatten lassen, und haben Jre Gnaden vnder andern die Anzeige gethan, alles mit gutem Verstand, J. G. versehen sich E. G. Bruder Gr. Eberhard und E. G. werden J. G. ein Epitaphium (*) neben des Rheins graven seines, einzuraumen nit unterlassen ꝛc. ꝛc.

134) **Brigitta.** (a) Missale:

Uff Fritag nach Egidii Ao. 1518 umb vier Uhren nach Mittag ist meines gnedigen Herrn Gemahel eines jungen Fräuleins gelegen, und Brigitta benannt worden.

(b) Grabstein mit ihrem Bilde und der Aufschrift:

Anno Domini MDXXXV. uff den siebenden Tag Augusti ist gestorben die wolgeborne Frawlein Brigitta Grevin zu Erbach, der Gott gnade!

135) **Ein Herrlein.**

Uff Montag Sancti Gregorii Ao. 1520. umb eilf Uhr des Tags ist genesen meins gnedigen Herrn Gemahel eines jungen Herrn — — — —

136) **Ursula.** Missale:

Uff Mittwoch nach unser lieben Frauen Verkündigung Ao. 1522. umb zwo Uhr in der Nacht ist genesen meines gnedigen Herrn Gemahel eines jungen Frewleins genannt Ursula.

137) Doro-

(*) Ich habe mir alle Mühe gegeben, die Aufschrift dieses Epitaphiums von Altzey aus zu erfahren, habe aber keine Nachricht erhalten können.

Beweisthümer zur III. Tabelle.

137) **Dorothea.** Missale:

Uff Sonntag nach Quasimodogeniti im 23 Jahr der mindern Zal 1523. ist myns anundigen Herrn Gemahel eines jungen Frewleins genanat Dorothea, genesen.

138) **Margaretha.** (a) In Herrn Graf Eberhards Bibel eigenhändig:

Anno Domini MDXXXVIII. uf Donnerstag nach Laurentii d. 14 Aug. zwischen 6. und 7. Uhren Vormittag ist meine Tochter Margareth, geboren zu Erbach.

NB. Ihr Geburtsjahr stehet nicht in der alten Tabelle.

(b) Urk. CLXXXVIII. (b) Auszug Antwortschreibens auf die Einladung zur Hochzeit von Herrn Carl des heil. Röm. Reichs Erbschenk und Semperfrey an Herrn Graf Eberhardt. Speckfeldt 15 Jan. LVIII.

Ew. Lbd. Schreiben und freundlich ladung auf den Hochzeit-Tag derselben wolgebohrnen lieben Tochter, Frewlein Margaretha mit meinem lieben Vetter und Pflegsohn Friederichen, Herrn zu Limburg ic. ic. künftigen Sonntag d. 13 Febr. fürgenommen —

(c) **Epitaphium.** Urk. Nro. CLXXXIX.

DIE WOLGEBORNE FRAV MARGARETHA FRAV ZV LIMPVRG GEBORNE GRAEVIN ZV ERBACH etc. etc. HAT IN DER EHE GE-LEBT MIT DEM WOLGEBORNEN HERRN FRIEDERICHEN, HER-REN ZV LIMPVRG DES RÖMISCHEN REICHS ERBSCHENKEN VND SEMPERFREY IHREM EHEGEMAHL. VI IHAR IIII MONATH VIII. TAGE, VND MIT IHME ERZEVGET ZWEY SOHNE VND ZWEY TOCHTER, STARB IM IHAR CHRISTI MDLXIIII. DEN XXII. JVNII ZWISCHEN V VND VI VHR NACHMITTAG ZV ERBACH, ALS SIE IHREN HERRN VATTERN GRAVE EBERHARDTEN etc. etc. IN SEI-NER LEIBES SCHWACHHEIT BESVCHT, VND DASELBST EINES JVNGEN SOHNES IIII WOCHEN VND II TAG IM KINDBETT GE-LEGEN, IHRES ALTERS IM XXIIII. IHAR X MONATH VND VIII. TAG.

139) **Maria.** (a) In Herrn Graf Eberhardts Bibel:

Anno MDXXXXI. uf Donnerstag nach Conversionis Pauli den 27 Jan. zwischen 3. und 4 Uhren nachmittag ist meine Tochter Maria geboren zu Erbach.

NB. Ihr Geburtsjahr stehet nicht in der alten Stammtafel.

(b) Antwortschreiben auf die Einladung zur Hochzeit von Herrn Friedrich Erbschenken zu Limpurg, an Graf Eberhard. Obersuntheim den 27 April 58.

Ew. Lbd. Schreiben, daß mit dem wolgepornen Egnolpb Herrn zu Rappenstein, und derselben Ew. Lbd. Tochter Maria mein frl. lieben Schwager und Geschweyen, uf nächst kommenden Sonntag Exaudi den 22ten May bey Ew. Lbd. zu Erbach Hochzeit halten wollen, habe ich — — — empfangen, und will — — uff bemelten Freitags zuvor bey e. Lbd. einkommen und die empfahung des Beelttigams, Kirchgang und alle Freundlichkeit leisten und vollbringen helfen.

(c) Condolenzschreiben an Herrn Grafen Georgen von Herrn Heinrich Grafen zu Castell. Remlingen 26. Dec. 1585.

Ew. Lbd. Schreiben den 2 Monats Dec. datiet hab ich empfangen, und daraus weil. Herrn Egenolphs, Herrn zu Rappoltstein wohlseel. Gedächtniß tödlichen Abgang nit gern verstanden.

140) **Georg.** (a) Abschrift des Regist. Haags vom Original:

Uf Montag nach Margaretha den 15 Jul. 1548 bin ich Georg, Grabe zu Erbach, geboren im Schloß zu Erbach.

(b) Von seiner fernern Geschichte und Charakter wollen wir, da unser Vorgänger so gar mager ist, die eigentliche Worte seiner Personalien um desto lieber hersetzen, je überzeugter wir sind, daß sie die lautere Wahrheit in sich fassen. Es heißt aber:

In Ansehung der Regierung haben J. G. zuvorderst darauf gesehen, wie dem Herrn Christo Thür und Thor aufgethan, und sein heiliges Evangelium, ohne aller Verfälschung, lauter und rein gelehret würde. Zu welchem Ende dann Kirchen und Schulen mit tauglichen Lehrern und Praeceptoribus bestellet, und ob der theuren Beylag des heil. göttl. Worts, durch den auserwählten Rüstzeug Gottes D Lutherum seel. und Liecht gebracht, in der grosen Reichs-Versammlung zu Augsburg a. 1530. vor Römisch. Kaiserl. Majest. offentlich bekannt und nachmals in Christl. Concordi-Buch wieder etliche einges eingerissene Irrthümer weitläuftiger erkläret, bis zu Dero seel. Ende steif und fest gehalten. Außerhalb dieses, haben s. Gnaden sich durchaus keiner Secten, wie die auch Nahmen haben möchte, anhängig gemacht, auch mit höchsten Fleiß davor gewesen, daß dieser unserer Christlichen in Gottes Wort gegründeten, und dem christlichen Concordi Buch einverleibten Confession nichts zuwider gelehret werde, durch welche nützliche Vorsorge auch, (Gott Lob und Dank) Kirchen und Schulen bis daher in gutem Fried und ruhigem Wohlstand seind verblieben. Und damit solche Einigkeit und in der Lehre Gleichstimmigkeit auf die Nachkommen fortgepflanzet würde, haben S. Gnaden vor wenig Jahren unsere Kirchen Ordnung, weil selbige, an etlichen Orten, von vielen, zu ihrem Vortheil, anderst, dann sie gemeinet, wollte ausgedrucket werden, revidiren, und aufs neue in Truck verfertigen lassen, für welches einige Werk wir nicht gnugsam danken können.

Was dann ferner s. Gn. weltliche Regierung belanget, haben sie die edle Gerechtigkeit herzlich geliebt, ob Gericht und Gerechtigkeit fest und steif gehalten. Es wusten sich S. Gnaden wol zu erinnern, der Wort des Königs Josaphat: Sehet, was ihr thut, dann ihr haltet das Gericht nicht den Menschen, sondern Gott, und Er ist mit Euch im Gerichte. Die Unterthanen höreten sie willig und gerne, gaben auch jederzeit guten und gnedigen Bescheid, giengen fleißig zur Canzley, und war keine Sache bald so gering, sie muste für Ire Gnaden kommen. Imassen sie auch, Dero hohen beywohnenden Verstand nach, in allen fürfallenden Sachen bald wusten, einen Außschlag zu geben, gleichwol handelten S. G. nichts praecipitanter, sondern ponderirten und etwas gen alle Sachen, in ihren Umständen, wohl, hörten auch fleißig anderer Leute Raths schläg und Bedenken. Und ob sie wohl von Natur mehr zur Güte und Lindigkeit, weder zur Strenge geneigt waren, jedoch, was die Nothdurft erforderte, brauchten Sie auch den Ernst, straften das Uebel härtiglich, reuteten das Böse aus, und hielten als lenthalben gute Wacht, darmit dero Unterthanen in guten Frieden bleiben, und vor allem unbilligem Gewalt gesichert wären — — Mit welcher Moderation und Bescheidenheit S. G. nicht allein dero eigene Land und Leute in die 36 Jahre wohl und rühmlich und mit gedeihlichem Aufnehmen Dero Unterthanen regieret, sondern auch in Vormundschaft anderer Herrschaften mehr, als die Graffschaft Tübingen, die Herrschaft Rappolstein, und Graffschaft Waldeck, über welcher letzteren Administration und Vormundschaft sie, nicht ohne grose Betruebnis dero hinterlaßnen Pfleg Söhne, der wohlgepornen Herrn Christian und Herrn Vollraden Gebrüdern, Herrn zu Waldeck, Todes verfahren.

S. Gd. Hofhaltung anbelangt, hielten Sie Sich dero Gräfl. Stand gemäß, sparten zu Ehren nichts, triebeu aber auch keinen unnöthigen Pracht und Ueberflus. Und wie Sie in Essen und Trinken sich ganz mäßiglich hielten, und der Trunkenheit durchaus nicht ergeben waren, also waren sie sonsten hergegen fröhlich und guter Ding, und brachten die Malzeiten allezeit mit allerhand nützlichen lieblichen Gesprächen zu, zu welchem Ende sie jederzeit, zur Tafel, etliche Dero Diener Griff und Weltliche forderen liessen, und mit ihnen von allerhand Sachen conferirten, in welchem allen S. Gnaden mit sondern Lust und Freuten zuzuhören war, wegen groser Erfahrenheit, treflichen Judicii, und überaus guten Gedächtnis. Liesen dann schon zuweilen fröliche Gespräche mit unter, so gieng es doch mit solcher Bescheidenheit und Moderation ab, daß kein Excess begangen wurde.

Darneben waren S. G. auch ein guter Hausmann, der auf seine Rente und Eins kommen genaue Achtung hatte, und von den Beamten jährlich zu gewissen Zeiten ordentlich Rechnung hörte. Zu Hofe aber besahen sie alle morgen die Register, was täglich in Küch und Keller und andern Außgaben aufgienge. Diener und Hofgesind verfassen sie, mit ehrlicher und notdürftiger Unterhaltung, liesen dieselbe alle Viertel Jahre ordentlich und richtig außzahlen. Und wie sie treuen Dienern mit allen Gnaden gewogen waren, also schafften sie ungetreuen bey Zeiten, und da es immer mit Glimpf geschehen konnte, in der Güte, und ohne Entgeltnis ab. Sonderlich aber haben S. Gnaden einen treflich guten Lust zum Bauen gehabt, und diese Graveschaft mit vielen schönen, nützlichen, und treflichen Gebäuen außgezieret. Immassen solches die von Grund aus neuerbaute Georgenburgk zu Heubach, das Schloß Fürstenau, mit vielen unterschiedlichen Gebäuen erweitert, und viel andere mehr bezeugen. Dann was allein in Erbach seiner Gnaden in und aufferhalb des Schloßes für nützliche und löbliche Gebäu gethan, wollen wir diejenige die vor dreyßig Jahren auch allda gewesen waren, davon reden lassen. Dabey dann auch S. G. Kirchen und Schulen und baju gebörende Gebäude nicht vergessen. Dann durch dero Fleiß und Gottseligkeit ist die Schloß Capelle zu Fürstenau von Grund auf neu erbauet, die Kirchen Erbach von schönem Malerey und biblischen Sprüchen treflich gezieret. Zu den neuen Gottes Acker zu Erbach, und der darauf erbauten Kirchen haben S. Gnaden nicht allein eine starke Summe Geldes verehret, sondern auch, damit das Werk desto schleuniger von statten gienge, durch dero eigene Pferd und Geschirr Stein und anders zuführen lassen. Wie vil l Pfarrhäuser baben S. Gnaden in der Graveschaft von neuem bauen lassen, dabey sie allezeit von den Ihrigen, damit der Kirchen Einkommen nicht zu sehr geschwächet werde, ein statliches gethan.

Sonsten im gemeinen Leben wusten S. G. gegen höheres, gleiches und uebrigen Standes Personen sich also zu verhalten, daß sie von männiglich respectiret, geliebet und geehret wurde. Es haben viele hohe Potentraten Chur und Fürsten auch die Römisch Kaiserl.

Beweisthümer zur III. Tabelle.

Kaiserl. Majestät unser allergnädigster Herr, selbst ein Aug auf diesen Herrn gehabt, und in wichtigen Reichsgeschäften gebraucht ꝛc. ꝛc.

Not. Wir sehen dieses aus einem Schreiben des Herrn Grafen an den Churfürst Friedrich von Pfaltz den 9. Febr. 1572. worinnen enthalten, daß ihm von Kaiser Ferdinand dem I. ein gewisses Gnadengeld a. 3600. Gulden verschrieben worden.

(c) **Erbacher Kirchenbuch:**

1605. d. 16 Febr. Morgens frühe kurz vor 4. Uhren starb in Christo sanft und seelig der wolgeborne Grav und Herr, Herr Georg, Graf zu Erbach und Herr zu Breuberg, und ward den 11. Merz in der Pfarrkirche zu Michelstadt begraben, Seiner Gnaden Alters im 56 Jahr 7. Monat und 1. Tag der Regierung im 36sten Jahr.

(c 2) **Titel der Leichpredigt:** Christliche Predigt aus dem ersten Buch der Könige am andern Capitel bey der Gräfl. Leiche und Begräbnis des weil. wolgebornen Herrn, Herrn Georgen Graven zu Erbach, und Herrn zu Breuberg ꝛc. ꝛc. wohlseel. Gedächtnis, welcher am 16 Febr. dieses 1605 Jahrs im 57 Jahr seines Alters, seiner Regierung im 36sten seelig verstorben, und den 11 Merz mit gebührenden christl. Ceremonien in der Pfarrkirche zu Michelstadt beygesetzet worden, gehalten durch M. Stephanum Schneidbacher, Hofprediger zu Erbach, gedruckt zu Strasburg 1608.

Aus dem dieser Leichenpredigt angehängten Directorio der Beysetzungsceremonien merke ich hier nur an, daß die Gräfl. Leiche balsamirt, in schwarzen Summet eingekleidet, und von 8 Cavallieren zu Grab getragen worden, nemlich von Adolph von Heddesdorf, Churfürstl. Maynz. Rath und Hofjunker; Hans Reichard von Sechenbach; Ott Heinrich von Löwenstein, Gräfl. Waldeckischen Hofjunker; Friederich von Hirschhorn; Christoph von Gemmingen; Georg Philipp Hans von Oseberg; Hans Wolf von Rodenstein; Conrad Werner Stang Erbachischen Hofjunker.

(c, 3) Die Aufschrift des Erb. Hist. lit. E, in Kupfer gestochenen Epitaphiums ist:

Der wohlgeborne Herr Georg, Grave zu Erbach und Herr zu Breuberg ist gebohren den 5. Jul. 1548. hat christlich und löblich regieret 30. Jahr und mit vier Gemahlinnen erzeuget 25. Kinder. Die erste war Frau Anna Amalia, eine geborne Gräfin von Sayn, mit deren er erzeuget eine Tochter; die andere Frau Anna, eine geborne Gräfin von Solms Laubacher Linie, mit deren er erzeuget 6. Söhne und 9. Töchter; die dritte Dorothea, eine gebohrne Reussin von Plauen, mit deren er erzeuget 1. Sohn und 2. Töchter; die 4. Frau Maria, eine geborne Gräfin von Barby und Mühlingen, mit deren er erzeuget 2. Söhne und 4. Töchter. Ist in Christo seelig gestorben, zu Erbach, den 16. Febr. 1605. Seines Alters 56. Jahr 7. Monat 1 Tag.

Hat dieser Grafschaft nützlich und wohl vorgestanden, dieselbe mit schönen Gebäuden gezieret, und sonderlich das Haus Georgenburg zu Kleinheubach am Mayn von Grund aus, ganz neu aufgebauet. Der allmechtige Gott verleihe Ihm und allen Christglaubigen am jüngsten Tag eine fröliche und selige Auferstehung Amen.

(d) **Abschrift vom Original:**

Anno Domini 1567 Montags nach Jacobi den 27. Jul. bin ich ehlich vertrauet worden, auch alsbald nach Kirchgang und Beyschlaf gehalten, zu Erbach, mit der wolgebornen Anna Amalia Gräfin zu Sayn.

(e) **Abschrift ꝛc.**

Anno Domini 1571 Freitags nach Kiliani den 13. Jul. um 1. Uhren nachmittag ist mein herzliebe Gemahlin in Gott seelig schwangern Leibs verschieden, und in dem Chor zu Michelstadt begraben und zur Erde bestattet worden.

(e 2) **Grabstein:**

Die wolgeborne Frau Anna Amalia Gräfin zu Erbach, geborne Gräfin zu Sayn, des wolgebornen Herrn Georgen, Grafen zu Erbach, und Herrn zu Breuberg Gemahl starb im Jahr Christi 1571. Ihres Alters im 20sten Jahr.

(f) **Abschrift ꝛc.**

Anno Domini 1572 Dienstags nach Margaretha den 15. Monats Julii sind wir beide ehl. mit einander vertrauet worden zu Erbach und als bald beygeschlafen.

Vorher

Anmerkung: Hier stimmt das Epitaphium mit dem, was oben Lit. a. von dem Tag seiner Geburt gesagt worden, nicht überein. Da aber oben ausdrücklich Montag nach Margaretha stehet, so kann sich die Aufschrift des Epitaphiums wohl geirret haben.

Beweisthümer zur III. Tabelle.

Vorher stehet:

Uff Sonntag Palmarum den 11. April 1557. um 1 Uhr des Morgens ist meine herzliebe Gemahlin, Anna, Gräfin zu Solms gebohren zu Laubach.

(f 2) **Eheberedung** Urk. CXCI. 2.

Wir Philipps Grave zu Solms ꝛc. ꝛc. Wir Johann, Grave zu Wied ꝛc. ꝛc. und wir Egenolph Herr zu Rappoltstein ꝛc. bekennen offentlich und thun kund — — daß wir eine Vermählung der heil. Ehe zwischen dem wolgebornen Georgen, Graven zu Erbach ꝛc. ꝛc. an einem und dann uns vorgedachten Grafen Philippsen und Graven Johann als Vormündern an statt und von wegen des wolgebornen Fräuleins Anna Gräwin zu Solms — — — abgeredet und beschlossen 12 Febr. 1572.

(g) Caspar Kugelmann in einer d. 12. Dec. 1586 lateinisch aufgesetzten Nachricht von ihrem Absterben und Beysetzung saget,

daß diese Dame, die er die Zierde des Frauenzimmers nennet, nachdem sie einige Tage mit starkem Husten beschweret gewesen, in der Nacht auf den ersten December zu früh zeitig gebohren, und an einer Entzündung den 8. December morgens zwischen 3. und 4. Uhren verstorben, darauf die unzeitige Frucht in der Kirche zu Erbach, Ihr reichnam aber den 10. Dec. um Chor in der Kirche zu Michelstadt beygesetzt worden. Sie war noch nicht 29. Jahr alt, und doch Mutter von 15. Kindern worden, von welchen 10. im Leben hinterblieben, als drey Söhne: Friedrich Magnus; Ludwig; Jo. Casimir; und sieben Töchter: Agnes Maria, Margareth Amalia, Elisabetha, Anna und Barbara.

(g 2) **Grabstein** Urk. Nro. CXCII. (h) **Michel Haags Relation**: Anno 1587. d. 1. Nov. hat sich der Hochwolgeborne Grave Georg zu Erbach an Fräulein Dorothea, geb. Reußin von Plauen zum drittenmal verheurathet. (h 2) Aus Conc. Einladungsschreiben zur Heimführung an Herrn Graf Georg Friederich zu Hohenloe, Herr Graf Hermann zu Sayn und Herr Graf Philipps zu Hanau, Graiz den 16. Dec. 1587 ergiebt sichs, daß solche am 20sten Jan. des folgenden Jahres geschehen.

(i) **Grabstein**:

Die wolgeborne Frau Dorothea Gräfin zu Erbach, gebohrne Reußin von Plauen, Frau und Crauichfeld, des wolgebornen Herrn, Herrn Georg Grafen zu Erbach, und Herrn zu Breuberg, Gemahlin starb im Jahr 1591. den 26. Oct. zwischen 8. und 9 Uhr vormittag, Ihres Alters im 25 Jahr, hat mit wohlermeldeten Herrn erzeuget einen Herrn und zwey Fräulein, die auch in Gott seelig entschlafen.

(k) **Michel Haags Relation**:

Anno 1592. den 23. Aug. ist der Hochwolgeborne Grave Georg zu Erbach mit der Gräfin Maria Wittib Grafen Joslas von Waldeck geb. von Barby auf dem Schlosse Corbach getrauet worden.

(l) **Concept Einladungsschreibens zur Heimführung an die beyden Churfürsten zu Mainz und Pfalz**:

Gnädigster Herr! Ew. Churfürstl. Gnaden tragen gnädigen Wissens was maßen ich durch Schickung des Allmächtigen mich mit der wolgebornen Frauen Marian geb. Gräfin von Barby ꝛc. ꝛc. ehel. verlobet — — Inmaßen nun beyderseits dahin verglichen worden, daß dieselbe Sonntags den 19. bevorstehenden Monats von mir nach Hause geführet, und geliefert werden solle.

Wiewol nun mir, als dem Geringern, E. C. F. G. ihres hohen Standes halben in mein Armuth einzuladen, nit wol gebühren will; Jedoch weil ich dieselben bishero mit mit allen Gnaden und Nachherrlichen Willen zugethan gespüret, und im Werk befunden hab. hab ich solches nit Umgang nehmen mögen.

Ist derohalben mein unterthäniges Bitten, Ew. C. F. G. wollen sich in Gnaden so viel bemühigen, und angeregtes Sonntages bey mir, zu Erbach, einkommen, berürten meinen Ehrentag beywohnen und mit andern meinen benachparten Chur- und Fürsten, die verhoffentlich zu Theil persönlich erscheinen werden, zu derselbigen guten Gelegenheit und Wohlgefallen sich erlustigen, auch mit derjenigen tractation, so Ew. Churf. Gnd. nach des Hauses Vermögen, wiederfahren möchte, gnädig vorlieb nehmen. Dat. Corbach 27. Oct. 92.

(m) **Kaiserl. Tutorium**:

Wir Rudolph der andere erwehlte Römische Kaiser ꝛc. ꝛc. bekennen, als unserm Kaiserl. Cammergericht deßelben advocat und Procurator — — supplicirend zu erkennen gegeben, welchergestalt weil. Graf Georg zu Erbach, kurz verrückter Zeit, Todes verfahren. und neben andern Ehelich erwachsenen Söhnen, einen Minderjährigen, Georg Albrecht im Leben hinterlassen habe, dessen Pfleg und Vormundschaft vermöge der Rechte, auf die Edle unsere liebe Andächtige Mariam, Gräwin zu Erbach, gebohrne
Gräwin

Beweisthümer zur III. Tabelle.

Erwin zu Barby und Mühlingen, mit überwachsen, theils auf beschehenes Bitten und ersuchen, von denen auch Edeln, Unsern und des Reichs lieben Getreuen Eberharden, Herrn zu Limpurg ꝛc. ꝛc. Friedrich Magnus, als des minderjährigen nechsten Vermandte Vettern und Brudern — — gutwillig ist übernommen worden — — Darauf, und nach erlangtem Decret, anheute dato, erstlich im Namen der Wittib Secondis Nuptiis et Senatus consulto Vellejano gebührlich renunciret, folgends von derselben und obgemeldeten beyden Grafen wegen, gerichtlich angelobet. und in Jeer aller Seelen ein Eyd zu Gott, geschworen hat, daß sie alles und jedes, was obberührten Pupillen gut, thun und außrichten wollen ꝛc ꝛc. Daß demnach mehr besagter Wittib von Erbach, auch Eberharden Herrn zu Limburg ꝛc. ꝛc. und Friedrich Magnus sen Grafen zu Erbach, die Administration, Verwaltung und Vormundschaft weiland ermeldten Grafen Georgen hinterlassenen minderjährigen Sohns zuerlaubt und anbefohlen worden, darüber richterlich Decret und Autorität interponiret worden ist. Urkundt dieses Briefs mit unserm Kaiserl. anhengenden Siegel bekräftiget. So gegeben in unser und des heil. Reichs Stadt Speyer, den ersten Tag Monats April nach Christi unsers lieben Herrn Geburt im sechzehen hunderten und sechsten Unserer Reiche des Röhmischen im ein und dreyßigsten, des Hungarischen im vier und dr. ßigsten:

Ad mandatum Imperat. propr.
Schweickardt Cantzleyverwalter.

(n) Relation des Regist. Hagen:

Ao. 1619. den 12ten December. Starb in Gott seelig Frau Maria Gräfin zu Erbach, geborne Gräfin zu Barby und Mühlingen auf dem Schlosse Waldeck und wurden I. G. den 5. Jan. 1620. nacher Corbach begraben.

141) **Elisabeth.** (a) In Herrn Graf Eberhards Bibel:

Anno Domini MDXXXXII. uf Mittwoch nach Assumptionis Mariä den 16. Aug. zwischen 6. und 7 Uhr vormittag ist mein Dochter Elisabeth geboren zu Erbach.

Not. Ihr Geburtsjahr stehet nicht in der alten Tabelle.

(b) Ehevertrag ex Archiv:

Wyr Henrich Grave zu Sayn, Herr zu Homburgt Monsser zu Cöllen und wir Egenolph Grav und Herr zu Rappolstein ꝛc. Bekhennen offentlich — — das wir in dem Namen der heiligen Dreifaltigkeit, — — eine Vermählung der heiligen Ehe zwischen dem wolgebornen Hermann Graven zu Sayn, Herrn zu Homburgt ꝛc ꝛc. unsern frl. lieben Bruder und Schwager an einem, und denn den auch wolgebornen Georgen Graven zu Erbach und Herrn zu Breuberg ꝛc. ꝛc. anstatt und von wegen seiner rhp. Schwester des Wolgebornen Fräuleins Elisabethen Gräuin zu Erbach ꝛc. ꝛc. andern theils — — abgeredt und beschlossen haben — — Geben zu Erbach den 28. May im Jhar nach Christi unsers Herrn Erlösers und Seeligmachers Geburt tausend Fünfhundert Sieben zig Eind.

(b 2) Schreiben Herrn Hermann Grafen zu Sayn an Herrn Grafen Georgen zu Erbach den 29. Aug. 1571.

Mein freundlich Dienst ꝛc. ꝛc. Wolgeporner ꝛc. Wie das ich jüngstbin zu meiner Ankunft allhier zu Hachenburg wegen der zwischen uns genommen Ubrede meiner ehel. Gepflogers betreffend, und alsbald zu meinem Bruder Herrn Henrich Ohumtrechant zu Cöllen begeben: So hab ich aber damals S. Ebd. nicht alsobald angetroffen. Nichts desto weniger hab ich gleichwohl S. Ebd. alsbald freundlich zu erkennen gegeben, wie daß für gut angesehen worden, uf Sritag den 7. fünfigen Monats Septembr. zu Erbach einzulommen, folgenden Tags fürer das anverfangene christliche Werk durch den christlichen Kirchgang und ehrlich Beylager zu vollstrecken. Es hab ich nit unterlassen wollen — — — gegenwärtiges Briefstraget zu Ew. Ebb. ablaufen zu lassen, und dieses übernehme, daß ich zu Erbach umb die bestimmte Zeit mit 40. Pferden antreffen werde.

NB. Die alte Stammtafel hat den Tag der Vermählung nicht bemerkt.

(c) Auszug Trauerschreibens an Herrn Graf Georgen zu Erbach, von Graf Ludwig Eberhard zu Oettingen. Harburg den 28. Aug. 1598.

Das nun der liebe Gott, nach seinem göttlichen Willen, die wolgeborne Elisabetha, Gräfin zu Sayn Wittib, geb. Gräfin zu Erbach, E. L. geliebte Schwester, durch den zeitlichen Tod, aus diesem jerzänglichen Jammerthal zu sich genommen,
NB. Auch hier ist die alte Stammtafel unwissend.

142) **Walburgis** (a) in Herrn Graf Eberhardts Bibel:

Anno Domini MDXXXV. uf Freitag nach Apollonia den 13 Febr. zwischen 5. und 6 Uhr nachmittag ist geboren meine Tochter Walpurgis zu Erbach.
NB. Die alte Stammtafel sagt ganz unrichtig, sie sey den 1. May 1550 geboren.

(b) Wir Eberhart Graf von Hohenloe ꝛc ꝛc. und wir Georg Graf zu Erbach ꝛc. ꝛc. bekhennen offentlich — daß wir an Vermählung der heiligen Ehe zwischen dem Wolgebornen Conraten, Graven zu Tübingen und Herrn zu Lichteneck — — von

J 2 wegen

36 **Beweisthümer zur III. Tabelle.**

wegen seiner Ebb. freundlichen lieben Sone, dem Wolgebornen Jergen Graven zu Tübingen an einem, und bann dem auch Wolgebornen Eberharten Graven zu Erpach — anstat und von wegen seiner Ebd. Tochter des Wolgebornen Fremleins Walpurgen Gräfin zu Erbach andemtheils abgeredet und beschlossen haben. Geben den 29 May 1564.

(b 2) Die Vermählung derselben ist den 14 Novembris zu Erbach geschehen, wie aus folgender Urkunde erhellet: Ungewehrliche Verzeichnis, wie es auf das Wolgebornen, Herrn Georgen Graven zu Tübingen und Fräulein *Walpurgis* Hochzeit und Beyschlaf gehalten worden. a. 1564. Die Stammtafel setzet falsch. 1566.

(c) Württenberg. Chronik. p. 371. woselbst es heisset:

daß ihr Gemahl nebst einem Grafen von Hohenloe auf einem Fastnachtsball zu Waldenburg 1571 sein Leben eingebüßet, weil die aus Flachs und Hanf bestandene und mit Pech beschmierte Masken Kleider Feuer gefangen, und durchaus nicht gelöschet werden konnten.

(d) Ihr Todestag wird in der alten Stammtafel auf den 10. Dec. 1580 angegeben. Allein diesem widerspricht nachfolgendes aus einem Schreiben von Graf Georg an seine Schwester, Gräfin von Sayn den 3. Jul. 1591 wo es heisset: So hab ich auch verschiedene Wochen beide meine geliebten Schwestern von Rappoltstein und Tübingen zu Straßburg gesund verlassen.

143) **Anna.** (a) Aus Herrn Grafen Georg Nachricht:

Anno Domini 1568. Mittwochs nach Jacobi apli den 28 Jul. um 10 Uhren Morgens ist meine Tochter Anna geboren zu Erbach.

(b) Leichstein Urk. CXCV. 2.

Hier liegt begraben die wolgeborne Fremelein Anna Gröln zu Erbach und Fremlein zu Breuberg starb den 13. Oct. 1568. Ires Alters 13 Wochen 3 Tag.

144) siehe oben Nro. 140. Lit. e.

145) **Agnes Maria.** (a) Aus Herrn Graf Georg Nachricht:

Anno Domini 1573. Sonntags den 24 May. zwischen 1. und 2 Uhr vormittag ist meine Tochter Agnes Maria geboren zu Erbach.

(b c d) Zuverläßige Nachrichten von Frau Agnes Maria gebohrnen Gräfin von Erbach vermählten Gräfin Reuß. Agnes Maria wurde mit Herrn Henrico den Mittlern, sonst auch Ruso genannt, welcher auf dem alten Buraggräf. Schloß Schlaiz residiret zu Graiz, a. 1593 vermählt. Ihr Herr Gemahl starb ohne Leibeserben den 16. Jan. 1616 allhier zu Schlaiz.

Sie selbst aber folate ihm in die Ewigkeit nach, im Jahr 1634. da sie am 28sten Junii das Zeitliche zu Gera gesegnet.

Die Avthenticität obiger Nachricht versichert. Schlaiz den 29. Oct. 1783.
           Beatus Gottlieb Bretschneider
            Georg R. Ph. Secretarius.

(d 2) In der Procession und Leichenordnung heisset es: Demnach der allmechtige Gott die hochwolgeborne Frau Agnes Maria am 28. Jun. dieses 1634sten Jahres, durch ein sanft und seliges Ende, zu sich auf dem Schloß Gera abgefordert, als ist zu ihrem Leichenbegängnis zu Schlaiz der 1. Novembris angesetzet worden.

146) **Friederich Magnus.** (a) Aus Herrn Graf Georg Nachricht: Montags nach Misere. Domini den 18 April 1575 zwischen 6. und 7 Uhren Nachmittag ist mein Sohn Friederich Magnus geboren zu Erbach. (b) siehe oben bey Nro. 40. l. m, (c) siehe die Erbachische Historie S. 198. (d) Sie sind beysammen in der Landesordnung. Er war überdieses auch ein grosser Freund und Kenner von Wissenschaften. (e) Aufschrift des Epitaphiums, so in der Erbach. Historie I. D. in Kupfer gestochen.

DER HOCHWOLGEBORNE HERR, HERR FRIEDERICH MAGNUS GRAVE ZV ERBACH, VND HERR ZV BREVBERG, WARDT GEBOREN DEN 18 APRILIS ANNO CHRISTI 1575 STARB NACH LANGWIERIGER SCHWACHHEIT IN CHRISTO SELIGLICH 26 AVGVSTI ANNO 1618.

(e 2) Leichprocession von Herrn Graf Friederich Magnus von Reichenberg nach Fürstenau. 27. Sept. 1618. (f) Verzeichnis was der durchlauchtigen Hochgebornen

bornen Fürstin und Frauen, Frauen, Christinen gebornen Landgräfin zu Hessen, Grevin zu Erbach, und deroselben Herrn Gemahl, dem wolgebornen Herrn Friederich Magnus Graven zu Erbach heute dato den 5. May dieses 95. Jahrs, auf Jrer Hochfürstl. Gn. und Gnaden Ehrentag geschenkt und verehret worden ꝛc. ꝛc. (f 2) Glückwünschungsschreiben von Herrn Friederich, Herrn zu Limpurg ꝛc., an Herrn Graf Georgen Obersonntheim den 25 April 1595.

Als ich auch berieben aus Ew. Lbd. Schreiben verstanden, — daß die Heurath zwischen des Durchleuchtigsten Fürsten und Herrn, Herrn. Georgen, Landgrafen zu Hessen, ältesten Fräulein Tochter, Fräulein Christina Landgräfin zu Hessen ꝛc. ꝛc. und dem Wolgebornen Ew. Lbd. Sohn meinem freundlich lieben Vettern, Friederich Magnussen, Graven zu Erbach nunmehr gänzlich beschlossen, und in kurzem ein stilles eingezogenes Beylager zu Darmstadt gehalten werden solle ꝛc. ꝛc.

(f 3) Aus dem 10 Capitel des Buchs Tobiä: Bey der Gräfl. Heimführung des Wolgebornen Herrn, Herrn, Friederich Magnußen, Grafen zu Erbach und Herrn zu Breuberg ꝛc. ꝛc. und seiner Gnaden geliebten Gemahlin, der Durchlauchtigsten hochgebohrnen Fürstin und Frauwen, Frauwen, Christina, gebornen Landgräfin zu Hessen ꝛc. ꝛc. Grävin zu Erbach und Frauwen zu Breuberg, so geschehen Montags den 25 Aug. 1595. gehalten auf dem Gravl. Saal zu Erbach, p. 111. Stephan Schneidbacher. (g) Trauerbekanntmachungsschreiben, an die verwittibte Frau Landgräfin von Hessen von Herrn Grafen Georg den 26. Martii 1596.

Durchleuchtige ꝛc. Ew. F. Gn. sind meine ꝛc. Ob wohl die verschienene Nacht als ich E. F. G. weiland der Durchleuchtigen Fürstin, Frauen Christinen, gebohrnen Landgräfin zu Hessen, Gräfin zu Erbach, meiner frl. lieben Tochter, christmildester Gedächtnis Leibesschwachheit halben Bericht zugeschrieben, Ich, neben andern, in guter Hofnung gestanden, es solle mit Jrer Lbd. Sich wiederum zu guter Besserung geschickt haben: So mag ich doch E. F. G. mit hochbekümmertem Gemüth, nit verhalten, daß es in wenig Stunden hernach wieder alles Menschen Gedenken, so urplöhlich umbschlagen und J. L. Schwachheit dermaßen überhand genommen, daß Sie diesen Morgen frühe umb 5 Uhren fein sanft christlich und geduldig aus diesem Jammerthale abgeschieden ꝛc. ꝛc.

(g 2) Predigt bey der Begräbnis der Durchleuchtigen, Hochgebornen Fürstin und Frauen, Frauen Christinen gebornen Landgräfin von Hessen ꝛc. ꝛc. Gräfin zu Erbach, und Frau zu Breuberg, des auch wolgebornen Herrn, Herrn Friederich Magnus, Grafen zu Erbach ꝛc. ꝛc. weiland geliebten Gemahlin Hochseeligen Gedächtnis, als Jhro Hochfürstl. Gnaden, Freytags den 26. Mart. des 1596sten Jahres zwischen fünf und sechs Uhren zu Erbach seliglich im Herrn entschlafen und Montags nach Palmarum den 5 April christlich, löblichen Gebrauch nach, zur Erde bestattet worden. (g 3) Aufschrift des gemeinschaftlichen Epitaphiums:

CHRISTINA GEBORNE LANDGRAEFIN ZV HESSEN OBWOLERMELDTEN GRAFEN FRIEDERICH MAGNUS ERSTE GEMAHLIN HIELT BEYLAGER DEN 5 MAY 1595. VERSCHIED IN GOTT SELIG. d 26. MARTII. 1596.

(h) Die Eheberedung war, nach dem Concept, ausser dem hohen Contrahenten, unterschrieben von Hans Georg Gr. von Solms; Eberhard, Herrn zu Limpurg, des heil. Röm. Reichs Erbschenk und Semperfrey. Wilhelm Graf zu Oettingen, Röm. Kaiserl. Maj. Rath und Oberster und Georg Friederich Grafen zu Hohenloe. Erbach 27. Jul. 1597. (h 2) Titel der Hochzeitpredigt: Aus dem 37 Capitel des geistreichen Lebens Sirachs, bey dem Gräfl. Beylager und Hochzeitl. Freudenfeste des Wolgebornen Friederich Magnus Grafen zu Erbach und Herrn zu Breuberg und Sr. Gnaden zweyten Gemahlin, der auch wolgebornen Frauen Johanna, Gräfin zu Oettingen, gehalten zu Erbach, Montags den 18. Sept. 1597. Jahrs. (i) Aufschrift des gemeinschaftl. Epitaphiums:

JOHANNA GEB. GRAEVIN ZV OETTINGEN. GRAF FRIEDERICH MAGNVS ANDERE GEMAHLIN, WARD MIT IHREM HERRN VERMAEHLET. D. 18 SEPT. 1597. IST IM HERRN ENTSCHLAFEN d. 18 Mart. 1619.

Beweisthümer zur III. Tabelle.

Dieses gemeinschaftliche Epitaphium ist von gutem Kesselfelder oder Hällischen Alabaster, und kostet, ausgenommen der Transportkosten, laut Accords mit einem Bildhauer Michel Korn zu Forchtenberg vom 25. Oct. 1619, vierhundert und funfzig Gulden Reichswerung.

147) Eberhard. (a) in der Bibel des Herrn Grafen:

Ao. 1574. den 13 April zwischen 9 und 10 Uhren ist mein Sohn Eberhard geboren zu Erbach.

b) Grabstein: Erbach. Hist. S. 200.

Der wolgeborne Herr, Eberhardt, Grafe zu Erbach, starb den 14 Monats Tag Augusti im Jahr Christi 1574.

148) Margaretha. (a) Jn obangeführter Bibel ꝛc.

Donnerstags nach Jubilate 1576. den 17 Merz zwischen 10 und 11 Uhr vormittags ist meine Tochter Margaretha geboren zu Erbach.
NB. Hier hat die alte Stammtafel wieder gefehlet.

(b) Die Pacta dotalia sind unterschrieben:

Oettingen Sonnt. nach Jubilate den 7 May 1598.

Gottfried Graf zu Oettingen.
Ludwig Eberhard G. zu Oettingen.
Wilhelm Gr. zu Oettingen.
Georg Friederich Gr. zu Hohenlohe der Alte.
Georg Gr. zu Erbach.
Eberhart Herr zu Limpurg Erbschenk und Semperfrey.
Friederich Magnus G. z. Erbach.

(b 2) Aus einem vorhandenen Schreiben des Bernhard von Weichsenstein zu Hainstatt an Herrn Graf Georg vom 24. April 1598 ergibt sich, daß die Verlobung im Monat September 1597 geschehen, die Trauung aber den 7. May 1598 zu Oettingen erfolget sey. (b 3) Eine andere Predigt vom heil. Ehestande, aus dem. 24 Capitel des 1. B. Mose, als das Wolgeborne Fräulein, Fräulein Margaretha Gräfin zu Erbach, des auch wolgebornen, Herrn Georgen, Graven zu Erbach und Herrn zu Breuberg, geliebte Tochter und Fräwlein folgenden Tags von Erbach abgeschieden, und nacher Oettingen zu dero hochgräfl. Freudenfest und Gräfl. ebel. Beylager, mit dem auch wolgebornen Herrn, Herrn Ludwig Eberhardt, Graven zu Oettingen verreisen sollte, gehalten in der christl. Kirche und Gemeine Gottes zu Erbach durch M. Stephan Schneidbacher.

Diese Dame ist unter den Ahnen des Kaiserl. Oesterreichischen, Russischen, Königl. Preußischen und Königl. Dänischen Hauses, wie dieses aus der hier angefügten Tabelle zu ersehen.

Margaretha, Gemahl Ludwig Eberhard, Graf zu Oettingen		
Joachim Ernst, Graf zu Oettingen, Gem. Dorothea, Gräfin von Hohenlohe-Neuenstein		
Albrecht Ernst, Graf zu Oettingen, Gem. Christine Friderike Herzogin zu Würtenberg		
Christine Louise, Gem. Ludwig Rudolph, Herzog zu Braunschweig		
Elisabetha Christina, Gemahl Carl VI. Röm. Kaiser	Charlotte Christiane Sophie, Gem. Alexius Czarowiz	Antoinette Amalie, Gemahl Ferdinand Albrecht, Herzog zu Braunschweig-Bevern
Maria Theresia, Gem. Franciscus I. Röm. Kaiser.	Petrus II. Russischer Kaiser.	Elisabetha Christina, Gem. Friederich II. König in Preußen.	Louise Amal. Gem. August Wilhelm, Pr. von Preußen.	Juliane Marie, Gem. Friederich V. König von Dännemark.
Joseph II. Röm. Kaiser.		Friederich Wilhelm, Prinz von Preußen.		

149) Anna

Beweisthümer zur III. Tabelle.

149) Anna Amalia. (a) Aus der Bibel ꝛc.

Anno 1577 Montags den 10. Jun. zwischen 2 und 3 Uhr vormittag ist meine Dochter Anna Amalia geboren.

(b) Von ihrer Vermählung ist in actis nichts gefunden worden. Ich habe auch durch Briefe nichts nachrichtliches erhalten. (c) Auszug Schreibens Graf Friederich Magnus an Gräfin Elisabetha von Tübingen Wittib — — — Carlsburg den 4ten Nov. 1608.

Ich mag derselben traurigs Gemüths nicht bergen, daß weiland der wolgeborne mein sel. lieber Schwager Rheingraf Friederich nunmehro selig, nach dem unerforschlichen Rath und Willen Gottes, verschienen Mittwochs den 26. abgewichenen Monats Octobris allhie zu Durlach aus diesem zeitlichen Leben verschieden ꝛc. ꝛc.

(d) Concept der Versicherung ihrer Morgengabe:

Wir Emig von Dhun, Graf zu Falkenstein, Herr zu Nelpoltskirchen Uhrkunden und bekennen hiemit — — — demnach durch sonderbare Schickung des Allmechtigen Uns an die wolgeborne Anna Amalia von Dhun, Gräfin zu Falkenstein, geb. Gräfin zu Erbach, und Frau zu Breuberg, weiland des auch wolgebornen Friederichen, Wild und Rheingrafen zu Salm und Herrn zu Mustingen, nachgelassener Wittib ehelich vermählet ꝛc. ꝛc. ohne Tag und Jahr.

Diese Vermählung geschahe 1626 im Gräfl. Leiningischen Hause zu Heidesheim, wie dieses erhellet, aus Isaac Jocklers Superintendenten in der Graffschaft Falkenstein, Leichpredigt bey der Begräbnis des Hochwolgebornen, Herrn Emig von Dhun, Grafen zu Falkenstein, gehalten zu Mergentbal am Donnersberg den 29. December des 1628 Jahrs. gedr. zu Darmstadt 1629.

NB. Von dieser Vermählung hat die alte Stammtafel und die Erbachische Historie nichts.

150) Ludwig. (a) Oben angeführte Bibel:

A. 1579. Donnerstag den 3. Sept. zwischen 4. und 5 Uhren ist mein Sohn Ludwig geboren zu Erbach.

(b) s. die Erbachische Historie p. 201. (c) Er war nach vorhandenem Patent Rittmeister und sollte 150 Cuirasier zum Dienst der Generalstaaten von Holland anwerben. Das Werbpatent war unterm 1sten März 1602 angestellet (d) Das Patent ist Heidelberg, den 22. Jan. 1603 geaeben. (e) Herzoglich-Württenbergisches Patent über die Obervogtey zu Neustadt.

Von Gottes Gnaden Wir Johann Friedrich Herzog zu Württenberg und Teck ꝛc. ꝛc. Entbieten unsern lieben Getreuen Burgermeister, Gericht Rath und gantzer Gemeinde unserer Stadt Neustadt, auch den Schultheisen Gerichten und Unberthanen aller und jeder Dörfer und Flecken in daßelbig Amt gehörig, unser Gnad zuvor, und geben Euch zu erkennen, daß wir den Wolgebornen, unsern Rath und lieben Getreuen, Ludwigen, Grafen zu Erbach und Herrn zu Breuberg, zu unserm Obervoigt über Neustadt angenommen und verordnet haben: Und befehlen euch demnach mit ernst, und wollen, daß Ihr also of benannten Graven zu Erbach, als Euerm fürgesetzten Ober Voigt getreu und fleißiges Wissend haben, seinen Gevelchen und Gebotten, so viel die Ober-Voigtey belanget, jederzeit von unsert wegen gehorsam und gewärtig seyn, und Euch in alle Wege so halten sollet, als frommen und gehorsamen Unterthanen zustehet — — — Uhrkund mit unserm fürgedruckten Secret besiegelt und geben zu Stuttgardt den ersten Monats-Tag Julii als man nach Christi unsers lieben einigen Herrn und Heilandes seeligmachenden Geburt gezahlt Sechzehen hundert acht Jahr.

(L. S.)

(f) Wir haben von den harten Schicksalen, die dieser Herr im 30jährigen Kriege erlitten, und besonders von dem Einfall der Croaten in Erbach den 23. Jun. 1621 in der Reformationsgeschichte der Graffschaft Erbach p. 250. Erwehnung gethan. Und wir können, ohne die jedesmalige Völkerdurchzüge, Quartiere, Contributionen und Verwüstungen besonders namhaft zu machen, uns den traurigen Zustand des hiesigen Landes, und die angstvolle Sorgen der Regenten desselben uns wohl vorstellen, und daß sie alles, was in ihren Kräften gestanden, angewendet, wie dann auch Graf Ludwig im März 1628 selbst zum Churfürsten von Baiern nach München gereiset, und Erleichterung gesucht, und zwar gute, aber leere Vertröstungen erhalten. (g) Siehe die Reformationsgeschichte p. 195, wie auch Urk. Nro. CCI. 1. (h) Erbacher Kirchenbuch vom Jahr 1643.

Beweisthümer zur III. Tabelle.

Den 12 April hat der liebe Gott durch ein seeliges Sterbstündlein von dieser Welt abgefordert den hochwolgebohrnen Grafen und Herrn, Herrn Ludwig Grafen zu Erbach und Herrn zu Breuberg, nachdem S. G. gelebt 62 Jahr 7. Monat 9 Tage 14 Stunden, löblich regieret 38. Jahr. 2. Monat. Sind Jhr Gnaden den 27. Jun. nach Michelstadt geführet, und daselbst von Conrad Schilling Hofprediger zu Erbach, eine Leich Sermon über 2. Tim. 4. Ich habe einen guten Kampf gekämpfet rc. gehalten worden.

(h 2) Auf dem kupfernen Sarge stehet folgende Auffchrift, so ich im Jahr 1767 bey der Eröfnung des Grabes der hochseel. Frau Gräfin Anna Sophia zu Erbach Fürstenau entdecket und abgeschrieben habe.

D. O. M. S.
Perilluftris et Generofifsimus
Dominus Ludovicus
Comes in Erbach et Dynafta in Breuberg.
S. R. I Eques.
cum perquam laudabiliter regnaverat vixitque
annos LXII. menf. VII. dies VII. hor. XIV.
placide reddidit
animam, à quo acceperat, Deo
corporis veto exuvias
hoc farcopago includendas
reliquit
XI April. die paulo poft hor. VII. vefpert.
ann. current. MDCXXXXIII.

Der Hochwolgebohrne Herr Ludwig, Graf zu Erbach und Herr zu Breuberg, des heil. Röm. Reichs Ritter hat löblich regieret, und nachdem er 62 Jahr 7 Monat 7 Tag und 14 Stunden gelebt, seine Seele, Gott, der sie gegeben, wieder beim gegeben, den entseelten Cörper aber in diesem Sarge zurück gelassen, den 11. April Abends nach 7 Uhr 1643.

(i) **Erbachisches Kirchenbuch:**

Auf den Sonntag Quinquagefima den 2. Mart. 1606. Abends hat der Wohlgebohrne Herr, Herr Ludwig, Grave zu Erbach, mein gnädiger Herr, das Edel. Beylages und folgenden Montag den 3. Martii des Hochzeitliche Freudensfest, Gräulich wolhers gebrachtem Gebrauch nach, alhier im Schloß gehalten mit der wolgebornen Fräulein, Fräulein Juliane, gebornen Gräfin zu Waldeck des wolgebornen Herrn Josia weil. Grafen zu Waldeck wohlfel. Gedächtnis hinterlassenen Fedulein Tochter S. Sud. Grief schwester.

Sie war gebohren den 11. April, 1587. verlohr den 6. Aug. 1588. ihren Herrn Vater, lem aber, 1592, da sich der Herr Graf Georg mit ihrer Frau Mutter vermählet, mit nach Erbach. Daß Sie hauptsächlich, Antheil an der Errichtung eines Gymnafiums zu Erbach gehabt, davon redet der ihrer Leichpredigt beygefügte Lebenslauf, in folgenden Ausdrücken: Sonderlich haben Jre Gnaden alle Hülfe Rath und Anlaß dazu gegeben, daß der Jugend zum Besten, ein Gymnasium oder Schule zu Erbach aufgerichtet würde — und sich nicht nur bemühet, daß von Fürstl. Gräfl. und Adelichen Personen dazu gesteuret worden, sondern es haben Jre Gnaden aus Gräfl. Munificenz von ihrem Peculio ein ansehnliches dazu geschoffen — Welches Gottselige Werk J. G. sich dermaßen haben angelegen seyn lassen, daß Sie Sich unterschiedlich verlauten lassen, wann Sie dies Werk nur zum End brächten, so wollten sie hernach gerne sterben. Von ihrem vortrefflichen Character zeugen auch die Ermahnungen, die sie an ihre Herrn Söhne auf ihrem Sterbebette gethan, die ich aus den Personalien hier anfüge:

1) Sey deinem Herrn Vater gehorsam in allen Dingen.
2) Wann er dich straft, laß keine Ungeberd sehen.
3) Sey wahrhaftig, der Lügen feind, meide böse Gesellschaft.
4) Wann du reden willst, so bedenke es zuvor wol, dann Reden mit Unbedacht, hat manchen in groß Unglück gebracht.
5) Sey freundlich gegen jedermann, eines friedfertigen Gemüths allezeit, und rede niemand übel nach.
6) Halt ob Schulen und Kirchen, gib derselben Diener gebührende Reverenz.
7) Nimm derjenigen, so dir vorgefetzt, Erinnerungen mit sanftmüthigem Geist auf.
8) Befleißige dich allerwege der Zucht und Ehrbarkeit.
9) Sey nicht hoffärtig, dann Gott stürzt die Hoffärtigen.
10) Sey nicht geizig, dann der Geiz ist eine Wurzel alles Uebels.
11) Bey der Evangelischen Religion oder Glauben wollest du bis an dein Ende beständig verbleiben, dann keine richtigere und beßere wirst du finden.
12) Hab Gottes Wort lieb, lese es fleißig, und höre es gern.

(k) Zwo

(k) Zwo christliche Leich und Klagpredigten über dem tödlichen Ableiben der weiland hochwolgebornen Gräviu und Frauen, Juliane Gräviu zu Erbach, gebohrnen von Waldeck, des Hochwolgebornen Herrn Ludwigen, Gravens zu Erbach und Herrn zu Breuberg, Rittern, herzliebster Gemahlin seeligster Gedächtnis, welche den 28 Febr. 1622 zwischen 6. und 7. Uhr Nachmittags seelig im Herrn entschlafen.

Die Erste, gehalten zu Erbach den 13 Martii durch Johannem Klein, Pfarrer und Hofprediger zu Erbach. Die andere zu Michelstadt den 15. ejd. als Jrer Gn. seel. Leichnam daselbst in die Gräfl. Begräbnis gesetzt worden durch den Ehrwürdigen und Wolgelerten Herrn M. Wilhelm Christoph Dablern, Pfarrer daselbst, mit beygefügten Epicediis Ao. 1622. aufs Papier gesetzt, nunmehro aber 1627 in Druck gegeben zu Darmstadt. (k 2) Grabstein Urk. Nro. CCVIII. 2.

> Die Hochwolgeborne Frau Juliana Grävin zu Erbach, geborne Gräfin zu Waldeck, des Hochwolgebornen Herrn Ludwigen, Graven zu Erbach, und Herrn zu Breuberg Ritters, Gemahlin ist in Gott sanft und selig entschlafen Ao. Christi MDCXXII. den XXVIII. Februarii, ihres Alters XXIV Jahr 10 Monat und 17 Tag, hat mit wohl ermeldtem ihrem Herrn gezeuget, und nach sich im Leben verlassen drey Herrn und eine Fräulein.

(l) **Erbacher Kirchenbuch**:

> 1624. den 30 May wurde in Erbach ein doppeltes Hochzeitl. Beylager und Hochzeit Fest begangen. Es wurden nemlich getrauet der Hochwolgeborne Herr Graf Ludwig Graf zu Erbach und Herr zu Breuberg mit der Hochwolgebornen Gräfin Johanna, Herrn Grafen Wilhelm von Sayn Fräul. Tochter; wie auch der Hochwolgeborne Herr, Graf Georg Albrecht, Graf zu Erbach und Herr zu Breuberg mit der Hochwolgebornen Gräfin und Frauen Magdalena, Herrn Grafen von Katzenelnbogen Tochter.

(m) **Erbacher und Michelstädter Kirchenbuch**:

> 1666. den 13 Oct. starb, und ward den 7. Febr. 1667. des Nachts beygesetzt die Gräfl. Frau Wittib von Sayn und Wittgenstein alt 62 Jahr 4. Monat 11. Tag. Den nach folgenden Tag wurde Ihr zu Erbach eine Leichenpredigt gehalten. Die Beysetzung geschahe in aller Stille.

(m 2) **Grabstein**:

> Die Hochgeborne Gräfin und Frau, Frau Johanna Gräfin zu Erbach, gebohrne Gräfin zu Sayn und Wittgenstein. Wittib, ist gebohren den 24 Julii 1604. und Anno 1624. den 29 May. (*) an den Hochgebohrnen Grafen und Herrn, Herrn Ludwig Grafen zu Erbach, und Herrn zu Breuberg Ritter ehelich verheurathet worden, starb den 13 Dec. 1666. ihres Alters 62. Jahr 4. Monat und ∞ Tag.

151) **Elisabeth.** (a) In Herrn Graf Georgen Bibel:

> Ao. 1578. den 30 Jul. zwischen 7. und 8 Uhren ward meine Tochter Elisabeth geboren zu Erbach.

(b) **Erbacher Kirchenbuch**:

> Montags nach Sonntag Quinquagesima 1606. hat im Gräflichen Saal dahier der wolgeborne Herr Henrich des heil. Röm. Reichs Erbschenk und Semperfrey, Herr zu Limpurg, das ehel. Beylager und folgenden Dhienstags den 4 Martii das Hochzeitl. Freudenfest gehalten mit der wolgebornen Fräulein, Frälein, Elisabeth, gebohrnen Gräfin zu Erbach, des weil. auch Hochwolgebornen Herrn Georgen, Graven zu Erbach, und Herrn zu Breuberg, meines in Gott ruhenden gnedigen Herrn, wohlseel. Gedächtnis, hinterlassenen Fräwlein Tochter. Sie sind durch M. Stephanum Schneidbacher ebel. copuliert, und von ihm die Hochzeitpredigt gehalten worden. Ist ein stattl. Frequenz Fürstl. Gräfl. und anderer Personen alhier gewesen.

(c) **Auszug aus dem Kirchenbuch zu Ober-Sonntheim vom Jahr 1645**:

> Gleich an dem Grab Herrn Henrichs, Herrn zu Limpurg des heil. Röm. Reichs Erbschenk und Semperfreyen, unter Kaiser Mathias gewesenen Kaiserl. Reichshofraths, und nachmaligen Durlachschen Statthalters und Hofgerichts Präsidentens, zur rechten Hand gegen das Eck der Sacristeywand liegt hochgedachten, Herrn Schenk Henrichs Frau Gemahlin, Frau Elisabeth, Frau zu Limpurg, geborne Gräfin zu Erbach und Breuberg starb Ao. 1645. den 15 Martii ihres Alters 67. Jahr 8. Monat.

Solcher

(*) **Anmerkung:** Ist ein Irrthum, und darf man dem Kirchenbuch mehr glauben.

Beweisthümer zur III. Tabelle.

Solcher Extract aus dem allhiesigen Kirchenbuch wird hierdurch von Amtswegen attestieret. Ober-Sonnheim den 8 Jun. 1784.

(L. S.)   Johann Gottf. Gastenhofer
                                  Pfarrer.

NB. Bey dieser Dame ist sowohl der Vermählungs- als ihr Sterbetag nicht richtig in der alten Stammtafel angegeben.

152) Agatha. (a) In Hrn. Grav Georg Bibel:

Anno 1581 Dienstags den 16 May zwischen 9. und 10 Uhr ist meine Tochter Agatha geboren zu Erbach.

(b) Einladungsschreiben Herrn Grafen Ludwigs an Herrn Eberhard Herrn zu Limpurg des heil. Röm. Reichs Erbschenk und *Semperfrey* Fürst. Würtenbergischer Rath und Landhofmeister — Fürstenau 2. Oct. 1614.

— — Ew. Lbd. wird sonder Zweifel äusserlich verstanden haben, was gestalt zwischen dem Durchlauchtigsten Hochgebohrnen Fürsten Herrn, Georg Friederichen, Marggrafen zu Baden und Hochberg ꝛc. ꝛc. unserm gnädigen Herrn, sodann der wohlgebohrnen Agatha, Gräfin und Fräulein zu Erbach Unserer sel. liebe Schwester in Neulichkeit ein Eheverlöbniß allhie vorgegangen und getroffen worden, auch nunmehr an dem ist, das angeregte Verlöbniß gegen den 22. dieses Monats October mit einem still eingezogenen Beylager, bey meiner Graf Ludwigs angeordneten Kind- Taufe zu Erbach vermittelst Gnade bekrefftiget und vollzogen werden soll ꝛc ꝛc.

Die Eheberedung ist Carlsburg den 5. Monats Octob. 1614 durch Erbachische Abgeordnete, Daniel Bernhold von Eschach, Caspar Augelmann gemeinen Secretarium, und Michel Scherfern, Amtmann zu Schönberg errichtet worden. Urk. Nro. CCIX. 2. und Acta Archival.

(c) Serenissimae Principis ac Dominae Dnae Agathae Marchionissae, Badensis et Hochberg. &c. 30. April Anno 1621 beate defunctae Castrum Doloris.

NB. Auch hier ist der alten Stammtafel der Tag der Vermählung und Todes unbekannt.

153) Anna. (a) Hrn. Graf Georg Handschrift:

Anno 1582. Freitags den 27. April. zwischen 3. und 4 Uhr vormittag ist meine Tochter Anna gebohren zu Erbach.

(b) Zum Beweis führe ich in Ermanglung anderer Urkunden folgendes an:

Gemeine Rechnung, was bey des Wolgebohrnen Herrn, Philippsen, Graven zu Leiningen und Dachsburg, Herrn zu Aspermont mit dem wolgebornen, Fräulein, Anna Gräfin von Erbach den 3 Jul. 1614. zu Fürstenau gehaltenen Beylager, verwendet worden.

(c) *Extract* Stammtafel des Altgräfl. modo Fürstl. Hauses Leiningen und Dachsburg.

Emico der ältere 1540.

Stifter der (nunmehro seit 1744 in masculis erloschenen) Leiningen-Falkenburgischen Linie † 1595.

Johannes Ludovicus, in Heidenheim.	Philippus Georgius, geb. 1582 † 1640. Gem. Anna, Gräfin von Erbach.

Also aus dem Leiningischen Archiv mitgetheilet.

(d) Trauerschreiben von Graf Jo. Casimir von Leiningen an Graf Georg Ernsten von Erbach, Jöstein den 10. Aug. 1650.

Ew. Lbd. haben ob des wolgebornen Johannsen Grafen von Nassau Saarbrücken — — — vom 30 Jul. nächstlun an dieselben abgegebenen Schreiben den tödlichen Hingang in Land der auch hochwolgebornen Annen Gräfin und Frauen zu Leiningen Dagsburg, gebohrnen Gräfin zu Erbach, Wittiben, Unserer freundlich lieben Frau Mutter Lbd. Christl. Andenkens verstanden. Wann dann der Selig verstorbenen Lbd. Leichnam uf Dienstag nach Bartholomäi. wird seyn der 27 dieses, in allhiesiger Pfarrkirche begraben werden soll: Als habe Ew. Lbd. solches wissen zu machen, und dieselben freundlich zu bitten, nicht umgehen sollen, Ew. Lbd. geliebten, der nahen Anverwandtschaft nach, Selig ermeldter Jrer Lbd. die letzte Ehre in Begleitung zu ihrem Ruhebettlein zu erweisen.

Auch hier ist die alte Stammtafel nicht vollständig.

154) Ma-

Beweisthümer zur III. Tabelle.

154) **Maria.** (a) Herr Graf Georg Handschrift:
Sonntag den 11. May 1583. Ist meine Tochter Maria geboren zu Erbach.
(b) **Grabstein:** Urk. Nro. CCIX. 3.
Die Wolgeborne Fräulein Maria, gebohrne Gräfin zu Erbach, starb den 3ten Monatstag Septembris im Jahr nach Christi Geburt 1584.
NB. Ihren Todestag läßt die alte Stammtafel ganz weg.

155) **Johann Casimir.** (a) Aus den Personalien und Grabstein. (b) Er stand zuvor in Würtenbergischen Diensten als Rittmeister. Was er vor Lob und Ruhm bey seinen Verrichtungen, und besonders bey seinem Zug nach Ungarn von der ganzen Kaiserl. Armee, Dero Generalen und Soldaten erlanget, das bezeugen viele hohe und niedere Standespersonen, Personalien siehe auch Erbachische Historie S. 205 und folgends. (c) Ebendaselbst S. 198. Der vordere neue Erbachische Bau auf dem Schlosse Breuberg ist von Ihm errichtet worden. (d) **Michelstädter Kirchenbuch:**

    1627. Im Jannuario wurde aus diesem Jammerthal zu Schweidnitz in Schlesien abgefordert der weiland hochwolgeborne Herr, Herr Johann Casimir, Graf zu Erbach und Herr zu Breuberg. Obrister da I. G. aus Ungarn wider anheim zu verreisen auf dem Wege waren. Der verblichene Leichnam wurde in einem hölzernen und kupfernen Sarge nach Fürstenau gebracht, allda, neben Gesang und Sermon, in der Schloß Capelle verwahret, bis uf den 3 April, da er mit grosen Solennitäten in hiesiges Erbbegräbnis beygesetzt worden.

(d 2) Aufschrift der Leichenpredigt: *Justa Expæcensæa* Klag- und Trostpredigt über den tödtlichen hochbekümmerten Abschied des weiland Hochwolgebornen Grafen und Herrn, Herrn *Johannis Casimiri*, Grafen zu Erbach, und Herrn zu Breuberg rc. 2. Obristen, welcher den 4. Januarii, und also mit Anfang dieses 1627. oder neuwen Jahres, dieses mühselige Leben sanft und selig zu Schweinitz in Schlesien, im Fürstl. Sächs. Lauenburgischen Haupt Quartier beschlossen, hergegen das neue im ewigen Leben angefangen, dessen Gräfl. Leichnam volgends ins Reich geführet, und zu Michelstadt. in das Gräfl. Erbbegräbnis zu seinen Gräfl. Voreltern in sein Ruhekämmerlein gesetzt wurde. Gehalten durch *Johannem Klein*, Pfarrer und Hofprediger zu Erbach. Gedruckt zu Darmstadt im Jahr 1627. (d 3) Aufschrift des Epitaphiums Lit F.

DER HOCH VND WOLGEBORNE GRAVE VND HERR HERR JOHANN CASIMIR GRAVE ZV ERPACH, VND HERR ZV BREVBERG OBRISTER, WARD GEBOHREN DEN 10 AVGVSTI IM IHAR CHRISTI 1584. VND WEGEN SEINER HEROISCHEN DAPFERN GABEN, ERFAHRNHEIT IN KÜNSTEN SPRACHEN REISSEN VND REICHS GESCHÄFTEN ALLER ORTEN HOCHBELIEBT VND GEACHT STARB IN GOTT SEELIG LEDIGEN STANDES NACH VOLBRACHTEM VNGARISCHEN ZVG ZV SCHWEINIZ IN SCHLESIEN DEN 4. JANNVARII DES 1627. IHARS SEINES ALTERS 42 IAHR 4. MONAT. 3. WOCHEN VND 2. TAG.

156) **Barbara.** (a) Sie stehet weder in der Stammtafel, noch in der Erbachischen Historie. Sie hat aber doch, als eine Tochter Graf Georgen und seiner Gemahlin Anna von Solms gelebet, wie dieses aus der Erzehlung des Kaspar Kugelmanns oben Nro. 140. L g. erhellet. (b) Antwortschreiben von Herrn Henrich Reuß Herrn zu Plauen an Herrn Graf Georg auf die Einladung zur Leichenbegängnis, den 20 May 1601.

    Mein freundlich rc. rc. Wolgeborner lieber Schwäher und Gevater. Mit betrübtem Gemüthe habe ich vernommen, daß Gott, das weiland Wolgeborne Fräulein Barbara, Gräfin zu Erbach, Ew. Gnd. geliebte Tochter durch einen sanften Schlaf aus diesem Leben abgefordert hat. — — — So viel von Ew. Lbd. begehren, an derselben statt neben Dero Rath und Antemann auf Reichenberg, dem gestrengen und vesten Adam Gans von Otzberg oberwehntes seel. Fräuleins Leichnam — den letzten Ehrendienst zu erzeigen, dazu erkühne ich mich — — so willig, als schuldig.

157—160) **Vier Kinder**, deren Name unbekannt ist. Diese beweisen sich daher, weil von der Gräfin Anna gesagt worden, daß sie 6 Söhne und 9 Töchter gebohren, und weil in dem Epitaphio stehet, daß Graf Georg ein Vater von 25 Kindern gewesen. Sie müssen tod zur Welt gebohren worden oder gleich wieder gestorben seyn.

161) **Dorothea Salome.** (a) Bericht des Registr. Haags:
1588. den 19 Oct. wurde geboren Fräulein Dorothea Salome.

F 2 (b) Leich-

44 Beweisthümer zur III. Tabelle.

(b) Leichstein:
> Die Wolgeborne Fräulein Dorothea Salome, Gräfin zu Erbach, starb den 20 Monats Tag Jannuarii nach Christi Geburt 1589.

162) **Georg Henrich.** (a) Bericht des Regiſtr. Haags:
> Ao. 1590. den 20 Jan. wurde meinem gnädigen Herrn ein junger Herr gebohren, und den 1. Febr. getauft und Georg Henrich genannt.

(b) Grabſtein:
> Der wolgeborne Herr, Herr, Georg Henrich Grave zu Erbach, Herr zu Breuberg, ward gebohren den 20. Jan. 1590. und starb seliglich den 10 Febr. 1591.

163) **Maria Salome.** Bericht des Regiſtr. Haags:
> Anno 1591 den 15 May gebohren und darauf verschieden.

164) **Dorothea.** (a) In Herrn Graf Georgen Bibel:
> Anno Domini 1593. hat der liebe Gott Ire Gnaden mit einer jungen Tochter erfreuet, geboren den 13 Jul. uf Margarethen Tag in der Nacht um 11 Uhr: iſt Dorothea genannt worden.

(b) Die Eheberedung iſt nach Ausweiß der Urk. CCX. den 15. Febr. 1610 beschloſſen worden. (b 2) Haag ꝛc. ꝛc.

> Ermeldtes Fräulein Dorothea iſt ehelich verlobet mit dem Wolgebornen Grafen Ludwig Eberhard, Grafen zu Hohenloe ꝛc. ꝛc. Und iſt die Hochzeit gehalten worden zu Waldenbarg auf Simonis und Judä 1610.

Dieſe Dame iſt mit unter den Ureltern des Königlich-Däniſchen Hauſes, ſiehe beygefügte Tabelle.

Dorothea, Gemahl Ludwig Eberhard, Graf zu Hohenloe

Sophia Juliane, Gem. Wolfgang, Graf von Caſtell.

Sophie Louiſe, Gem. Albr. Friederich, Graf zu Wolfſtein

Sophia Chriſtiana, Gem. Chriſtian Henrich, Marggraf zu Brandenburg-Culmbach.

Sophie Magdalena, Gem. Chriſtian VI. König in Dänemark

Friederich V. König in Dänemark.

(c) Trauerschreiben an Herrn Graf Georg Albrecht von Herrn Graf Ludwig Eberhart von Hohenloe Pfedelbach den 8. Oct. 1643.
> Ew. Lbd. kann — nit bergen, daß es dem Herrn gefallen meine im Leben lieb geweſene Gemalin Frau Dorothea, Gräfin von Hohenloe und Gleichen, gebohrne Gräfin von Erbach, dieſen Morgen um halb acht Uhr aus dieſer vergänglichſten Welt hinwegzunehmen ꝛc. ꝛc.

165) **Friederich Chriſtian.** (a) Am obigen Ort:
> Den 25 Jul. 1594. iſt gebohren Herr Friederich Chriſtian.

(b) Sein Todestag beweiſet ſich durch nichts. Ich vermuthe, daß er im Waldeckiſchen geſtorben.

166) **Chriſtna.** (a) In Hrn. Graf Georgen Bibel:
> Anno 1596. den 5 Jun. Abends um 10 Uhr hat der liebe Gott Ire Gnaden mit einer jungen Tochter erfreut.

(b) Eben daſelbſt:
> Iſt 1619 Frewlein Chriſtina an den Hochwolgebornen Herrn, Herrn, Wilhelm Grafen zu Naſſau ehelich verheurathet, und iſt das Gräfl. Beylager gehalten zu Siegen.

Die Ehepacten ſind nach Urk. Nro. CCXI. unterm 16. Jan. verhanden, und es findet ſich in actis auch ein Auffſatz: Zehrungs- und Reiſekoſten des Naſſauiſchen Beylagers zu Siegen Ao. 1619 vom 13. bis 31. Jan. woraus zu schließen, daß der Tag der Vermählung, welchen die alte Stammtafel nicht gewußt hat, allerdings der 16. Jan. ſeyn müſſe.

(c) In

Beweisthümer zur III. Tabelle. 45

(c) In Herrn Graf Georgen Bibel von Graf Georg Albrechts Hand geschrieben:
> Den 7ten Jul. 1642. starb Wilhelm Graf zu Nassau.

Er starb, wie aus einem Condolenzschreiben, Fürstenau den 11. Aug. 1642. erhellet, als Erbmarschall der vereinigten Niederlanden und Gubernator in Sluyss in Flandern.

(d) Bekanntmachungsschreiben von Maria Magdalena, Gräfin zu Waldeck an Herrn Grafen Georg Albrecht den 9. Jul. 1646.

> Ew. Lbb. kann ich — nit verhalten, welcher gestalt der liebe getreue Gott — — — weiland die auch hochwolgeborne, meine geliebte Frau Mutter Christina Gräfin von Nassau Wittib, geborne Gräfin von Erbach, nach lang ausgestandener Unpäßlichkeit uf den 6. dieses vormittags 10 Uhren — — aus diesem vergänglichen Leben in die ewige Freuden befördert.
>
> Von allem diesem weiß die alte Stammtafel nichts.

167) **Elisabetha Juliana.** (a) **Erbachisches Kirchenbuch:**
> Anno 1600. uf Montag nach dem Sonntag Septuagesima den 21 Jan. ist dem wolgebornen Herrn Herrn Georgen Graven zu Erbach, und S. Gn. Gemahlin, der auch wolgebornen Frauen, Frauen Maria Gräfin zu Erbach ꝛc. ꝛc. ein junges Fräulein getauft, mit Namen Elisabetha Juliana.
>
> Hier hat die alte Stammtafel im Tag der Geburt abermal geirret.

(b) **Urk. Nro. CCXIV.**
> Zu wissen, daß im Namen der heil. — — Dreyfaltigkeit eine Christliche Vermählschaft der heiligen Ehe — — zwischen dem Hochwolgebornen Herrn Georg Ludwigen Graven zu Löwenstein und Herrn zu Scharfeneck ꝛc. ꝛc. Obristen an einem, und dem auch hochwolgebornen Fräwlein Elisabetha Juliana Gräfin und Fräulein zu Erbach anderntheils abgeredet und geschloffen worden. Den 6. Nov. 1620.

(c. d) In obgemeldte Bibel von Herrn Grafen Georg Albrecht eigenhändig geschrieben, unter das, was l. a. gemeldet ist:
> Anno 1634. ist sie in die zweite Ehe getretten und sich verheurathet an den Wolgebornen Herrn Jo. Banner der Cron Schweden Feld Marschall, und ist sie im Lager bey Saalfeld mit inständigen Gebät und Anruffen zu Gott seeliglich aus dieser Welt verschieden auf den 29. Merz ſtil. vet. im Jahre 1640. und hat verlassen eine Tochter von dem Herrn von Löwenstein, und hat der Herr von Banner den Leichnam von dem Grafen von Löwenstein und J. Lb. seelig nach Schweden bringen lassen, da sie begraben worden zu Stockholm.

168) **Louise Juliana.** (a) Gedächtnismünze auf sie: In memoriam Dnae Louisae Julianae, Comitissae Sain de Steinate Erbac. nat. 1604. def. 1670 (*). (b) Die Eheberedung ist nach Lünig Reichsarchiv Spicil. den 8. Jan. 1624. errichtet. Sie ist unter den Ahnen des königlichen Grosbrittanischen und Dänischen Hauses.

Louise Juliana, Gem. Graf Ernst von Sayn

Johannetta, Gem. Johann Georg, Herzog zu Sachsen-Eisenach

Eleonore Erdmuth Louise, Gem. Johann Friederich, Marggraf zu Brandenburg-Anspach

Wilhelmine Caroline, Gem. Georg II. König von Engelland und Churfürst zu Hannover

Friederich Ludwig, Pr. von Wallis.   Louise, Gemahl Friederich V. König von Dänemark.

Georg III. König von Grosbrittanien.   Christian VII. König von Dänemark.

Von ihren vortreflichen Eigenschaften kann die Erbachische Historie nachgelesen werden p. 220.

(c) Imhof. notitia Procerum Imperii L. VI. c. XIV. p. 441. wo es heisset:
> Daß Graf Wilhelm von seiner ersten Gemalin, ausser einer Tochter, Johanneta, die an Graf Ludwig von Erbach vermählt war, einen Sohn, Ernst, der 1600. den 26. Aug.

—————————————————————

(*) Zum Andenken Frauen Louisen Julianen, Gräfin von Sayn aus dem Hause Erbach. Sie ist gebohren 1604, gestorben 1670.

26. Aug. gebohren war, und dem Vater im Regiment gefolget ist, gehabt habe. Diese sey den 19. Januarii 1624 mit Louisa Juliana einer Gräfin von Erbach vermählet worden, und habe sieben Kinder erzeuget, von diesen hätten die drey ältere den Vater, welcher den 22. May 1632 gestorben, überlebt (*).

169) **Georg Albrecht I.** (a) Auf seinem Grabstein Urk. Nro. CCXIII. 3. stehet: daß er den 16. Dec. 1597. gebohren sey. Hiemit stimmet auch der von dem Canzley-registrator Haag aufgesetzte Lebenslauf zusammen. (b) Hievon sagt die Erbachische Historie ausführlich p. 207. Von seiner Gefangenschaft zu Tunis redet folgendes sehr klägliche Schreiben, das dieser Herr unterm 28. Aug. 1617 nach Maltha ergehen lassen:

> Ehrwürdige gestrenge S. Johannis Ordens Ritter Deutscher Nation in Maltha! Unsern leidigen Zustand thu ich Ihnen folgender gestalt zu wissen, daß wir, nach Anlangen allhie zu Tunis, getheilet, und halben Theils, als ich, mein Compagnon ꝛc. ꝛc. dem jetzigen König, die andern fünfe aber des alten Königs Sohn Solimann zugestellet worden; hierüber haben die Malthesischen Kaufleute angefangen zu tractiren, darauf unser Patron 25000. Ducaten auf Uns zehen geschlagen, auch bis dato keinen, ohne den andern, losgeben lassen wollen, desgleichen hat er von gemeldter Summe niemal nichts abschlagen wollen, ungeachtet die Kaufleute gleich erstens 600 Cronen auf die Person geboten — — aber unser Patron will bey dieser Summe gänzlich verbleiben, sagent, daß er vielleicht noch so viel dazu erfordern will. Mittlerweil uns mit Prügeln, Ketten und andern dermaßen tractiret und hart halten, daß wir zu solchem unmenschlichen Loßlauf gerne schreiten sollen, und ist die Ursache dieser Verhaltungen, daß die Kaufleute etwa Anfangs sich haben verlauten lassen, oder, weil sie keine Sclaven bracht, oder sonst Sachen allhie verlaust, und daß die Meinung in unsern Patron gewirst, als wenn sie unsichtbaren ausdrücklich hieher kommen wären; zum andern, daß sie alljährlich 600 Cronen auf die Person geboten, und dadurch verursachet, daß der Patron entmuthet, wir seyen entweder alle stattliche reiche Leute, oder es sey ein vornehmer Herr unter unserer Compagnie. Wir haben bekannt, daß der Georg, mein Reisegesell, und Dido von Adel seyen, wir andere seyen arme Studenten; die eher in schwerer Sclavität sterben müßten, als daß wir, über 600. Cronen, einen Heller mehr, geben könnten, Und weil die Sachen so beschaffen, haben wir sämtlich die Kaufleute gebeten, sie geruhen ihren Rückweg wieder zu nehmen, und uns eine Zeitlang dienen zu lassen, bis unser Patron einst gemildert, oder vielmehr des Allerhöchsten Zorn über unsere Sünden gänzlich gestillet sey. Dieses wollen wir mit starkem Gemüth erwarten, mit wahrer Gedult ausstehen, und mit Freuden endten, wofern uns Gott gesund spahret, wie wir Tag und Nacht, bis auf die Thränen unserer Augen, ihn darum bitten wollen. Allein es richten die Kaufleute ihre Sachen noch nicht zum Abreisen ein, welches uns zu mal beschwerlich fället, dann, wie vermuthlich zu erachten, werden sie vor diesmal nichts ausrichten, und unsere elende Gefänanis, wo nicht ererzern, doch verlängern. Allhie sinkt die Feder, weil mein Gemüth in Trauren einschläft, bitt alleine E. S. sämtlich, im Namen aller Unserer, sie wollen, wegen gemeiner Liebe gegen Gott, wegen gemeiner Liebe gegen ihm Vaterlande, ja wegen gemeiner Liebe, so sie ohne Zweifel, zu allen und jeden insonderheit tragen. zu unserer Erledigung Rath und That nach ihrem Vermögen zuschaffen helfen — — Solchs wird ihnen zum Ruhm gereichen, wir werden uns bis in Tod zu keiner Vergessenheit stellen. Hierauf wollen wir uns gänzlich verlassen, und unterdessen weiter nichts thun, als, was wir, vielleicht wieder Willen, thun und leiden müssen: Geben Tunis ꝛc. ꝛc.

(c) Erbach. Historie p. 119. (d) Ich beziehe mich auf ein Schreiben des Königs von Schweden Gustavi Adolphi: Würzburg den 8. Oct. 1631, weil dasselbe einen Aufschluß zu der Geschichte des Herrn Grafen Georg Albrechts, in Betreff des dreysigjährigen Kriegs giebt: Urk. Nro. CCXII. 2.

In diesem Schreiben forderte der Schwedische Monarch, der sich bereits von Würzburg und Königshofen Meister gemacht, von den Herrn Grafen von Erbach eine cathegorische Antwort, ob Sie es mit Ihm halten wollten, oder nicht, verlangte auch, daß sich Herr Graf Georg Albrecht in Person vor den König stellen sollte, wiedrigenfalls feindlich gegen die Grafen von Erbach und ihr Land gehandelt werden sollte.

Das Verhalten der hiesigen Landesregenten auf dieses Königliche Schreiben war so, wie es die Treue gegen das Allerhöchste Oberhaupt sowohl, als auch die Klugheit, wegen ihrer damaligen Lage, an die Hand gab. In Ansehung des letztern war das hiesige Land inn — — — — und ringsumher mit ligistischen Völkern überschwemmet und umgeben. Daher war es politisch unmöglich, die abgeforderte cathegorische Erklärung

---

(*) Meine Leser werden mir sonder Zweifel zutrauen, daß ich aus dem Lateinischen des Imhofs richtig übersetzen können, und es mir nicht zum Fehler anrechnen, daß ich, zur Ersparung des Raums, das Original, welches gelehrte Leser ohnschwer nachschlagen können, weggelassen.

Beweisthümer zur III. Tabelle. 47

klärung sogleich von sich zu geben. Da aber bald darauf der Herzog Bernhard von Sachsen, wegen Königl. Majestät in Schweden begehret, daß derer regierenden Grafen einer zu dem Herzog ins Quartier kommen möchte, um die von Ihro Königl. Majestät dem Herzog aufgetragene Commission zu vernehmen: so gieng Herr Graf Georg Albrecht dahin, und machte die Entschuldigung so gut, als er konnte; gab aber doch alle Devotion gegen den König zu erkennen, und stellete sich in Person dem Könige. Bald darauf, und schon im November, kamen die Schwedische Commissarii, wegen Contributionsansetzung nach Erbach. Und nun konnte man hiesigen Orts anderst nicht, als sich unter Schwedischen Schutz begeben.

Unterm 28. May kam ein Schreiben von dem königl. Schwedischen Hofmeister an, worinnen angedeutet worden, daß, da die Königin von Schweden von Dero Gemahl Ordre bekommen, sich zu Höchstdenenselben nach Neckars-Ulm zu begeben, sie vielleicht ihren Weg über Erbach nehmen würden. Man nahm dieses Schreiben mit den größesten Freuden an, und beantwortete solches den 29. May mit aller Devotion. Ob aber die Königin wirklich hieher gekommen, davon hat man keine Nachricht.

In eben dem Jahr 1631 ward Herr Graf Georg Albrecht nebst dem Rheingraf Otto Heinrich ein Regiment zu Diensten des Königs von Schweden, und ward Obristlieutenant darunter. Er kam mit diesem Regiment in die Wetterau zu stehen, legte aber im folgenden Jahre seine Stelle wiederum nieder. Siehe von dem fernern Verlauf die Erbachische Historie p. 209. (e) Siehe die Erbachische Historie und die Reformationsgeschichte p. 257. (f) Hievon zeuget Erbach. Historie p. 217. (g) Condolenzschreiben vom Herrn Grafen Ernst zu Sayn und Wittgenstein an die hinterlassene Herrn Söhne ꝛc. ꝛc. Hachenburg den 1. Febr. 1648.

    Ew. Lbd. de dato Fürstenau den 25. Nov. mit aber erst den 12. Jan. dieses Jahrs eingehändigten Schreibens Einhalt ablesende, habe höchst schmerzlich befunden, daß der Hochwolgeborne Graf und Herr, Georg Albrecht mein frl. lieber Vater seel. nach empfundenen großen Leibschmerzen den 18. Nov. entschlafen.

(h) AuszugSchreibens von der Gräfl. Frau Wittib, an den Herrn Mitvormund Grafen von Castell den 28. Jul. 1648.

— — Es ist also nichts übrig, als, daß man sich, eines gewissen Tages, auf welchen das Leichbegängnis des weiland hochwohlgebohrnen, Unsers in Gott ruhenden Herzliebsten Herrn und Gemahls Lbd. am besten und bequemsten anzustellen sey, vergleiche und gedächte ich, meines Orts, daß man ersagte Beysetzung Dienstags den 5. Sept. vorgehen ließe.

(h 2) Grabstein: Urk. Nro. CCXIII. 3.

Perillustris et Generosissimus Dominus Georgius Albertus Comes in Erpach, Dominus in Breuberg, natus die XVI. Dec. Aō. MDXCVII. postquam L. annis tribus Septimanis vixisset, et XXIX. annis Regimini laudabiliter praefuisset moritur placide XXV. Novembris MDCXLVII. relictum corpus tumulo hoc inclusum vitalem mortuorum resurectionem expectat (*).

(i) Benedictio piorum Conjugum, oder eine Christliche Hochzeitpredigt aus dem 112 Psalm was alle und jede gottesfürchtige Eheleute von Gott, dem Stifter dieses Ordens ohnfehlbar zu erwarten haben. Gehalten zu Erbach bey dem Hochansehnlichen Beylager derer Hochwolgebohrnen Graven und Herrn Ludwig, Ritters; dann Herrn Georgii Alberti beyder Herrn Gebrüdern, Graven zu Erbach, und Herrn zu Breuberg, als dieselbe mit denen Hochwolgebornen Gräfinnen und Frauen Johannen, Gräfin zu Sayn und Wittgenstein, und Fräulein Magdalena, Gräfin und Fräulein zu Nassau Catzenelnbogen den 30. May 1624 einander respective ehelich vermählet worden, durch Johannem Klein, Pfarrern und Hofpredigern daselbst. Darmstadt 1626. (k) Concept Notificationsschreibens Fürstenau den 31. Jul. 1633.

    Ew. Lbd. mag ich hochbetrübten Gemüts nit pergen, was gestalt — — die wolgeborne Magdalena Gräfin zu Erbach und Frau zu Breuberg ꝛc. ꝛc. geborne Gräfin von Nassau Catzenelbogen, meine freundlich hertz gelliebteste Gemalin selige, nachdem J. G. uf etliche Wochen vorher ausgestandene viele beschwerliche Weibliche Zufälle, zwey ganzer

M 2   Tage

---

1 (*) Der Hochgebohrne Herr Georg Albrecht, Graf zu Erbach, und Herr zu Breuberg, ist geboren den 16. Dec. 1597. hat 50 Jahr und 3 Wochen gelebet, 29 Jahr löblich regieret. Starb sanft den 25. Nov. 1647. Sein Leib wartet aus diesem Grab die fröliche Auferstehung.

Tage und Nacht, wiewol ohne sonderbare Wehen, doch Abnehmung natürlicher Kräften in Kindesnöthen zugebracht, und endlich einer todten Leibesfrucht genesen, gleich darauf, als heute Mittwochen frühe, zwischen sieben und acht Uhren durch den zeitlichen Tod von dieser Welt abgeschieden — — Dero Lbd. brauchend ihrer Leibesfrucht, so ein Söhnlein ist, der barmherzige Gott an seinem großen Tage wieder erwecken wolle.

(k 2) Directorium, wie es bey der Beysetzung und Leichproceßion der weil. Hochgebohrnen Gräfin und Frauen, Frauen Magdalena, Gräfin zu Erbach, gebohrne Gräfin von Nassau Catzenelnbogen gehalten werden solle ꝛc. ꝛc. den 22. Aug. 1633. (k 3) Sie liegt in einem kupfernen Sarg, der zwey Centner im Gewicht hatte, und mit denen messingenen Löwenköpfen, Ringen, Wappen 150 Gulden gekostet, und zu Michelstadt gearbeitet worden. Laut vorhandener Rechnung. In Herrn Graf Georg Albrechts Bibel ist eigenhändig geschrieben:

> Der Gräfl. Cörper konnte in seinem Sarge nicht ruhig bleiben, sondern es ist derselbe von den gottlosen Soldaten unter des Cardinal Infanten aus Spanien Armada 1638. im Monat September von einer zusammen rottirten Partey Reuter, welche Michelstadt damals mit List überwältiget, ausgegraben, der Sarg zerhauen, und eröfnet worden, nachdem sie den auf dem Sarg gelegenen Stein weggeschaft, und in zwey Stück zerbrochen.

(l) Aenigma geminum nuptiale. Ein zwiefaches Hochzeiträthsel bey Gräfl. Copulation und Einsegnung des Hochwolgebornen Grafen und Herrn, Herrn Georg Albrechten, Grafen zu Erbach, Herrn zu Breuberg mit dem Hochwolgebornen Fräulein, Fräulein Anna Dorothea Fräulein zu Limpurg ꝛc. ꝛc. des weiland Hochwolgebornen, Herrn Albrechten Herrn zu Limpurg löbl. Gedächtnis, hinterlassenen Fräulein Tochter in dem Limpurgischen Schloß Gaildorf den 23. und 24. Febr. dieses Jahrs denen anwesenden Grafen und Herrn auch Gräfl. und Herrl. Frauenzimmer in zwey Sermonen vorgetragen und erörtert, nachmals aber auf sonderbares Begehren in Druck gegeben, durch M. Georgium Albrecht von Augsburg. D. z. Limburgischen Superintendenten daselbst. Gedruckt zu Nördlingen MDCXXXIV. (m) Befehlschreiben Herrn Graf Georg Albrechto an die gesamte Pfarrer der Grafschaft Erbach und Herrschaft Breuberg, wie auch Erbach-Fürstenauischen Antheils. Fürstenau den 8. Jul. 1634. — —

> Wir mögen euch — — nit bergen, welcher gestalt der Allmächtige Gott — weiland die wolgeborne Unsere freundlich hertzgeliebteste Gemahlin Frau Anna Dorothea, Gräfin zu Erbach gebohrne Semperfreyin von Limpurg ꝛc. ꝛc. christseliger Gedächtniß, Montags den 23ten Jun. Abends zwischen 8. und 9 Uhren nach ausgestandener langwieriger Schwachheit — — sanft und selig abgefordert hat.
>
> Wann wir dann nunmehro entschlossen, den hinterbliebenen Leichnam, christlicher Ordnung, auch Stands herkommen nach, Mittwochen den 23ten dieses Monats, in sein Ruhrbettlein zu begleiten beyzusetzen zu lassen: Als befehlen wir euch hiermit, daß ihr den Dienstag den 22 ejd. Abends zuvor, oder den 23. Morgens frühe, allhier zu Fürstenau erscheinet, und folgendes der Leichproceßion beywohnen sollet.

(m 2) Grabstein:

> Die Hochwolgeborne Gräfin und Frau Frau, Anna Dorothea, Gräfin zu Erbach und Frau zu Breuberg, geborne Erbschenkin und Semperfreyin zu Limpurg, war gebohren 1612. und von dieser Welt Elend durch einen seligen Tod befreyet, zu Fürstenau am 22 Jan. 1634. als sie gelebt hatte 22 Jahre, deren hinterbliebener Leichnam samt 2. bey ihr gefundenen jungen Herrlein hierunter sanft ruhet, bis ihr Erlöser und Seligmacher ihn wieder mit der Seele vereinigen, und zum ewigen seligen Leben erwecken wird.

(n) siehe ihren Grabstein.   (o) Die Ehepacten waren unterschrieben:

Georg Albrecht, G. z. E.   Elis. Dorothea,
Henrich Vollrath, G. z. Stollb.   Georg Friederich, Graf zu Hohenloe
                                                    und Langenburg.
                                                    Ludwig Eberhart
                                                    Phil. Henrich
                                                    Erasmus Schenk und Herr zu Limpurg.

(o 2) Aus ihren Personalien, wie auch der Relation von dem Canzleyregistrator, Joh. Michel Haag.

> Die Vermählung mit der Schillingsfürstischen Gemahlin geschahe zu Frankfurt am Mayn den 26. des Monats Julii 1635. woselbst sie sich, der Sicherheit wegen, aufgehalten.

(p) Auszug

Beweisthümer zur III. Tabelle.

(p) **Auszug Testamentsverordnung des Herrn Grafen Georg Albrechts, Hanau 3. Aug. 1646.**

Letztlich, und vor das sechzehende, weil unsere freundlich liebe Kinder insgesamt noch minderjährig, mehrentheils aber noch gar in kindlichem Alter begriffen, — — so ersuchen wir aus sonderbarem gutem, respe unterthänigem, freundvetterlichen und brüderlichen Vertrauen zu J. K. K. K. K. etc. Vormündern und Curatoren den Durchlauchtigsten Hochgebohrnen Fürsten und Herren Georgen Landgrafen zu Hessen ꝛc. ꝛc. Unsern gnädigen Herrn, wie auch die Hochwolgebohrnen Wolfgang Georgen, Grafen und Herrn zu Castell ꝛc. ꝛc. Friederich Casimir Grafen zu Hanau Zweybrücken ꝛc. ꝛc. Georg Friederichen Herrn zu Limpurg und ersuchen, Sie wollen, nebst der auch Hochwolgebohrnen Unserer freundlich geliebten Gemahlin, wie auch unserm ältesten Sohn Georg Ernsten wann S. Lbd. zu völligem Alter gelanget, denen wir gleichergestalt die Vormundschaft mit aufgetragen haben, jetztgedachter Vormundschaft sich unternehmen.

(q) **Concept Bekanntmachungsschreibens ihres Ablebens von Herrn Graf Georg Ernsten an Herrn Grafen Johannes von Waldeck. Fürstenau den 14. Nov. 1655.**

— — — Nachdem der allweise Gott — — die weiland Hochwolgebohrne Frau Elisabetha Dorothea, Gräfin zu Erbach und Frau zu Breuberg, geb. Gräfin von Hohenlohe W. meine hochgeEhrteste Frau Mutter, wohlseel. Andentens, nach ausgestandener hitzigen Krankheit — — nächst verwichenen Montag den 12 dieses, Nachts zwischen 11 und 12 Uhr, als Ihre wohlseel. Lbd. 38 Jahr und 11 Wochen auf dieser Welt gelebet, von derselben abgefordert — als habe solches mit betrübtem Gemüth zu notificiren, nicht unterlassen wollen.

(q 2) **Schreiben Herrn Graf Georg Ernsten an Junker Wallbrunn, Jechenbach, Gansen von Osberg, Rodenstein, Groeschlag von Dieburg.**

Unsern gnädigen Gruß zuvor Edler Vester lieber Getreuer! Demnach neben des Hochwolgebornen Herrn Grafen zu Castell, meines freundl. geliebten Gebrüdere Vormunds Lbd. wir entschlossen, der weiland Hochwolgebornen Frauen Elisabethen Dorotheen, Gräfin zu Erbach, gebornen Gräfin von Hohenlohe, Wittiben, unserer hochgeehrtesten Frau Mutter, hinterbliebenen Gräfl. Leichnam, uf Donnerstag den 13. nächstkommenden Monats Martii, Christ- und Gräfl. Gebrauch nach, beyzusetzen zu lassen: Als ist hiermit unser gnediges Gesinnen, du wollest uns den Gefallen erweisen, und alhier in Fürstenau erscheinen, und erst besagter Beysetzung beywohnen. Fürstenau den 18. Febr. 1656.

Diese Beysetzung geschahe bey Nacht, welches daher zu ersehen, weil für Windlichter 6 Gulden verrechnet sind. Und wird es wohl die erste gewesen seyn, da die vorherigen alle beym hellen Tage veranstaltet worden. (q 3) Leichstein: Urk. Nro. CXIII.

Hier liegt begraben die weilland Hochwolgeborne Gräfin und Frau Frau Elisabetha Dorothea, Gräfin zu Erbach und Frau zu Breuberg, geborne Gräfin von Hohenlohe, Wittib und Vormünderin, welche war gottselig im Schillingsfürst den 27 Aug. 1617, und entschlief in Gott seeliglichen zu Fürstenau den XII. Nov. 1655. als sie gelebt hatte 38. Jahr und 11. Wochen.

170) **Georg Gottfried.** (a) **Taufpredigt aus dem dritten Capitel an den Titum, bey der Gräfl. Taufe des Wohlgebohrnen Grafen und Herrn, Herrn Georg Gottfrieden, des auch wohlgebohrten Grafen und Herrn, Herrn Friederich Magnus, Grafen zu Erbach, und Herrn zu Breuberg Söhnlein, welcher Donnerstag den 12. Oct. 1599 zur Welt gebohren, und folgenden 4. Nov. den 22. Sonntag nach Trin. im Gräfl. Saal zu Erbach, dem Herrn Christo durch die Taufe vorgetragen worden, gehalten von M. Stephanus Schneidbacher Hofprediger.** (b) **Christliche Leichenpredigt aus dem 12 Capitel des 2. Buch Sam. „und der Herr schlug das Kind ꝛc. gepredigt und ausgeleget bey der Gräfl. Leiche und Begräbnis des wolgebornen Herrn, Herrn Georg Gottfriden Grafen zu Erbach und Herrn zu Breuberg wolseliger Gedächtnis, welcher Donnerstag den 17. Januarii nach dem 1. Sonnt. Epiphanias seelig in Christo entschlafen, und folgenden Freytags in der Kirche zu Michelstadt in sein Ruhe- und Schlafkämmerlein geleget worden. Ao. 1600. seines Alters 12 Wochen 6 Tag.**

171) **Friederich Otto.** (a) **Erbacher Kirchenbuch de Anno 1601.**

Am Mittwochen nach Reminiscere den 11. Martii ist dem Wolgebornen Herrn Friederich Magnus, Grafen zu Erbach und Herrn zu Breuberg ꝛc. und Sr. Gn. geliebten Gemahlin, der auch wolgebornen Frauen Johanna, Gräfin von Erbach ein junges Herrlein getauft alhier im Gräfl. Saal mit Namen Friederich Otto.

(a 2) Taufpredigt aus dem sechsten Capitel des Briefes Pauli an die Römer gehalten zu Erbach im Gräflichen Saal bey der Taufe des wolgebornen Herrn, Friederich Otto, Graf Friederich Magnus, Graven zu Erbach und Herrn zu Breuberg andern Söhnleins Mittwoch nach Reminiscere den 11. Mart. 1601. (b) Erbacher Kirchenbuch 1601. Donnerstags nach Quasimodogeniti den 23. April starb Herr Friederich Otto, Herrn Grafen Friederich Magnus geliebtes Söhnlein des Nachts zwischen 1 und 2 Uhren zu Erbach, und ward folgenden Samstag in der Kirche zu Michelstadt beygesetzt: Stephanus Schneidbacher hielt die Leichenpredigt. (b 2) Aufschrift der Leichpredigt: kurze und einfältige Erklärung des 23. Psalmen bey der christlichen Leiche und Begräbnis des wolgebornen Herrn Friederich Otto &c. &c.

172) **Anna Maria.** (a) **Erbachisches Kirchenbuch:**
Den 17 Jan. 1602 ward Herrn Graf Friederich Magnus von Dero Hochgräfl. Gemahlin Johanna ein junges Fräulein geboren, und weil es schwach gewesen, noch selbigen Abend getauft.

(b) Sie muß bald nach der Taufe gestorben seyn. In Ermangelung einer sicheren Urkunde beweise ich dieses daher, weil in dem, der geschriebenen und im Archiv sich befindenden Leichenpredigt des Pfarrers zu Güttersbach angehängten Lebenslaufe des Herrn Grafen Friederich Magnus stehet: daß er fünf Kinder gehabt hätte. Auch bestätigt es eine in dem Grabe Friederich Magnus anno 1720 gefundene kupfern und verguldete Tafel, worauf stehet, daß er mit Johanna von Oettingen gezeuget 5 Kinder, 3 Söhn und 2 Töchter. (b 2) Stimmt das Einladungsschreiben des Herrn Grafen Georg an den Georg Christoph von Ehrenberg zu Weckbach, bey der Kindtaufe zu erscheinen mit dem Kirchenbuch überein, und setzet das Datum der Geburt auf den 17. Jan. 1602. der Taufe aber auf den 20. ejusd. Da aber, nach dem Kirchenbuch, die Taufe noch denselbigen Abend, wegen Schwachheit, vor sich gegangen: so muß die Schwachheit tödtlich gewesen seyn. (b 3) Weil die unterm 5. Jul. 1603 in die Stammtafel gesetzte Gräfl. Tochter auch Anna Maria heisset, und doch nicht glaublich ist, daß beyde Comteßen, wenn sie beysammen gelebt hätten, einerley Namen geführet haben würden.

173) **Anna Maria.** (a) Der Ansatz des Geburtsjahrs dieser Dame in der alten Stammtafel hat, aus den bey Nro. 171. angeführten Gründen wohl ihre Richtigkeit. (b) Die Eberedung, die nicht in der Erbach. Historie zu finden ist, liefere ich hier ausführlich.

Wir Friederich und wir Henrich Wilhelm Graven zu Solms, Herren zu Münzenberg und Sonnenwalde, Gebrüdere, vor uns selbst, und wir Anna, gebohrne Landgräfin zu Hessen Gräfin zu Solms Wittib und wir Friederich obbenannt in Vormundschaft Unsers espee Sohns und Vettern Albrecht Otto, Graven zu Solms — sodann wir Ludwig, wir Johann Casimir, und wir Georg Albrecht Gebrüdere, bekennen — — daß wir im Namen der heil. Dreyfaltigkeit — — eine ebeliche Vermählung zwischen dem Wolgebornen Johannes Georgen, Graven zu Solms, unsern freundlich lieben Bruder und Vettern eines, und der wolgebornen Anna Maria, Gräwin und Fräulein zu Erbach &c. &c. Unserer geliebten Baasen andern theils, mit Ihrer Beeder Ll. Vorwissen und gutem Willen geneigt, getroffen, und beschlossen haben. So geschehen Erbach den 28. May 1620.

(c) Theatr. Europ. T. II. p. 630 vom Jahr 1632.
In Prag war unter den Bürgern und Innwohnern groß Elend, weil grosser Mangel an Proviant sich ereignete — — Neben dem aber auch die Pest allda stark eingerissen, und nahm nicht allein von den Innwohnern, sondern auch von den Sächsischen, eine ziemliche Anzahl hinweg, wie dann auch unter andern Graf Hanß Georg von Solms am 4 Febr. daran verstorben.

Hiemit stimmen Ihre Briefe im Dec. 1632 und 12. April 1633 überein, wo Sie Sich als Wittib unterschreibt. Sie hielte sich meistens zu Dreßden auf. (d) Bekanntmachungsschreiben Ihres Absterbens von H. Gr. Joh. August, Gr. zu Solms an die Frau Gräfin Charlotte von Erbach, geb. Gr. von Hohenlohe, Rödelheim den 26. Mart. 1633.

Ew. Lbd. kann aus schmerzlich betrübten Gemüthe nicht verhalten, wie nach Gottes unwandelbaren Schluß, weiland die Hochgeborne Gräfin und Frau, Frau Anna Maria, Gräfin zu Solms, geb. Gräfin zu Erbach, Frau zu Münzenberg. Wildenfels und Sonnenwalde, wie auch Baruth und Bach &c. &c. Wittib, meine Hochgräfl. Herzgeliebteste Frau Mutter, wolseel. nach ausgestandener Unpäßlichkeit und harter Niederlage, am

Beweisthümer zur III. Tabelle.   51

gen dieses Nachts zwischen 10 und 11 Uhr in dem Herrn entschlafen. Rödelheim den 26. Mart. 1633.

174) **Georg.** (a) **Erbacher Kirchenbuch:**
Den 24 Mart. 1605. ward Graf *Friderico Magno* ein junges Herrlein gebohren und den 2. April. Fest. Pasch. im Saal getauft.
(b) **Auszug aus dem** Directorio **seines Leichbegängnisses:**
Als Mittwochs den 23. Aug. 1609. der Hoch und Wolgeborne Herr, Herr George Grave zu Erbach ꝛc. ꝛc. Abends zwischen 5. und 6. Uhren, von dem Allmechtigen Gott auffer diesem zeitlichen und vergänglichen Leben väterlich abgefordert ꝛc. ꝛc.
(c) **Oehringer Kirchenbuch:**
Den 25. Aug. 1609. ist ein junger Graf von Erbach, der an der Bockenruhr zu Neuenstein in einem Alter von 4 Jahren und Monaten gestorben, in die hiesige Stiftskirche begraben worden.
(c 2) **Aufschrift der Leichenpredigt zu Michelstadt:** *Filius Sunamitidis redivivus.*
Eine christliche Leichpredigt aus dem andern Buch der Könige am vierten Capitel von dem der Sunamitin gestorbenen und wieder durch den Propheten Elisam erweckten Sohne, über den töblichen Abgang weil. des wolgebornen Herrn Georgen Graven zu Erbach und Herrn zu Breuberg, des auch Wolgebornen Herrn, Herrn Friederich Magnusen Graven zu Erbach und Herrn zu Breuberg Söhnlein, wohlsetl. Gedächtnis, gehalten in der Pfarrkirche zu Michelstadt den 3. Sept. 1609 durch Nicolaum Gernet, Pfarrern allda. Gedruckt zu Darmstadt MDCXI.

175) **Georg Friederich.** (a) **Erbachisches Kirchenbuch:**
1607. den 10 Jan. Morgens 6—7 Uhr ward Herrn Grafen Ludwig von Dero Gemalin *Juliana*, Gräfin zu Waldeck ein junger Herr geboren, und den 12ten getauft.
(b) Seine Lebensumstände siehe Erbach. Historie p. 223. und 224. (c) Aufschrift der Leichpredigt: *Mausoleum Jonathae ab ipso Spiritu S. per Davidem Regem concinnatum*, oder christliche Leich- und Trostpredigt aus dem 2. Buch Sam. 1. v. 11. 12. et squ. Über den traurig, doch seligen Abschied des Hochwohlgebornen Grafen und Herrn, Herrn Georg Friederici, Grafen zu Erbach, und Herrn zu Breuberg, Kön. Maj. in Schweden wohlbestellten Obristen, welcher den 24. Aug. 1632. vor Nürnberg, als Ire Gn. für Gottes Ehre, Evangelische Wahrheit und teutsche Freyheit tapfer gefochten, vom Feind töblich verwundt nochmalen den 7. Septembr. in Gott seelig entschlafen, Dero Gn. Cörper nach Erbach geführet, und zu seinem berühmten Vorfahren den 27. Septemb. gesetzet worden, gehalten durch Johannem Klein Pfarrern und Hofpredigern zu Erbach: Darmstadt 1633 nebst kurzer Erinnerung den 23. Sept. im Schloßhof geschehen, als die Gräfl. Leiche von Nürnberg angekommen, in der Procession in Schloßhof begleitet, und allda niedergesetzet worden.

176) **Gottfried.** (a) **In den Personalien seiner Frau Mutter, wo es heisset:**
Diese Ehe ist gesegnet, und namentlich bescheret worden.
Herr Gottfried Ao. 1611 den 8. Sept.
Hier hat die alte Stammtafel abermal geirret.
(b) Seine Lebensumstände bestättigt Erbach. Historie p. 224. (c) Auf der Aufschrift des Concepts derer Personalien stehet † den 25. Jul. 1635. (c 2) Ordnung und Procession bey gehaltener Leichenbegängnis weil. des Hochwolgebornen Graven und Herrn, Gottfrieden, Grafen zu Erbach vf Breuberg den 8. Sept. 1635.

Er ward militairisch Standsmäsig, in persönlicher Begleitung seiner hohen Eltern in der Schloßkirche zu Breuberg beygesetzt.

177) **Maria Juliana.** (a) **Aus den Personalien der Frau Mutter: Diese Ehe ist von Gott gesegnet, und namentlich bescheret worden.**
Fräwlein Maria Juliana 1614. 20. Sept.
Nota. Hier ist die alte Stammtafel ganz unwissend.
(b) Urk. Nro. CCXVIII. 1. welche den Verzichtsbrief unterm 20. Dec. 1634 enthält.
(c) Sie ist wenigstens vor ihrem Herrn Vater gestorben: Sein Lebenslauf saget:
Daß seine vier Kinder, nemlich drey Herren, und ein Fräwlein Maria Juliana, welche fürters an den Hochwolgebornen Herrn Jo. Philipps Wild und Rheingrafen
R 2   vermähe

vermählet worden, sämtlich in dem besten und höchsten Flor ihres Alters durch den zeitlichen Tod hinweggerafft, und vor Dero Herrn Vater von der Welt abgefordert worden. Es scheinet aber, daß sie im Jahr 1637. kurz vor ihrem Gemahl in die Ewigkeit gegangen.

Ex Archiv.

Verzeichniß der Gerätschaften, welche Herr Rheingraf Johann Philipp, Graf zu Salm und Morhingen General Lieutenant der Armee des Herzogs von Weymar in den Händen des Herrn Gottfrieds, Handelsmannes in erwehnter Stadt, zu Anfang des Jahres 1637. mit seiner nunmehr seeligen Gemahlin von ersagten Weimar abgereiset, entworfen von dem Herrn Sonnestaire den 8 April. 1638.

Ihr hinterbliebener Gemahl blieb, wie das Theatrum Europ. T. III. p. 916. vom Jahr 1638 saget, den 18. Febr. ermeldten Jahres in den zwischen den Kaiserlichen und Schwedisch-Weymarischen Völkern vorgefallenen harten Treffen bey Picken und Rheinvelden.

178) **Friederich Magnus.** (a) Aus den Personalien bey seiner Leichpredigt, wo es heisset:

Es war dieses Herrlein den 11 Sept. 1618 zwischen 1 und 2 Uhr nachmittag gebohren.

(b) Aufschrift der Leichpredigt: Christliche Leichpredigt über den frühzeitigen, doch seeligen Tod des Hochwolgebohrnen Herrn, Herrn *Friderici Magni*, Grafen zu Erbach, und Herrn zu Breuberg, des auch Hochwolgebohrnen Herrn Ludwigs, Grafen zu Erbach, und Herrn zu Breuberg Ritters, lieben Sohns, welcher den 14. Oct. dieses 1625 Jahrs zwischen 9 und 10 Uhr Vormittags in kindlich und sehnlicher Anruffung seines Erlösers seine Seele demselben zu treuen Händen zugestellet, und darauf sanft und seelig im Herrn entschlafen. Gehalten zu Michelstadt den 25. October, als der seelige Herr seiner vorigen Frau Mutter an die Seite gesetzet worden durch Johannem Klein Pfarrer und Hofprediger in Erbach.

Nota. Bey diesem Herrlein ist in der alten Tabelle alles falsch angesetzt.

179) **Ernst Ludwig Albrecht.** (a) Taufpredigt bey der Gräfl. ansehnlichen Taufe des Hochwolgebohrnen Grafen und Herrn, Herrn Ernst Ludwigen, Grafen zu Erbach und Herrn zu Breuberg, des auch Hochwolgebohrnen Grafen und Herrn, Herrn Georg Albrechten, Grafen zu Erbach und Herrn zu Breuberg, und der Hochwolgebornen Gräfin und Frauen Magdalenen, Gräfin zu Erbach, und Frau zu Breuberg, gebohrnen Gräfin zu Nassau-Catzenelnbogen &c. &c. meines gnedigen Herrn, und gnedigen Frauen ersten Söhnlein, welches abgewichenen 1626. Jahrs den 6. Octobris zwischen 10. und 11 Uhr zur Welt geboren, und den ☉. nach Trin. welches war der 15 dieses, auf dem Gräfl. Schloß zu Schönberg im Saal getauft und Christo incorporiret worden. Allda gehalten durch Martinum Sabrum J. G. Seelsorger und Pfarrer zu Reichelsheim. Gedruckt zu Darmstadt im Jahr 1627.

(b) Aufschrift der Leichpredigt: Exequiae Erbachianae oder Begräbnispredigt über dem allzufrühzeitigen Tod des Hochwolgebornen Grafen und Herrn Ernst Ludwigs, Grafen zu Erbach und Herrn zu Breuberg &c. des auch Hochwolgebohrnen Grafen und Herrn, Herrn Georg Albrechts, Grafen zu Erbach und Herrn zu Breuberg, und der Hochwolgebornen Gräfin und Frauen, Frauen Magdalenen, Gräfin zu Erbach, und Frauen zu Breuberg, geb. Gräfin zu Nassau-Catzenelnbogen herzgeliebten Söhnleins hochseel. Gedächtnis, welches Dienstags den 19. May zu Fürstenau in dem Gräfl. Schlosse zwischen 10 und 11 Uhren vormittag seelig eingeschlafen, und hernach Donnerstags den 7. Jun. zu Michelstadt in sein Ruhebettlein, in volkreicher Versammlung gesetzet worden, gehalten daselbst zu Michelstadt durch Martinum Sabrum: Gräfl. Erbach. Pfarrern zu Reichelsheim. Darmstadt 1627.

180) **Louisa Albertina.** (a) Aus ihrem Lebenslauf, wie auch aus der Relation des Michel Haag:

Weiland die Hochwolgeborne Gräfin und Fräulein Louisa Albertina zu Erbach &c. ist in dem Gräfl. Residentzhaus Fürstenau auf diese Welt gebohren worden: Sonntags, als man zehlt nach Christi Geburt den 5. Tag October des 1628. Jahrs vormittags zwischen 8. und 9 Uhr und den 20 Oct. in der Stille getauft. Sie wurde den 9. Novembris in der Schloßkirche mit gewöhnlichen Ceremonien, der Kirche Gottes in gemeinem Gebät nochmals vorgetragen durch Herrn Graf Christian von Waldeck Sohn Herrn Grafen Philippsen von Waldeck.

(b 2)

Beweisthümer zur III. Tabelle.   53

(b 2) Aus den Personalien:

Sie bekam 3 Jahr vor ihrem Tode einen starken Fluß am linken Auge, daraus dann ein gefährlicher Schade entstanden; dahero sie im Monath May 1645. nach Hanau zu Herrn D. Faust gebracht worden — — es zeigte sich bald ein Schade an der linken Hüfte den 9. Jun. 1646. nebst verzehrenden Fieber — — — darauf sie dann Donnerstags den 20. Oct. Morgens um 1. Uhr seelig entschlafen.

NB. Hier hat die alte Stammtafel falsch den 2. Oct. gesetzt.

(b 3) Auffschrift der Leichenpredigt: Christlicher Jugend- und Tugendspiegel, d. i. eine christliche Leichpredigt, samt andern Ehrengedächtnis der Hochwolgebohrnen Gräfin und Frauen, Louisa Albertina sodann MauritiaSusanna, beyder Fräulein zu Erbach und Breuberg, gehalten zu Fürstenau durch M. Joh. Georg Aumerell, Diener am Worte Gottes daselbst, gedruckt zu Hanau 1647.

181) Georg Ernst. (a) Auffschrift der Taufpredigt: Divum Georgium: d. i. Gottes Ackerwerk, bey der Taufe des Hochwolgebohrnen Grafen und Herrn, Herrn Georg Ernsten, Grafen zu Erbach, und Herrn zu Breuberg, des Hochwolgebohrnen Herrn Georg Albrechts, Grafen zu Erbach, und Herrn zu Breuberg, und der Hochwolgebohrnen Gräfin und Frauen, Frauen Magdalenen Gräfin zu Erbach, gebohrnen Gräfin zu Nassau, herzgeliebtesten Söhnleins, welches anno 1629 den 7. Oct. Mittwochs frue um 1 Uhr glücklich zur Welt gebracht, und den 22. Novembris Sonntags, durch die Taufe seliglich widergeboren worden nach Anleitung des Namens Georg in der Landtafel des göttlichen Worts erforschet, beschauet und betrachtet durch M. Stephanum Grun. Gräfl. Erbach. Hofpredigern und Pfarrern in Michelstadt. Gedruckt zu Darmstadt im Jahr 1629. (b) Hievon findet sich noch vieles im Archiv, siehe Erbach. Historie p. 227. (c) Auszug aus Herrn Grafen Ludwigs testamentarischem Codicill vom 29. Apr. 1644.

> Zu wissen — — — Und nachdem wir ferner folgende Regula aus sonderbaren Ursachen zu thun uns vorgenommen haben, als setzen, ordnen und wollen wir, daß nach Ableben des Walgebornen Unsers fr. lieben Bruders Georg Albrechten, Grafen zu Erbach als unsers eingesetzten Erben Sr. Ehd. Sohn Georg Ernst, Graf zu Erbach, das Amt Wildenstein und unser Antheil an der Herrschaft Breuberg zum voraus haben, und Unserttwegen besitzen sollen, aus sonderbarer zu ihm tragenden Affection rc. rc.

(L. S.) Ludwig, Gr. zu Erbach.   (L. S.) Henrich von Groenrode.   (L. S.) Daniel Senichen.
    (L. S.) Jacob Lischer.   (L. S.) Conrad Schilling.
              (L. S.) Augustus Roch.

(d) siehe oben Nro. 169. lit. p.   Von ihm heisset es in den Personalien:

Sie haben sich jederzeit als eine christliche Obrigkeit bewiesen, und in Bestellung gewissenhafter gottseliger und gelehrter Diener so wohl in Geistl. als Weltl. Aemtern nichts ermangeln lassen, und selbst gute Obsicht getragen, um alles nach der besten Art einzurichten. Ihr Eifer zu guter Kirchen Ordnung erhellet aus denen noch vorhandenen von Ihnen gegebenen Sabbaths — — und andern Edicten.

Diese sind in der Erbachischen Reformationsgeschichte zu finden. In welcher Achtung dieser Herr bey andern Fürsten gestanden, ist aus folgendem Schreiben des Landgraf Georgen von Darmstadt zu ersehen.

> Unsern günstigen Gruß rc. wolgeborne liebe Neve und Getrewer. Nachdeme wir entschlossen sind, unsere eine zeitlang suspendirt gewesene Academiam zu Giessen schierstkommenden Sonntag, den 5 vorstehenden Mon. May restauriren zu lassen. Darbey wir dann Euch auch sonders gerne sehen wollten. Als gesinnen wir hiemit an Euch günstiglich, Ihr wollet unbeschwert seyn, des Samstags gegen Abend zuvor zeitlich zu Giessen einzukommen, und dem Restaurations Actu beyzuwohnen. Datum Darmstatt den 24. April. 1650.

(e) Beubacher Kirchenbuch von a. 1669.

> Den 15 Aug. welcher war der X. Sonnt. nach Trin. starb allhier der Hochgebohrne Graf und Herr, Herr Georg Ernst, Graf zu Erbach und Herr zu Breuberg rc. rc. — Abends zwischen 5. und 6. Uhr an der Wassersucht nachdem Ihro Hochgräfl. Gnade fast 3. Viertel Jahr mit dieser Krankheit behaftet waren.

(f) Auffschrift der Leichenpredigt vor welcher das Brustbild stehet: Gloriosissimum Invictissimae Vitae devictaeq. mortis monumentum; d. i. Hochgräfl. Christmildes Ehren- und Siegeszeichen zu immerwährenden Lob und Ruhm aufgerichtet dem Hochgebohrnen Grafen und Herrn, Herrn Georg Ernsten, Grafen zu Erbach und Herrn zu Breuberg, als derselbe im Jahr 1669, nachdem Er in dieser Welt rühmlich

D   und

Beweisthümer zur III. Tabelle.

und mit allen Tugenden 39 Jahr und 10. Monate gelebet, voll Hofnung, Glaubens, Liebe und Gedult, in Christo Jesu selig den 15. August verschieden, und den 23. Sept. zu Michelstadt in der Pfarrkirche, Hochgräfl. Gebrauch nach, beygesetzet worden, gehalten. Darmstadt gedruckt MDCLXIX. (g) Die Ebeberedung war unterzeichnet

Georg, Landgraf zu Hessen Obervormund.
Elisabetha Dorothea, G. z. E. G. G. von Hohenloe W. Vormünderin.
Wolf, G. und Herr zu Castell.

Doror. Soph. G. v. Hoh. W. Mutter und Vormündern.
Georg Adolph,
Wilh. Henr.
Christian,
Joachim,
Albrecht.
} Grafen von Hohenloe.

(g 2) Concept Einladungsschreibens zur Hochzeit. Fürstenau den 29. Oct. 1656.

Ew. Lbd. ist vorbin schon wissend, daß — — ich mich mit der Hochwolgebornen Charlotten Christinen Gräfin und Frauen zu Hohenloe-Schillingsfürst, in ein christliches Ehe-Verlöbnis eingelassen, und nunmehro entschlossen bin, solches durch Priesterliche Copulation, Sonnabends den 22 nächstkommenden Monats Novembr. zu Fürstenau vollziehen zu lassen. — Fürstenau den 29. Oct. 1656.

(h) Befehl von Herrn Graf Georg Albrecht wegen ihrer Beysetzung an die Beamte und Bediente.

Georg Albrecht — — Wir mögen euch selbmüthig nicht verhalten, was maßen Gott — — die weiland Hochgeborne Charlottam Christinam, Gräfin zu Erbach, geb. Gräfin zu Hohenloe und Langenburg, Wittwe, unsere frl. geliebte Haas, Schwester und Gevatterin Lbd. am 13. Aug. nächsthin zwischen 10 und 11 Uhren vormittag durch einen sanften Tod aus dieser Zergänglichkeit abgefordert — — Wann wir dann entschlossen, derosesben hinterbliebenen Leichnam, nächst künftigen Dienstag, wird seyn der 9. hujus, christl. Gebrauch nach, zur Erde zu bestatten — als — — — Schönberg den 3. Oct. 1677.

182) Maria Charlotta. (a) Relation des Canzleyregistrator Haagen: 1631 den 24. Mart. ist das Fräulein Maria Charlotta geboren.

(b) Auszug ihrer Personalien:

Sie wurden im Jahr 1650. an den Hochgebornen Grafen und Herrn, Herrn Jo. Ernsten, Grafen zu Jsenburg und Büdingen, unsern gewesenen gnädigen Grafen und Herrn Hochsel. Gedächtnis — — vermählet, in welchem Ehestand Sie — — auch in einem solchen fruchtbaren göttlichen Segen gelebet, daß sie neun Grafen, und drey Gräfinnen überlebet.

Sie ist eine Urmutter des gesamten Jsenburgischen Hauses.

(c) Eben daselbst:

Der Allerhöchste nahm, nach seinem unerforschlichen Rathschluß Jhr Jhren Herzgeliebten Eheherrn den 7. Oct. 1673. da eben diese Graffschaft in voller Kriegsflamme gestanden, durch den zeitlichen Tod, von Jhrer Seite weg.

Da sie dann, auf Theils Jhrer so weit zu Werstand und Jahren gekommenen hochgräfl. Kindern inständiges Anhalten, der Römischen Kaiserl. Majestät Verordnung nach, sich mit der beschwerlichen Vormundschaft und Regierung über Jhre sämmtliche Hochgräfl. Kinder, deren Haab und Güter, und der Herrn Schwäger Land und Leute, und zwar, damaligen Zustand nach, zu Ersparung der Kosten, aus treu mütterlicher Affection allein beladen lassen müssen. Gleichwohln haben Jhre Hochgräfl. Gnd. durch Gottes gnädigen Beystand solche Vormundschaft Verwalt, und Regierung so großmüthig klug und verständig geführet, daß sich jedermann darüber verwundert.

(d) Eben daselbst:

Sie sind vor einigen Wochen zu Büdingen bey Jhrem ältesten Herrn Sohn mit Leibesschwachheit befallen worden — bis endlich sie — — völlig erlöset worden, welches geschehen den 7. dieses laufenden Monats Junii: Nachts zwischen 12. und 1 Uhr da ihr ganzes Alter, war 62 Jahr. 2. Monat 2 Wochen.

(d 2) Auffschrift der Leichenpredigt: Große Glückseeligkeiten des wahren Volks Gottes, wie dieselbige aus dem LXXXIX. Ps. 16. 17. Über den schmerzlichen doch seeligen Abschied einer wahren Mutter in Jsrael, der weil. Hochgebohrnen Gräfin und Frauen, Marien Charlotten verwittibten Gräfin zu Jsenburg und Büdingen, gebohrnen Gräfin zu Erbach und Frauen zu Breuberg ze. ze. als derselben verbliebener Leichnam in der Schloßkirche zu Meerholz in der Stille beygesetzt worden. Auf gnädige Anordnung dero sämtl. Hochgräfl. Kinder den 25. Jun. laufenden Jahrs an bemeldtes

Ort

Ort mündlich vorgetragen von Johann Henrich Schäfer, Hofprediger daselbst. Offenbach 1694.

183) **Anna Philippina.** (a) Relation des Michel Haagen Cantzleyregistrators: 1632. ward den 15 Jul. gebohren Fräulein Anna Philippina.

(b) Directorium bey der Beysetzung der Gräfin Anna Philippina Gräfin zu Erbach in Fürstenau den 9. Mart. 1633.

184) **Ein todtgebohrnes Herrlein,** siehe oben bey Herrn Grafen Georg Albrecht.

185) **Georg Friederich.** (a) Rel. Haag:

Er war zu Bartenstein den 6. Dec. 1636 gebohren, da seine hohe Eltern eben im Begriff waren, zu Dero Schwieger Eltern nach Rotenburg zu reisen, und den 16. Dec. zu Rotenburg getauft.

(b) Aus den Personalien:

Er ist gestorben und hat diese Welt verlassen müssen uf Georgii des heil. Ritters Tag den 23. Apr. 1653. zwischen 4. und 5 Uhr Abends uf dem Schlosse und Vestung Breuberg, nachdem er den 15 April mit Seitenstechen überfallen worden. Der biaterblieene Leichnam, wurde hierauf von Breuberg nach Fürstenau geführt, und hernachmals gen Michelstadt in die Pfarrkirche zu seiner Ruhe gebracht. Donnerstags den 2 Jun. 1653.

186) **Ein todtgebohrnes Herrlein:** Haags Relation:

1637. den 5. Dec. eine todte Leibesfrucht, so Tags darauf zu Michelstadt beygesetzt.

187) **Sophia Elisabeth.** (a) Bekanntmachungsschreiben an Graf Ernst von Witgenstein. Fürstenau den 30. May 1640.

Ew. Lbd. kan — zu berichten, nicht umgehen, was maßen der Allmechtige Gott die wolgeborne meine Hertzliebste Gemahlin Elisabetha Dorothea Gräfin zu Erbach, geborne Gräfin zu Hohenlohe den 13 Morgens um 7 Uhr ihrer weiblichen Bürde entlediget, und uns beyde mit einem jungen Töchterlein gantz väterlich begnadiget — — Als habe ich solches Sophia Elisabeth nennen lassen.

(b) Von ihrem Absterben, das bald erfolgt seyn muß, ist mir nichts zu Gesichte gekommen.

188) **Christina Elisabeth.** (a) Gevatterschreiben an Gräfin Christine von Nassau ꝛc. ꝛc. Fürstenau den 29. Sept. 1641.

Welcher gestalt der getreue Gott die wolgeborne Elisabetha Dorothea Gräfin zu Erbach ꝛc. ꝛc. meine hertzgeliebteste Frau Gemahlin letzt verwichenen Freytags den 10 jetzt laufenden Monats Septembris Ihrer bisherigen weibl. Bürden in Gnaden glücklich entbunden, und uns beyde mit einer wohlgestalten jungen Tochter gesegnet, solches werden Ew. Lbd. allbereit — — — verstanden haben — — — Als habe Ew. Lbd. ersuchen wollen, nebst — — — Dero christliche Name Christine Elisabeth gedachtem unserm Töchterlein mittheilen lassen wollen.

(b) Bekanntmachungsschreiben von Louise Juliana Gräfin von Sayn, geb. Gräfin von Erbach, an Herrn Graf Georg Ernst: Friedenwalde den 19. Dec. 1662.

Ew. Lbd. verhalte hiermit freundlich nicht, welcher gestalt meines auch frl. lieben Sohard und Gevattern Graf Salentin Ernst zu Manderscheid Lbd. sich mit Ew. Lbd. Frau Schwester meiner auch frl. lieben Baase und Dochter Gräfin Christiana Elisabethen zu Manderscheid ꝛc. ꝛc. gebornen Gräfin zu Erbach ꝛc. den 12 hujus uf dem Schloß alhier in Anwesenheit der Frau Aebtißin zu Thar, dero Fräulein Schwester und Ew. Lbd. drey Herren Brüder, meiner auch Herrn Vettern, ohne Ceremonie, gantz in der Stille copuliren lassen ꝛc. ꝛc.

(c) Imhof Notitia Procerum sub tit. Sayn etc.

Nach dem Tod der Gemahlin Ernestina geb. Gräfin von Sayn, schritte Salentin Ernst zur zweiten Ehe, mit Christina Elisabetha, Graf Georg Albrechts von Erbach, und Elisabetha Dorothea von Hohenlohe Gräfin Tochter. Diese ist den 26. Nov. 1692. mit Tod abgegangen, und hat viele Kinder hinterlassen.

189) **Georg Ludwig,** siehe die Beweisthümer der IV. Tabelle.

190) **Georg Albrecht.** (a) Bekanntmachungs- und Gevatterschreiben an Herrn Marggrafen Friederich von Baden ꝛc. ꝛc. und dessen Gemahlin Anna Maria, geb. von Gerolzeck von Herrn Grafen Georg Albrecht den 16. May 1644.

Ew. Fürstl. Gn. gebe ich unterthenig zu vernehmen, welchergestalt der getreue Gott die Wolgeborne meine freundlich geliebte Gemahlin Elisabeth Dorothea, Gräfin zu Erbach,

56　Beweisthümer zur III. Tabelle.

Erbach, geb. Gräfin von Hohenlohe vorgestrigen Tages den 14 dieses Monats May nachmittags gleich nach 3 Uhren entbunden, und uns beyde mit einem jungen Erben abermal gesegnet — — — So habe E. K. G. ich unterthänig ersuchen wollen, dieselben gruben das Werk der Gevatterschaft gnädig mit zu übernehmen, und daß, wer gen vorgefallener beweglichen Ursachen, ich noch heutiges Tages mit der Taufe eilen, Ihme daher den Namen Georg Albrecht mittheilen, und dabey. E. K. G. Person durch Gevollmächtigte vertreten lassen werde, in Ungutem nit zu vermerken.

(b) Concept Bekanntmachungsschreibens — — — 29. Merz 1645.

Kann aus traurigem Gemüthe nicht verhalten, daß der getreue Gott mein jüngstes Söhnlein Georg Albrecht vorgestern früh morgens nach ausgestandener etlich tägigen schweren Kranckheit um 2 Uhren durch den zeitl. Tod sanft und seelig abgefordert.

191) Mauritia Susanna. (a) Auszug aus den Personalien bey oben Nro. 176. angefügten Leichpredigt.

Sie war 1645. den 30 Mart. morgens nach 4 Uhr geboren und den 2. Jun. getauft.

(b) Eben daselbst:

Nachdem sie vor etlichen Wochen am Leibe sehr abgenommen, und je länger je schwächer worden, ist sie Montags den 17. Nov. 1645 Abends gegen 5 Uhr, als sie 21 Wochen 3. Tag uf dieser Welt gelebet, abgefordert.

192) Georg. (a) Antwortschreiben an Herrn Graf Georg Albrecht von der Gräfin Inna Magdalena von Hohenloe Langenburg den 17. Jul. 1646. — — —

Ab deroselben vom 27 passato abgelassenem Schreiben habe ich — — — verstanden, was massen der getreue Gott die Hochwolgebohrne E. Lbd. hertzgeliebte Gemahlin, Wie sabethdam Dorotheam Gräfin zu Erbach rc. jüngst abgelossenen 19 May vormittags Ihrer bisher getragenen weibl. Bürden in Gnaden, entbunden und liebe E. Lbd. mit einem wohlgestalten jungen Sohn abermals erfreuet rc. rc.

(b) Aus den Personalien theilen wir von seinen Lebensumständen, welche die Erbachische Historie gar nicht berühret, folgendes in der Kürze mit:

Er kam 1660 im 12ten Jahr seines Alters in das Collegium zu Tübingen, diente 1664. unter dem Zobelischen Fränkl. Creiß Regiment zu Pferd, als Cornet, gegen die Türken, und war mit bey S. Gotthard, quittirte nach dem Frieden diese Stelle wieder, und nahm 1665. unter den Braunschweigischen Trouppen, welche die Stadt Bremen gegen die Schweden schützte, als Rittmeister Dienste; gieng nach diesem, unter dem General, Graf Josias von Waldeck als Capitain einer angeworbenen Compagnie, welcher Er am dritten Weihnachts-Tage auf dem Heubacher Feld vorgestellet worden, den Venetianern zu Hülfe, zum Entsatz der Festung Candia, und ward von dem Doge von Venedig mit einer goldnen Kette und Medaille beehret.

Er bekam, bey dieser Bestung, von einer zersprungenen eisernen Grenade, durch den Hut; oben am linken Aug, eine harte Verwundung, welche zu schleunig zugeheilet, so hernach wieder eröfnet werden muste; wobey die ungeübten Feldscherer, die eine Splitterung der Hirnschale und Verletzung des Gehirnes befürchteten, durch einen Meisel mit grossen Schmiedehämmern ein Loch in die Hirnschale machten.

Da der Herr Graf von Waldeck, an seinen empfangenen Wunden, tödlich darnieder lag, so wurde Er, dem Regiment desselben, als Obrist-Lieutenant, vorgestellet, und führte dabey sein Commando so, daß der Capitain General Morosini Ihm mit einem sehr bösen Schreiben und überschickten goldnen Medaille, worauf die Bestung Candia abgebildet ist, beehret, und dabey versichert, daß, so lang die Republik Venedig stehen würde, sein Lob nicht untergehen sollte. Nach Uebergabe der Bestung, und ehe Er sein Regiment nach Hause zurückführte, that er eine Reiß nach Italien, und segelte von Corfu nach Ostrando, wurde aber in einen Türkischen Hafen Modona verschlagen, und kam erst nach 4 Wochen zu Ostrando. Von da gieng die Reise nach Neapolis, zum Berg Ursuvio, und auf Rom, wo eben dazumal nach Absterben Pabst Alexander VIII. das Conclave verschlossen war. Nachdem er in Rom alles genau besehen hätte, setzte er seine Reise ferner nach Venedig fort, und fand daselbst sein Regiment wieder. Dieses ließ er, weil er sich in Venedig noch aufhalten muste, voraus gehen, und kam 1670. den 24 May in Erbach an. Er bekam bey Abdankung seines Regiments vom Bischof von Osnabrück jährlich zum Tractament 500 Rthl. angewiesen — — —

Als Oberster aber ein eigen Regiment zu Fuß, gieng rc. im Monat Sept. 1672. unter dem Generalfeldmarschall Grafen Georg Friedrich von Waldeck, nach Holland; that sich zu Anfang des Jun. 1673 vor Mudory, den 23 Majestät bey Naerden rühmlich hervor. Im Jahr 1674. ward er Brigadier und Gouverneur zu Sowel, kam in der Bataille bey Seneff, den 1. Aug., auf das dritte Pferd, und erwarb sich den Ruhm, daß seine Tapferkeit viel, zum Ausgang des glücklichen Treffens, beygetragen. Den gantzen Tag war er, unter dem Reten Hagel der Mousqueten Kugeln, so glücklich; daß alle seit und Waffen giengen, Casquet und Pferd getroffen. Wie im Abend-Dämmerung erhielte Er von einem Mousqueten Schuß an der linken Hüfte eine solche Durchschung, die nicht nur in dem Augenblick die empfindlichsten Schmertzen verursachte,

sondern

Beweisthümer zur III. Tabelle. 57

sondern ihn auch in die darauf gefolgte und bis an sein Ende fortgedauerte Indisposition stürzte. Er ward zum Generalmajor erklärt, und legte, so bald er nur vom Bette, worauf er 11. Wochen zugebracht, aufstehen konnte, denen Herrn General Staaten in Gravenhaag, in deren Versammlung er sich auf einem Rollstul bringen lassen, den Eid der Treue ab.

Zu Anfang des Jahrs 1675. gieng er, seiner Heilung wegen, nach Wisbaden, und, nach gebrauchter Cur daselbst, zu dem berühmten Medico Msr. du Fay nach Cranenburg, der Ihn, auf eine besondere Art, und dergestalt behandelte, daß vier starke, mit um das Bein gewickelten Tüchern, gegen einander ziehende Männer, Ihn empor heben, und schwebend halten, der Chirurgus aber gegen die luxirte Hüfte mit seinen Knien arbeiten muste, und nachdem dieses, binnen einigen Tage, verschiedentlich wiederholet worden, das verwundete Bein an die Bett Pfosten angebunden worden, und so, viele Wochen stille liegen geblieben. Er muste auch, nach diesem, ein eisernes Instrument, so mit der Zeit länger auseinander geschraubt werden konnte, am Leibe tragen.

Zu Anfang des Jahrs 1677. gieng er, abermal, aus Holland, zur Bades Cur nach Wisbaden, zuvor aber nach Fürstenau. Nach gebrauchtem Bad und Brunnen Cur hatte man Hofnung, daß er vermögend werden würde, auf kleinen Pferdgen zu reiten. Er fand sich auch, im September, zum erstenmal wieder bey der bamals bey Soignes stehenden Armee, ein, und gieng mit seinem Regiment nach Mecheln in Garnison. Von hier aus reisete Er, im Frühling 1678. mit seiner Frau Schwiegermutter, abermals nach Wisbaden, verspürte aber schlechte Würkung, und eilte wieder zurück. Er kam nur auf eine Nacht nach Fürstenau, ward von seiner Gemahlin und Comtesse bis Biberich begleitet, und nahm dort, von Ihnen, ohne sie wieder zu sehen, Abschied.

(c) Personalien:

Unterwegs kehrte er bey seiner Frau Schwester der Gräfin von Manderscheid zu Elterberg ein. Da er wieder abfahren wollte, und in die auf der Wahl liegende Jacht getreten, bekam Er starke Erbrechen, nebst Convulsionen, und starb den 18. Jun. 1678.

(d) Leichprocession des hochgebohrnen Grafen und Herrn, Herrn Georgen, Grafen zu Erbach, und Herrn zu Breuberg, Generalmajor über die Infanterie und Commendanten zu Zwoll, und deren unterhabenden Forten ꝛc. ꝛc. welche den 17. Sept. 1678 soll gehalten werden.

Er wurde tod nach Cuilenburg gebracht, daselbst balsamirt und hieher geliefert.

(e) Die Vermählung desselben war den 22. Aug. 1671, und den 10ten November langte er zu Fürstenau an. Personalien, wie auch Handschreiben an den Rath und Amtmann Pfreundt. Schönberg den 9. Nov. 1671. Sie war geboren zu Berlin den 20. April 1653. (f) Trauerbekanntmachungsschreiben der Fürstin Elisabeth von Erbach an den Fürsten von Waldeck. Erbach den 31. Mart. 1714.

Ew. Lbd. werden vor Einlaufung dieses, durch den gestern fortgeschickten Trompeter, allbereits advertiret worden seyn, was gestalt der liebe Gott die Durchlauchtige unsere hertzlich lieb gewesene Schwester, Frau Louisa Anna — gestrigen Mittags zwischen 1. und 2 Uhren, bey der Tafel, an unserer Seite plötzlich hinsinken, und in unsern Armen, womit wir sie mit großem Schrecken ergriffen, wie ein Licht, ausgehen lassen ꝛc. ꝛc.

(f2) Erbacher Kirchenbuch:

1714 den 30 Martii ist in dem Herrn seelig entschlafen, die Durchlauchtige Frau Louisa Anna, Fürstin zu Waldeck, Gräfin zu Pyrmont, Souveraine zu Cuilenburg verwittibte Fürstin zu Erbach; wurde den 4. Jul. mit Fürstl. Leich-Ceremonien beygesetzt in die Herrschafftl. Grufft, wobey ich (Errineisen Hofprediger) die Sermon gethen. Folgends den Tags hielte Herr Superintendent die Leichpredigt über Pfs. XCIV. v. 19. alt 60 Jahr.

194) **Sophia Charlotta.** (a) Schreiben an den Rath und Amtmann Pfreundt, Arolsen den 23. Sept. 1672.

Diese Nacht zwischen 3 und 4 Uhr hat der Allmächtige meine hertzliebe Gemahlin ihrer bisher getragenen weiblichen Bürden in Gnaden entbunden, und uns beyde mit einer wohlgestalten jungen Tochter erfreuet.

(b) Schreiben Amsterdam vom 23. Apr. 1673.

Ich muß euch mit betrübtem Hertzen berichten, wie der Gott, der mir das Kind gegeben, es auch vor wenig Wochen wieder zu sich genommen.

195) **Amalia Mauritiana.** (a) Schreiben im Anfang des Jahrs 1675.

Und weil leyder, wir Menschen alle sterblich sind, und ich jetzt an einem Ort gehe, da man alle Augenblicke den Tod vor Augen hat, und noch keinen Sohn habe. — — — als möcht ich doch gerne meine Gemahlin neben dieser Tochter versorget haben.

(b) Dieses

(b) Dieses ist daher zu schliessen, weil der Rath und Amtmann Pfreundt in seinem Neujahrschreiben 1676 dieser Comtesse nicht erwehnet.

196) **Wilhelm Friederich.** (a) Schreiben an den Oberamtmann Pfreundt, worinn gesagt wird:

> Daß die Gemahlin im December 1675 über die Helfte gewesen.

(b) Schreiben von Cuilenburg den 18. Aug. 1676.

> Nachdem uns Gott der Allmechtige das grosse Unglück zugeschickt, und unser einziges Söhnlein schon wieder durch den Tod von uns gerissen hat.

(c) Rechnung wegen Balsamirungs- und Abführungskosten von Cuilenburg nach Michelstadt:

> Dem Toden-Gräber und Maurer die Leiche des jungen Herrn aus dem Gewölbe zu thun.

197) **Charlotta Wilhelmina Albertina.** (a) Schreiben an den Oberamtmann Pfreundt. Mecheln den 19. Nov. 1677.

> Ich berichte euch, wie daß Gott gestern, als den 18 hujus meine Gemahlin hat niederkommen lassen, und uns beyde mit einer schönen jungen Tochter erfreuet.

(b) Trauerschreiben von der verw. Fürstin Louisa Anna an Herrn Graf Georg Albrecht, den 20. Mart. 1683.

> Ew. Lbd. mögen wir nicht verhalten, welcher gestalt unser geliebtes einiges Töchterlein Charlotta Wilhelmina Albertina ꝛc. ꝛc. nach 4 tägiger Kranckheit im 6. Jahr ihres Alters diesen Morgen zwischen 6. und 7. Uhren entschlafen.

(c) Michelstädter Kirchenbuch:

> Den 18 April ist standsmäßig bey Nacht beygesetzt worden. Die hochgebohrne Gräfin und Fräulein, Charlotte, Gräfin zu Erbach Ihro Hochgräfl. Excell. Hr. Graf Georgen Töchterlein.

Zugabe.

ad Tab III. 133. **Valentin.** Dieser Herr hat zu Maynz und Löwen studiret, und hat vermuthlich auch Reisen nach Franckreich ꝛc. gethan. Es erhellet dieses aus einem Schreiben von Baltasar Graschlagk Dhumherrn zu Maynz und Amtmann zu Dieburg an Herrn Schenk Eberhard Mains uf Sontag Judica XXXI.

> wolgeporner gnediger her. ewer Gnaden sein meyn vnderthenig vnd schuldig dienst ꝛc. ꝛc. Ich hab verstanden vnd gehort wie ewer Gl. Sone vnd Hr. Schenk Veltin ab studium ge leuen gethan haben. Nun hab eyn Jungen genant Rochus, zeiger dieß Briefs der ewern Gn. Sone wole bekant, vnd dieweil ewer Gn. Sone hier zu Meinz gewesen, gegen seine Gn. vnderthenigklich vnd dinstlich gehalten, den wolt ich auch gern studieren lassen, vnd das mein darumb thun, vnd Jne gern bey ewern Gnl. Sone vnd hern, vnd vnder denenselben preceptors vor andern schicken ꝛc. ꝛc.

In einer in den Brief eingelegten Schedula stehet:

> Auch gnediger Her. Ob ewer Gnaden, ewer gl. Sone wolten weyther gen Parieß, Orliens oder anderswohin schicken pit ich meynen jungen mitnemen lassen alles uff meyner costen Dat ut supra.

Beweisthümer zur IV. Tabelle.

189) **Georg Ludwig.** (a) Personalien. (b) Ein Beweis ist nachfolgendes:

> Georgii Ludovici Comitis ab Erpach Orationes III. et Consultationes de Pacis et belli artium in Imperialibus Praerogativa, in Collegio Illustri habita MDCLXI. Tubingae. Es hat dieser Herr die Neigung zu gelehrten Sachen in seinem gantzen Leben beybehalten, und wuste die Wissenschaften und gelehrte Leute sehr hoch zu schätzen.

(c) Erbach. Hist. p. 230. (d) Michelstädter Kirchenbuch:

> 1693. Dom. Misericordias Domini ist der hochgeborne Graf und Herr, Herr Georg Ludwig, Graf zu Erbach, und Herr zu Breuberg, nach außgestandener langwieriger Schwachheit verschieden zu Arolsen, dahin Sie Sich, wegen der Frantzösischen Invasion retiriret.

(e) Schrei-

198) Henriette, geb. zu Heubach den 27. Sept. 1665 (a), † daselbst den 28. ejusd. und ist zu Michelstadt beygesetzt (b).
199) Henriette Juliane, geb. zu Heubach 15 Oct. 1666 (a), † zu Erbach den 27. Febr. 1684 und ward den 10. April in der Gruft beygesetzt (b).
200) Todtes Herrlein zu Heubach 30. Aug. beygesetzt den a. Sept. 1667.

2(?) Amelie Catharine, geb. und gest. 18. Febr. 78. und zu Erbach beygesetzt (a. b).
Friderike Charlotte, geb. 19. April (a), 21. April 1679, und ward in der Gruft beygesetzt (b).
Friderich Carl, reg. Graf zu Erbach 2c. b. den 21. May 1680 (a), that anfänglich ter dem Erbachischen Regiment, Dienste, ! Major (b), tratt 1720 die Regierung an, rb den 20. Febr. und ward den 20. März 31 in der Gruft beygesetzt (c). Gem. ophie Eleonore, Graf Vollraths von mpurg Tochter, vermählt den 18. May 11 (d), † 28. Jan. und ward den 6. Febr. 39 in der Gruft zu Michelstadt beygesetzt (e).

212) Ernst, geb. zu Hebach den 23. Sept. 1681 (a), starb den 2. Merz und ward den 10. April 1684 in der Gruft beygesetzt.
213) Sophia Albertina, geb. 30. Aug. 1683 (a), verm. 4. Febr. 1704 an Herzog Ernst Friderich zu Sachsen. zu Erbach (b). Wittib 9. März 1724 (c), † 4. Sept. 1742 (d).

214) ...rlotte, geb. 6. Jul. 1722 (a), ...1738 an Herren Grafen Ludwig ...dm zu Löwenstein.

217) Wilhelmine Amalie, geb. 7 Aug. 1724 (a), † 3. Jan. und ward den 6. ejusd. 1725 in der Gruft beygesetzt (b).

Georg Albrechts Tode, den 26. Febr. 1648 gebohren (a), und war als Obristlieutenant beym Entsatz ...den 23. März 1717 (c). Gemahlin: Anne ...(f), starb den 28. Oct. auf dem Schlosse

218) Christine Elisabeth, geb. den 7. Nov. 1673 (a), vermählt an Graf Friderich Kraft von Hohenlohe, Fürstenau, den 29. Sept. 1697 (b), ward Wittib 26. Aug. 1709 (c), starb zu Pfedelbach, 24. Febr. 1734 (d).

224) Friderica Albertina, geb. 29. Sept. 1683 (a), vermählt an Friderich Eberhard, Gr. von Hohenlohe zu Kirchberg am 18. Jan. 1702 (b), starb 19. Jan. 1709 (c).
225) Todtgebohrnes Herrlein den 6. May 1685 zu Pfedelbach.
226) Georg Wilhelm, siehe Tab. V. Lit. L.

227) Georg Albrecht, geb. 1. Nov. 1687 (a), Hessen Darmst. Rittmeister (b), † 20. Dec. 1706, ist in der Gruft beygesetzt c).
228) Henriette Juliane Charlotte, geb. 23. Apr. 1689 (a), starb zu Michelstadt den 7. Sept. 1718, und ist im Chor begraben (b).
229) Georg August, s. Tab. V. Lit. M.
230) Christian Carl, geb. 26. Dec. 1694 (a), † 23. Aug. 1701, ruhet in der Gruft.

Beweisthümer zur IV. Tabelle. 59

(e) Schreiben von dem Oberamtmann Pfeundt an den Cammerrath Gabler vom 12. May 1693.

Nachdem die Conjuncturen stündlich gefährlicher werden — — — einfolglich hiesigen Orts keine Stunde mehr vor feindlichen Partheien gesichert seyn, um zu einigem Leichen-Conduct zuverläßige Anstalt machen zu können: Als ist, mit approbation der hiesigen Sn. Herrschaft, pro re nata, die Resolution gefaßt worden, die Hochgräfl. Leiche, so bald sie kommt, ganz stille anhero zu bringen, und in hiesiger Kirchen, ohne alle Ceremonien, in cogaito beyzustellen; die Ceremonien aber, biß zur anderer Zeit zu differiren — — —

(f) Schreiben der Erbach-Erbachischen Regierung an die Erbach-Fürstenauische, Erbach den 23. April 1694.

Nachdem der Hochwürdige und Hochgebohrne Graf und Herr, Herr Philipps Ludwig Graf zu Erbach, und Herr zu Breuberg. Unser dermalen regierender Landes-Herr, die dero Herrn Vater, dem weiland Hochgebohrnen Grafen und Herrn, Herrn Georg Ludwigen, unserm ehemaligen Landesherrn destinirte, aber bey der Beystellung, durch hervorgebrochene feindliche Gefahr, verhinderte solenne Leichenpredigt, heut über acht Tage, gel. Gott, wils seyn der 30 hujus, als in die mortis anniversario, allhier zu halten, uud, daß bey derselben, alle Dero Geistl. und Weltliche Bedienten, in Trauers habit, erscheinen sollen, gnädig befohlen hat. Als halten wir der Convenient zu seyn, Unserm Hochgeehrten Herrn Nachbarn hievon dienstliche Communication zu thun, und zu Dero Belieben zu stellen, ob vor Hochgedachten Ihro Hochgräfl. Gnaden zu letzten Ehren, Sie Sich auch dabey einfinden wollen ꝛc. ꝛc.

(g) Nach Ausweiß der Personalien war diese Gräfin gebohren 8. Aug. 1640, und getrauet zu Cuilenburg den 26. Dec. 1664. (h) Erbachisches Kirchenbuch:

Anno 1697. den 4 Jan. entschlief in dem Herrn zu Cuilenburg weil. die Hochgebohrne Gräfin und Frau, Amalia Catharina verwittibte Gräfin von Erbach, ward von Cuilenburg herausgebrauchet, und den 3. Februarii, Hochgräfl. Gebrauch nach, in dem Herrschaftlichen Gewölbe, beygesetzt, wobey ich (Hofpr. Greinersen) die Sermon gehalten, und daraus, den folgenden Tag, die Leichenpredigt von Herrn Superintendenten gethan Text. Ps. LXXIII. 23. 24.

198) Henriette. (a) Heubacher Kirchenbuch:

Anno 1665 den 27. Sept. ließ der Hochgeborne mein gnädiger Herr, Graf Georg Ludwig, und dessen vielgeliebte Frau Gemahlin, Amelia Catharina, Gräfin zu Erbach und Frau zu Preuberg, geb. Gräfin von Waldeck ein junges Fräulein mit Namen Senriette taufen.

(b) Michelstädter Kirchenbuch:

1665. den 28 Sept. starb und ward den 30 Erpt. in der Nacht zu Michelstadt beygesetzt des Hochgebornen Herrn Georg Ludwigen ꝛc. Grafen zu Erbach, und Herrn zu Breuberg, junges Fräulein, Fräulein Henriette.

199) Henriette Juliane. (a) Heubacher Kirchenbuch:

1666. den 15 Tag Octobris, zu Mittage um 3 Viertel auf 1. Uhr, hat der liebe Gott hiesiges hochgräfliches Haus abermalen mit einem jungen Fräulein gesegnet, so meine Sn. Herrschaft Graf Georg Ludwig, und dessen Gemahlin, Amelia Catharina gebohrne Gräfin von Waldeck, Christo durch die heil. Taufe vorgetragen und mit dem Namen Henriette Juliana belegen lassen.

(b) Michelstädter Kirchenbuch:

Den 27. Febr. 1684. vormittag gegen 11 Uhren ist in Jesu seeliglich entschlafen, die Hochgebohrne Gräfin und Fräulein Henriette Juliane, Gräfin zu Erbach und Frau zu Breuberg, war eine Gottseelige fromme Gräfin, ein wahrhaftes Tugendbild, ist an der Lungenfäulung gestorben, alt 17. Jahr.

(b 2) eben daselbst:

Den 10 April. 1684. ist die Hochgeborne Gräfin und Fräulein, Henriette Juliane Gräfin zu Erbach, und das Hochgebohrne Herrlein Ernestus Graf zu Erbach, jene 17. dieses 3. Jahr alt, allhier bey nächtlicher weile, Standsmäßig in der Gruft beygesetzt worden, wobey ich (Hofpr. List) eine Trauer Sermon abgelegt ex Pf. 42 Wann werde ich dahin kommen ꝛc. praesentibus personis perillustribus, nobilibus, Pastoribus, Praefectis et multis aliis (*).

P 2   200) Ein

———————————————————————

(*) in Beysein vieler Gräflichen, Adelichen Personen, Beamten, Geistlichen, und vieler andern.

200) Ein todtgebohrnes Herrlein. (a. b) Michelstädter und Heubacher Kirchenbuch:

Den 30 Aug. brachte des Hochgebohrnen Grafen und Herrn Herrn Georg Ludwigen Grafen zu Erbach ic. Frau Gemahlin, Amelia Catharina geb. Gräfin zu Waldeck ein todtes Herrlein zur Welt, so den 2. Sept. zu Nachts zu Michelstadt beygesetzt worden.

201) Philipp Ludwig. (a) Erbacher Kirchenbuch:

1669. den 10 Jun. ist der hochgebohrne Graf und Herr Philipps Ludwig, Graf zu Erbach und Herr zu Breuberg, allhier getauft worden.

(b) Auszug aus seiner Lebensbeschreibung von seinem gewesenen Hofprediger, Joh. Ludwig Greineisen, aufgesetzt.

Er hatte, ehe er nach Ungarn gieng, die Gnade, dem Kaiser Leopold vorgestellet zu werden, war mit bey der Belagerung von Neuheusel: gieng, nach der Eroberung dieser Vestung, wieder nach Hause, bis ins Jahr 1688, und da er, unter einem Würtenbergischen Regiment, des Herrn von Erffa eine Compagnie, als Rittmeister angenommen, im Herbst, nach den Niederlanden, und hat von dieser Zeit an allen Campagnen mit grosem Ruhme beygewohnt. Er erhielte 1692 das Erfaische, nachher Hildburghäusische Regiment als Obrister, und ward 1701, nachdem Er, auf Befehl des Königs von Engelland, sein recroutirtes Regiment, auf der Bredaer Heide gemustert, zum Brigadier erkläret: legte im Jahr 1702 bey der Belagerung von Kaiserswerth grose Beweise seiner klugen Tapferkeit ab, indem er, mit einem kleinen Haufen von Reutern, dermaßen in die Feinde, die einen Ausfall thaten, eingedrungen, daß sie sich geschwinde in den verdeckten Weg zurück zogen. Ein Soldat sagte zu Ihm: In Wahrheit, mein Herr, wenn ein jeder ein so gutes Hemd von Erzt auf dem Leibe hätte, wie wollten die Vestung mit dem Degen in der Faust, einnehmen. Der Herr Brigadier riß hierauf sein Camisol auf, und wiese Ihm seine bloße Brust mit den Worten: Da Camerad! da ist mein Panzer: sey allezeit brav, so hast du keinen andern nöthig.

Zu Anfang des Jahrs 1704 wurde er zum Generalmajor ernennet, und, da sich der Herzog von Marlborough mit den Kaiserl. Trouppen, im Land Franchimont, conjungirte, und ohne Hindernis gegen Donauwerth zurückte, erhielte der Herr Graf von dem Herzog Aufträge, in Betreff der gemeinen Sache, an die Churfürstl. Höfe zu Trier und Maynz, wie auch an den Fränkischen Creiß, und besorgte solche zum vollkommensten Vergnügen derer Interessenten. Da der Churfürst von Bayern, um den Alliirten den Uebergang über die Donau zu verwehren, den Schellenberg mit aller Macht befestigen ließ, so ward ein Detachement unter Anführung des Generallieutenants von Goar, dahin geschickt, um sich dieses Postens zu bemächtigen. Unser Herr Generalmajor war auch dahin beordert. Kaum war der Angrif geschehen, so wurde der Generallieutenant von Goar erschossen, wie auch der Generalmajor. Der Herr Graf verfügte sich dahin, recognoscirte das Retrenchement, und ließ, nachdem er gefunden, daß es auf der andern Seite der Stadt noch nicht zur Vollkommenheit gebracht worden, dieses an den Marggraf Ludwig von Baden melden, mit dem Ersuchen, den Angrif zu beschleunigen. Hierauf geschahe der Angrif mit so gutem Erfolge, daß man sich des Retrenchements mit dem Degen in der Faust bemächtigte, und den freyen Uebergang vor sich hatte.

Zum glücklichen Ausschlag der Schlacht bey Hochstädt trug der Herr Graf ein nicht geringes bey. Er recognoscirte nicht nur in eigner Person den Morast, durch welchen die Cavallerie setzen sollte, sondern ordnete auch, ohne erachtet des erschrecklichen Feuers aus den feindlichen Canonen, die Brücken darüber an, und setzte bey allen Hindernissen, glücklich über. Das Gefechte gieng nun von allen Seiten an; und nachdem zu dem Herrn Grafen noch etliche Bataillons Engländer, unter Anführung des Hannoverischen Brigadier Luck gestoßen, machte sich solcher auf den Marsch und griff den Feind durch Peloton-Feuer an. Kaum hatte die fünfte ihr Feuer gemacht, so rückte der Herr Graf in einem kleinen Trab mit der Cavallerie an, und chargirte, mit dem Degen in der Faust, so wohl die feindliche Infanterie, als auch die unter ihrer

Bedeckung

Bedeckung stehende Cavallerie, dermaßen, daß eine erstaunliche Niederlage, auf Seite des Feindes, erfolgte. Der Herzog von Marlborough sahe dieses auf dem linken Flügel, eilete Spornstreichs herzu, und machte dem Herrn Grafen hierüber viele Glückwünsche, mit Versicherung, daß man Ihme, den Ruhm der Alliirten diesen Tage, größtentheils zuzuschreiben hätte. Der Herr Graf lehnte es, mit Bescheidenheit, von Sich ab, machte aber anbey die Vorstellung an den Herzog, daß man auf den Feind von beyden Flügeln losgehen, und ihn ganz umzuwerfen, suchen müsse. Der Herzog ließ dieses unverzüglich ins Werk setzen, und der Feind wurde in diesem letzten Angriff in die Flucht gebracht. Der Herr Graf beorderte sobald einen Officier mit einigen Reutern, um die Passage zu besetzen, wodurch dem Marschall de Tallard der Rückzug abgeschnitten, und seine Gefangenschaft durch M. *Boineburg*, einen Officier von den Hessen-Cassel. Trouppen befördert worden.

Er hielt hierauf alle Feldzüge in den Niederlanden mit gleichem Ruhm mit, und erhielte 1705 die Generallieutenants Stelle.

Doch es muste, beynahe am Ende seiner Feldzüge, Ihm auch ein Unfall widerfahren. Dieses geschahe im Jahr 1710 bey einer Fouragirung, ohnweit Landrecy, welche er commandirt hatte, brachte eine kleine Trouppe Husaren, die recognosciren waren, die Nachricht, daß sich eine Parthie feindliche Infanterie und Cavallerie sehen ließe. Er hieß die Fouragierer sich zurückziehen, und gieng mit dem Baron von Wassenaer auf den vordersten Posten, der in einem Lieutenant und 30 Reutern bestund, um ihnen Muth zu machen —— Da der Feind so hart auf Sie angedrungen, gab er dem Lieutenant Ordre sich zurück zu ziehen, und da dieser seinen Befehl allzugeschwind befolgte, so kam der Herr Graf, nebst dem Baron, dem Feind in die Hände. Er ward nach Landrecy gebracht, und es verzögerte sich, mit seiner Auslösung in die 6 Monate, bis er endlich auf Parole loskam.

So ein großer General dieser Herr gewesen, so getreu nahm er auch die Pflichten eines Regenten und Landesvaters in Acht. Er kam, am Ende der Campagne, jedesmal nach Hause, um den Regierungsgeschäften nachzusehen und obzuliegen. Hievon zeugen seine häufige Verordnungen, von welchen verschiedene in der Erbachischen Reformations- und Kirchengeschichte abgedruckt sind.

(c) Auszug aus dem **Lebenslauf:** Er wurde den 4. Dec. 1689 von dem Fürsten zu Waldeck als Meister des Johanniterordens bey einem zu Sonnenburg vorgenommenen Ritterschlage dieses Ordens mit gewöhnlichen Solennitäten geschlagen, und Ihm der erste Platz eingeräumet, folglich Ihm von Ihro Majestät in Preußen Friderico I. die Anwartschaft auf die Commenthur Schievelbein, in der Prima mit diesen terminis conferirt:

„Haben wir wegen Ihrer Lbd. guten Qualitäten, und unserm Orden bezeugten beständigen Affection. Sie in unsern Ritterorden auf und angenommen, und, wie bey diesem Meistertum üblich und herkomlich, den 4. Dec. des verflossenen Jahrs, Sie zum Ritter schlagen lassen, Ihr auch zur Ergötzlichkeit solches von Ihr angenommenen Ritterstandes mit der Commenthur Schievelbein versehen lassen.

In diese Commenthur wurde der Herr Graf, nach Abgang des Herrn von Flemminge im May 1713 mit allen Feyerlichkeiten eingewiesen. (d) **Erbacher Kirchenbuch:**

1720. den 17 Jun. entschlief in dem Herrn zu Coburg auf der Reise nach dem Carlsbade der weil. Hochwürdige und hochgebohrne Graf und Herr, Herr Philippe Ludwig Graf zu Erbach, und Herr zu Breuberg, General Lieutenant und Obrister über ein Regiment zu Pferd, in Diensten der vereinigten Niederlanden des löbl. Johanniter Ordens Ritter, und Commendator zu Schievelbein, unser lieber gnädiger gottseliger Landes Herr, und ward den 3 Jul. Abends zu Michelstadt. Standesmäßig beygesetzt, nicht aber in das Herrschaftl. Gewölbe, sondern, weil er, ausdrücklich, ihn unter die Erde zu bringen befohlen, hat man Ihn in dem Chor in des Herrn Graf Friderich Magnus Grab gelegt, wobey ich (Gretneisen) Ihm die Leich-Sermon gethan, über 2 Tim. IV. 11.

(e) **Erbacher Kirchenbuch:**

Ao. 1706. den 16. Jun. haben, Hochgräfl. Gebrauch gemäß, Beylager gehalten. Der Hochwürdige und Hochgeborne Graf und Herr, Philippe Ludwig, Graf zu Erbach und Herr zu Breuberg, unser regierender Gnädiger Herr, mit der Durchlauchtigsten Princeßin Albertina Elisabetha gebohrne Fürstin zu Waldeck, Gräfin zu Pyrmont ꝛc. ꝛc.

Des Durchlauchtigsten Fürsten und Herrn, Georg Friederichs Fürsten zu Waldeck nachgelassenen Princeßin Tochter. Die Copulation geschahe Abends nach 7 Uhr in der Præsenz Cammer in Gegenwart Ihro Durchl. Herzog Ernsten zu Sachsen; Ihro Hochgräfl. Gnd. Herr Graf Georg Albrecht zu Fürstenau, und Ihro. Durchl. der verwittibten Gräfin (Louisa Anna) zu Fürstenau, neben dreyen, von den jungen Herrn unterschiedlichen Cavallieren und Damen.

(f) **Erbacher Kirchenbuch:**

Den 1. November 1727. entschlief in dem Herrn zu Michelstadt in der Kellerey die Durchlauchtigste Fürstin, und Frau, Frau Albertina Elisabeth, geborne Fürstin zu Waldeck, Gräfin zu Pyrmont, verwittibte Gräfin zu Erbach, und Frau zu Breuberg rc. rc. Des weiland Hochwürdigen und Hochgebohrnen Grafen und Herrn, Herrn Philipps Ludwigen, Grafen zu Erbach und Herrn zu Breuberg, gewesene Hochfürstliche Frau Gemahlin. Und ward den 18 ejd. mit christlichen Ceremonien zu Michelstadt beygesetzt, wobey ich (Greineisen) Abends die Sermon gethan, und folgenden Tags Herr Superintendent die Leich Predigt über Hiob XIX. 25. Sonnt. darauf Dom. XXIV. p. Trin. d. 23 Nov. habe ich allhier die Leichpredigt gehalten über Job. XI. 25. 26. alt 64 Jahr.

NB. Ihr Sterbjahr ist in der alten Stammtafel ausgeblieben.

202) **Carl Ludwig.** (a) **Erbacher Kirchenbuch:**

1670 den 16. Jun. ward Herrn Grafen Georg Ludwig zu Erbach von dero Hochgräfl. Frau Gemahlin Amelia Catharina ein junger Herr gebohren und Carl Ludwig genannt.

(b) **Auszug aus den Personalien:**

Er gieng 1688 mit dem Fürsten von Waldeck, Georg Friederich als Freywilliger nach Holland zur Armee, ward 1689 Corner unter dem Waldeckischen Regiment, Richardischer Compagnie und wohnte denen Treffen bey Walcourt und Fleury bey. Den 30 Mart. 1691 unter dem Hildburghäusischen Regiment Rittmeister, bekam aber den 1. Mart. eine eigne Compagnie, unter diesem, nachmals Erbachischen Regiment, und wohnte der Schlacht bey Leuse Landen, Belagerung von Namur, und dem Entsatz von Brüssel, bey. Nach dem Frieden kam er zwar mit seiner Compagnie in die Reduction, erhielt aber doch das Tractament, bis, bey dem, nach Tode des Königs von Spanien entstandenen Successionskrieg, Er unter dem Erbachischen wieder zu completten Stand gekommenen Regiment, als der Herr Bruder Graf Philipp Ludwig General ward, Commandant seines Regiments worden, und den 14. April 1704 das Patent als Heßen-Cassel. Obrister beym Leibregiment zu Pferd erhielt.

(c) **Erbachisches Kirchenbuch:**

Den 18 August 1704. ist seelig in dem Herrn entschlafen zu Dapfingen an der Donau der Hochgebohrne Graf und Herr Carl Ludwig Graf zu Erbach, und Herr zu Breuberg, des löbl. General Erbachischen Regiments Commendant, nachdem Er. in dem blutigen Treffen bey Hochstädt, 18 Wunden empfangen hatte, ward den 4ten Sept. Abends mit Gräfl. Ceremonien beygesetzt, wobey ich (Hofpr. Greineisen) die Sermon gethan. Folgenden Tags ist hier und zu Michelstadt, wie auch in dem ganzen Lande dißseitigen Antheils eine Leichpredigt über 2. Tim. IV. 7. 8. gehalten, æt. 39 Jahr 9 Wochen.

Der Leichnam kam den 23. Aug. in der Nacht zu Erbach an, und wurde bis zur Aufrichtung eines Castri Doloris, in der Sacristey der Kirche niedergesetzt.

203) **Georg Albrecht.** (a) **Kleinheubacher Kirchenbuch:**

Ao. 1671 den 1 Jul. Morgens zwischen 5 und 6 Uhr gebahr die Hochgebohrne Gräfin und Frau Amelia Catharina eine gebohrene von Waldeck rc. meines gnädigen Herrn Grafen Georg Ludwig zu Erbach herzliebste Frau Gemahlin einen jungen Herrn, welcher aber, weil er sehr matt zur Welt gekommen, nach empfangener heiliger Taufe, in welcher Ihme der Name Georg Albrecht gegeben worden, bald in seinem Erlöser Jesu Christo sanft und seelig entschlafen; und wurde folgenden Dienstag, den 4. Jul., zu seinem Ruhekämmerlein nach Michelstadt geführet.

204) **Amelia Mauritiana. Erbacher Kirchenbuch:**

1672. den 13 May ward Herrn Graf Georg Ludwig von Dero Hochgräfl. Frau Gemahlin Amelia Catharina eine Comteße gebohren und Amelia Mauritiana genannt. Wurde wegen Schwachheit sogleich getauft rc. Sie ist vermuthlich bald darauf gestorben, weil man nichts mehr von ihr findet.

Beweisthümer zur IV. Tabelle.

205) Friederich Carl. (a) **Erbachisches Kirchenbuch:**

Den 19 April 1673. ward Herrn Grafen Georg Ludwig zu Erbach von dero Hochgräfl. Frau Gemahlin ein junger Herr geboren, und Friederich Carl genannt.

(b) **Erbachisches Kirchenbuch:**

1673. d. 20 April: ist Herrn Grafen Georg Ludwigs Herrlein ganz unvermuthet gestorben, und den 24. ejusd. In der Stille des Nachts beygesetzt worden, in hiesiger Stadtkirche neben dem Altar, an der Ecke zur rechten Seite wo man hinein gehet.

NB. Ist beydes a und b unrichtig in der alten Tabelle.

206) Wilhelmina Sophia. **Erbacher Kirchenbuch:**

Den 16. Sept. 1674. ward Herrn Grafen Georg Ludwig von Dero Hochgräfl. Frau Gemahlin Amelia Catharina eine Comtesse geboren und Wilhelmina Sophia genannt. Sie ward bald nach der Geburt getauft.
Wird ebenfalls bald gestorben seyn.

NB. Ist in der alten Tabelle unrichtig.

207) Magdalena Charlotta. (a) **Erbacher Kirchenbuch:**

Den 6. Febr. 1676. ist geboren Magdalena Charlotta Gräfin zu Erbach, ward so bald zwischen 8. und 9 Uhr getauft.

(b) **Erbacher Kirchenbuch:**

1676. den 3. December als den 1. Sonnt. des Advents starb das Fräulein Magdalena Charlotta und ward den 12 ejusd. in das Chor hiesiger Stadtkirche des Nachts in der Stille mit Fackeln, und einigem Geleite von Burgern und Hofdienern beygesetzt.

NB. Ist in der alten Tabelle falsch.

208) Wilhelm Ludwig. (a) **Erbacher Kirchenbuch:**

Den 21. Merz 1677. kurz vor 6 Uhr ist dem Hochgebohrnen Herrn Grafen Georg Ludwigen etc. etc. ein junges Herrlein geboren, und getauft worden. Name Wilhelm Ludwig.

NB. Ist auch unrecht in der alten Tabelle.

(b) **Michelstädter Kirchenbuch:**

1678. den 29 Febr. Ist das Gräfl. Herrgen Wilhelm Ludwig von Gott aus dieser Sterblichkeit abgefordert worden. Es ist den 9. Mart. Abends nach 9. Uhr in allhiesiger Stadtkirche im Chor beygesetzet worden.

209) Amelia Catharina. (a) **Eigene Hand des Herrn Grafen in seinem Almanach:**

1678. den 18 Febr. hat der liebe Gott meine Gemahlin von einer jungen Tochter um 8 Uhr gnädig entbunden. Dieses Kind ist nachmittags nach 2 Uhren durch den Willen Gottes sanft in sein ewiges Freudenleben abgefordert worden.

(b) **Erbacher Kirchenbuch:**

1678. den 18 Febr. starb das Fräulein Amelia Catharina und wurde den 9. Mart. des Abends nach 9 Uhren in der Stille in hiesiger Stadtkirche im Chor beygesetzt.

210) Friederica Charlotta. (a) **Erbacher Kirchenbuch:**

1679. den 19 April. Morgens zwischen 7. und 8 Uhr ward dem Hochgebornen Grafen und Herrn, Herrn Georg Ludwig, und seiner Herzgeliebtesten Frau Gemahlin gebohren, eodem getauft, und Friederica Charlotta genannt.

(b) **Erbachisches Kirchenbuch:**

Den 21 April starb Fräulein Friederica Charlotta Morgens um 2 Uhr, und ward den 24 dito ganz still, in einer Gutsche nach Michelstadt geführt, und in das Hochgräfl. Gewölbe gesetzet.

211) Friederich Carl. (a) **Erbacher Kirchenbuch:**

Ao. 1680 den 21 May. ward Herrn Graf Georg Ludwig, Graf zu Erbach, und Herrn zu Breuberg von dero Hochgräflichen Frau Gemahlin Amelia Catharina ein junger Herr gebohren, und in der Taufe Friederich Carl genennt.

(b) Er quittirte die Kriegsdienste bald, und war ein besonderer Freund der freyen Künste, wie er dann auch wirklich Texte zu Cantaten auf die Sonn- und Festtage aufgesetzt, die unter dem Titel:

Andäch-

Beweisthümer zur IV. Tabelle.

Andächtiges Singopfer auf alle Sonn- und Festtage, von einem Freund, Christo zu Ehren in gebundener Rede gebracht, auf das jetzt laufende Jahr 1729.
Zu Darmstadt gedruckt worden.

(c) **Erbachisches Kirchenbuch:**

Den 20 Febr. 1731 entschlief in dem Herrn der Hochgeborne Graf und Herr, Friederich Carl, reg. Graf zu Erbach und Limpurg. Unser gnädigster Landesherr, und ward den 20 Mart. standsmäßig zu Michelstadt beygesetzt, wobey ich (Greineisen) Abends die Leich-Sermon gethan. Den 8. April, war Dom. Miseric. Dom. geschahe die Leich-predigt. Text: Sonntags Evangelium.

(d) Die Ehepacten wurden den 18. May 1711 zu Ober-Sonntheim unterzeichnet.

Friederich Carl, G. z Erbach.   Sophie Eleonore, geb. von Limpurg.
                                Vollrath, G. und Herr zu Limpurg.
                                Sophie Eleonore, Gr. zu Limburg geb.
                                Gräfin von Hohenlohe.

(e) Auszug aus dem Regierungsbefehl an die Beamte wegen der Landtrauer. Michelstadt den 28. Jan. 1738.

Nachdem es dem verborgenen Gott gefallen, die Hochgeborne Gräfin und Frau, Frau Sophia Eleonora, verwittibte Gräfin zu Erbach und Frau zu Breuberg, geborne Gräfin und Frau zu Limpurg, nach einer hitzigen Brust-Krankheit von etlichen Wochen, dieses Abend um 5. Uhr, zu sich in die Ewigkeit zu nehmen — — —

(e 2) **Michelstädter Kirchenbuch:**
de ano. 1738. den 6. Febr. ist Hochgräflicher in der Kellerey alhier verschiedener Frau Wittwe Körper mit gewöhnlichen Ceremonien beygestellet worden.

212) **Ernestus.** (a) **Heubacher Kirchenbuch:**
1681. den 23. ... gebahr die Hochgebohrne Unsere gnädigste Gräfin und Frau, Frau Amelia Catharina, Gräfin zu Erbach und Frau zu Breuberg ic. ic. gebohrne Gräfin zu Waldeck, zwischen 12. und 1 Uhr vormittag einen jungen Herrn, welcher gegen 4 Uhr, auch vormittag, getauft worden, und wurde Ihme der Name Ernst gegeben.

(b) **Michelstädter Kirchenbuch:**
Den 2. Mart. 1684. morgens um 8 Uhr ist seelig verschieden der Hochgebohrne Graf und Herr, Herr Ernestus Graf zu Erbach, und Herr zu Breuberg ic. den 10 April war die Beysetzung s. oben Nro. 197. lit. c.
NB. Dieses Herrlein fehlet in der alten Tabelle ganz.

213) **Sophia Albertina.** (a) **Erbacher Kirchenbuch:**
1683 den 30 Aug. ward Herrn Grafen Georg Ludwig und Dero Hochgräfl. Frau Gemahlin Amelia Catharina Gräfin von Waldeck eine Comtesse gebohren, und in der heil. Taufe Sophia Albertina genannt.

(b) Die Eheberedung stehet Urk. Nro. CCXXII. und war unterzeichnet, Erbach den 4. Febr. 1704

Ernst Friederich.   Sophia Albertina.
Ernst, Herzog zu Sachsen.   Louisa Anna, geb. Fürstin zu Waldeck,
Phil. Ludwig, Graf zu Erbach.   verw. Gräfin zu Erpach.
Friedrich Carl, Graf zu Erbach. Carl Ludwig, Graf zu Erbach.
                                 Georg Albrecht, Graf zu Erbach.

(b 2) **Erbacher Kirchenbuch:**

Den 4. Febr. 1704. haben christfürstlichem Gebrauch nach, Beylager gehalten der Durchlauchtige Prinz, Herr Ernst Friederich, Herzog zu Sachsen, Jülich Cleve und Berg, auch Engern und Westphalen, und die Hochgebohrne Gräfin und Frau, Frau Sophia Albertina, des Hochgebohrnen Grafen und Herrn, Herrn Georg Ludwigen, Grafen zu Erbach, und Herrn zu Breuberg nachgelassene Gräfin Tochter. Die Copulation geschahe Abends um 7 Uhr, in Gegenwart Ihro Durchl. des Herzogs Ernstens, als des Fürstl. Herrn Bräutigams Herrn Vater, Ihro Durchl. der Fürstin von Erbach, und dann meines gnädigen Grafen und Herrn Excellenz.

(c) Trauerschreiben von der verwittibten Frau Herzogin, Sophia Albertina von Sachsen, geb. Gräfin von Erbach, an Herrn Grafen Philipps Carl zu Fürstenau. Hildburghausen den 9. Mart. 1724.

— — — Denenselben kann hierdurch nicht bergen, welcher gestalt es dem Allerhöchsten gefallen, den weiland Durchlauchtigsten Fürsten und Herrn, Herrn Ernst Friederich, Herzogen

Herzogen zu Sachsen, Jülich, Cleve und Berg, auch Engern und Westphalen, Landgrafen zu Thüringen, Marggrafen zu Meissen, gefürsteten Grafen zu Henneberg, Grafen zu der Mark und Ravensburg, Herrn zu Ravenstein ꝛc. der Römisch-Kayserlichen Majestät Feld-Marschall-Lieutenant, wie auch derer Herren General Staaten der vereinigten Niederlanden, General Major und Obrister über ein Regiment zu Pferd ꝛc. meines im Leben lieb gewesenen Herrn und Gemahls Lbd. heute morgens um 6. Uhren durch einen sanften Tod aus dieser Zeitlichkeit ab ‒ ‒ und zu sich in die ewige Seeligkeit zu beruffen ꝛc. ꝛc.

(d) **Trauerschreiben von Herrn Ernst Friederich Herzogen von Sachsen-Hildburghausen an Graf Georg Wilhelm zu Erbach.** Hildburghausen den 4. Sept. 1742.

Nachdem es dem Allmächtigen Gott ‒ ‒ gefallen, die weiland Durchlauchtigste Fürstin und Frau, Frau, Sophia Albertina, vermittibte Herzogin zu Sachsen ꝛc. ꝛc. geborne Gräfin zu Erbach, und Frau zu Breuberg ꝛc. meine herzlich geliebteste und hochgeehrteste Frau Mutter, heute früh nach 3 Uhr, ‒ ‒ ‒ ‒ von dieser Welt abzufordern ꝛc. ꝛc.

214) **Ernst Ludwig Vollrath Wilhelm.** (a) Bekanntmachungsschreiben von Herrn Grafen Friederich Carl, an Herrn Grafen Georg Albrecht zu Fürstenau. Obersonntheim den 6. Mart. 1712. ‒ ‒

Ew. Lbd. lasse hiermit ohnvorbehalten, wie dem allgütigen Gott gefallen, meine Herzgeliebteste Gemahlin, Sophiam Eleonoram, Gräfin und Frau zu Erbach und Breuberg ꝛc. gebohrne Gräfin und Semperfreyin zu Limburg gestern Abends gegen 6. Uhr Ihrer bisher getragenen Leibes Bürde in Gnaden zu entbinden, und vermittelst glücklicher Genesung eines jungen Sohnes und beiderseits herzlich zu erfreuen.

(b) **Trauerbekanntmachungsschreiben.** Ober-Sonntheim den 3 Merz 1713.

Ew. Lbd. kann ich ‒ ‒ nicht verhalten, welchergestalt es dem grosen Gott gefallen, den weiland Hochgebohrnen, mein Herzwerthest gewesenes einziges Söhnlein, Graf Ernst Ludwig Vollrath Wilhelm, nach ausgestandener langer Unpäßlichkeit, ‒ ‒ heute früh zwischen 9. und 10 Uhr, durch einen sanft und seligen Tod, aus dieser zergänglichen Welt zu sich zu fordern ꝛc. ꝛc.

215) **Sophia Christiana Albertina.** (a) Erbacher Kirchenbuch:

1716. den 5. November ward Herrn Grafen Friederich Carln tit. tit. von Dero Hochgräfl. Frau Gemahlin Sophia Eleonora geb. Gräfin und Semperfreyin von Limburg eine Comtesse gebohren, und in der gleich darauf erfolgten heiligen Taufe Sophia Christiana Albertina genannt.

(b) **Erbacher Kirchenbuch:**

A. 1738. den 5. November haben Hochgräfl. Gebrauch nach, Beylager gehalten, der Hochgebohrne Reichsgraf und Herr, Friederich Ludwig, regierender Graf zu Löwenstein Wertheim, Virnburg, Montaigu ꝛc. Ober Herr zu Chasse pierre, Herr zu Scharfeneck, Breuberg, Herbimont und Neufchatel ꝛc. mit der Hochgebohrnen Reichsgräfin, Sophia Albertina gebohrnen Gräfin zu Erbach, mit regierenden Gräfin zu Limburg und Herrin zu Breuberg ꝛc. ꝛc. des weil. Hochgebohrnen Reichsgrafens und Herrn Friederich Carln, gewesenen regierenden Grafen zu Erbach und Limburg, Herrn zu Breuberg ꝛc. ꝛc. hinterlassenen hochgräfl. ältesten Tochter. Die Copulation geschahe Abends zwischen 6. und 7 Uhr in Gegenwart vieler Hochgräfl. und Adelichen Personen und anderer Bedienten.

(c) **Wertheimisches Kirchenbuch:**

1741. den 15. Decemb. Abends gegen 9 Uhr sind in dem Herrn seelig entschlafen, die Hochgeborne Gräfin und Frau, Frau, Albertina Christiana Sophia, des hochgebohrnen Grafen und Herrn, Herrn Friederich Ludwig, regierenden Grafen und Herrn zu Löwenstein Wertheim Rochefort ꝛc. ꝛc. herzlich lieb gewesene Gemahlin, gebohrne Gräfin zu Erbach, und Herrin zu Breuberg, welche den 21. Abends in die Hochgräfl. Gruft mit Standesmäßigen Gräfl. Ceremonien beygesetzet worden.

216) **Friederica Charlotta Wilhelmina Augusta.** (a) Erbacher Kirchenbuch:
Den 6. Jul. 1722. ward Herrn Grafen Friederich Carl tit. tit. von Dero Hochgräfl. Gemahlin, Frauen Sophien Eleonoren, geb. Herzin von Limburg, eine Comtesse gebohren, und sogleich nachmittags gegen 1 Uhr getauft. Sie ward benennet Friderica Charlotta Wilhelmina Augusta.

(b) **Bekanntmachungsschreiben von Herrn Graf Ludwig Vollrath zu Löwenstein-Wertheim an Herrn Graf Georg Wilhelm zu Erbach** 11ten Dec 1738.

Ew. Liebden kann anderweit nicht unerösnet lassen, welcher gestalt mein, durch göttliche Fügung mit der Hochgebohrnen Gräfin und Frauen, Frau Friederich Charlotte, geb. Gräfin zu Erbach und Herrin zu Breuberg getroffene Eheverlöbnis am 7ten dieses Monaths durch Priesterliche Trauung bestätigt, und vollzogen worden.

217) Wil-

217) **Wilhelmina Amalia.** (a) **Erbacher Kirchenbuch:**

Den 7. Aug. 1724. ward Herrn Graf Friederich Carl tot. titl. von Dero Hochgräfl. Frau Gemahlin Sophia Eleonora geb. Freyin von Limburg eine Comtesse gebohren, und in der heil. Taufe, die den 8. geschahe, Wilhelmina Amalia genannt.

(b) **Erbacher Kirchenbuch;**

1725. den 3. Jan. Morgens 1. Uhr entschlief seelig in dem Herrn, Gräfin Wilhelmina Amalia, Gräfin zu Erbach, Unsers gnädigsten Grafen und Herrn jüngste Gräfin Tochter, und ward den 6. ejd. mit zweyen Kutschen in die Herrschaftl. Gruft gebracht, und daselbst in der Stille beygesetzt.

192) **Georg Albrecht.** (a) **Aus den Personalien der Frau Mutter:**

Allermaßen die göttl. Allmacht die damals unter dem bekümmerten Herzen Unserer Frau Gräfin seel. bereits gelegene Frucht, nemlich unsern jüngsten Grafen, und Herrn, Herrn Georg Albrecht zu Erbach, so weit benedicirct, daß dieselbe am 26. Febr. des abgelebten 1648. Jahrs, also 12 Wochen nach des Herrn Vaters Tode, frisch und gesund zur Welt gebohren worden.

(b) **Aus den Personalien seines Herrn Bruders Graf Georgen.** (c) Nebst andern, im Archiv sich befindlichen Nachrichten, bezeuget solches auch das Michelstädtische Kirchenbuch bey der Nachricht von der Geburt der Comtesse Friederica Albertina, wo es heisset:

Den 29 Sept. 1683 ward dem Hochgebohrnen Grafen Georg Albrecht, als dieselbe eben in dem Zug wieder die Türken gewesen, und dem Entsatz bey Wien, als Obrist-Lieutenant, beygewohnt rc.

(d) Die Zeiten des Französischen Krieges waren in hiesigen Gegenden für die Landes-Herrschaft, wie für ihre Unterthanen, fast eben so hart, und, gewisser maßen, noch Drangsalsvoller, als die im dreyßigjährigen Kriege. Brandschatzungen, Durchzüge, häufige Quartiere entkräfteten den Landmann, der das vom dreyßigjährigen Kriege verwüstete Land liegen lassen muste, sich in Wäldern und Klüften verbarg, oder gar auf und davon gieng. Wer kann sich wohl wundern, wann, mit dem betrübtesten Blick, die Landesvätter, das Haus verlassen, und ihre Sicherheit in Gegenden suchen mussten, wo Krieg, Raub und Verstörung nicht hingereichet hat? Das Hohenlohische war eine solche beschützte und glückliche Gegend, und dahin, als zu dem Stammhause seiner Frau Gemahlin, nahm unser Herr Graf Georg Albrecht seine Retirade. (e) Trauer-bekanntmachungsschreiben an Herrn Landgrafen von Darmstadt, von Herrn Grafen Philipps Carln. Fürstenau den 27. Mart. 1717.

Ew. Fürstl. Durchl. kann hiermit zu berichten nicht unterlassen, welcher gestalt es dem Höchsten ——— gefällig gewesen, den weiland Hochgebohrnen Grafen und Herrn Herrn, Georg Albrechten, Graf zu Erbach, und Herrn zu Breuberg, meines hertzgeliebten Herrn Vaters Gnd. nachdem Dieselbe, schon einige Zeit her, mit Leibesschwachheit (Podagra) beladen gewesen, am 23. dieses Monats, Nachmittag zwischen 3. und 4 Uhr durch einen sanften und seeligen Tod aus diesem vergänglichen Leben abzufordern.

(f) Die Ehepacten sind unterzeichnet. Waldenburg den 3. Nov. 1671.

Georg Albrecht, G. z. E.	Philipp Gottfried, Gr. zu Hohenloe.
Georg Ludwig, G. z. E.	Anna Christina, Gräfin zu Erbach geb. Gräfin zu Hohenloe.
Georg, Graf z. Erb.	Christian, Gr. zu Hohenloe.
	Hiskias, Gr. zu Hohenloe.

(g) **Gronauer Kirchenbuch:**

Anno 1724. den 28. Octobr. des Abends um 8 Uhr starb die Hochgeborne Gräfin und Frau, Frau Anna Dorothea Christina, verwittibte Gräfin zu Erbach Fürstenau, gebohrne Gräfin zu Hohenlohe-Waldenburg rc. auf dem Schönberger Schlosse, und wurde, auf Begehren der Hochseligen, unter einem von mit (Hofpr. Müller) gehaltenen Gebät, mit Unterlassung einer weiteren Sermon, den 10 Novembr. zu Michelstadt beygesetzet, die Leichen- oder Gedächtnispredigt aber allhier in Gronau den 19. Novembr. gehalten über Jo. 14, 19. Ihr letztes Lager war nur 2 Tage, da um den Mittag hatte sie ein Schlagfluß angegriffen, die Sprache vergangen und die Augen meist geschlossen waren, das Alter hatten Sie erreichet bis auf 69. Jahr. Sie waren ein Exempel der wunderbaren Fügung und Erhaltung Gottes unter den wunderbarsten Umständen und Paroxismis, so sich an Ihnen in den letzten 40. Jahren des Lebens ereignet, ein Exempel der Gütigkeit gegen die Armen, ein Beyspiel der Liebe und Ehrerbietung gegen das göttliche Wort.

218) Chri-

Beweisthümer zur IV. Tabelle.

218) Christine Elisabethe Sophie. (a) Glückwünschungsschreiben von der Landgräfin von Hessen, Elisabethe Dorothe an Herrn Grafen Georg Albrecht. Darmstadt den 10. Dec. 1673. — — —

> Wir haben Ew. Lu Waldenburg den 7. jüngst abgewichenen Monats Nov. an uns erlassenes Schreiben wohl empfangen, und daraus mit mehrerem vernommen, welchergestalt der Allmächtige Gott Eure Gemahlin in Gnaden entbunden, und euch mit einem Töchterlein mildväterlich gesegnet, sodann, daß ihr nebst andern hohen Fürstl. und Gräfl. Gevattern, auch uns mit erwehlet, und besagten Eurem Töchterlein den christlichen Namen Christina Elisabetha Sophia beylegen lassen.

(b) **Michelstädter Kirchenbuch:**
> Den 29. Sept. 1697. sind, nach abgelegter Hochzeit-Sermon, des Abends vor der Tafel im Herrschaftl. Schloß copulirt worden. Der Hochgebohrne Graf und Herr, Herr, Friederich Kraft, Herr zu Oehringen, und die Hochgebohrne Fräulein Christine Elisabetha Sophia; Ihro Gr. Gn. Georg Albrechts zu Fürstenau, älteste Gräfin Tochter.

(c) **Schreiben Herrn Grafen Carl Ludwig von Hohenloe an den Herrn Grafen von Oehringen** *sub dato* Weikersheim den 28. Aug. 1709.
> Welcher maßen es dem Allerhöchsten gefällig gewesen, den Hochgebohrnen Friederich Kraften, Grafen zu Hohenloe und Gleichen, Herr zu Langenburg ꝛc. ꝛc. Unsern freundlich geliebten Bruder nach ausgestandener gar kurzen Unpäßlichkeit, vorgestrigen Freytag frühe gegen 1 Uhr — — — aus diesem zeitlichen in das ewige Leben abzufordern, ein solches werden E. Lbd. — — — bereits vernommen haben ꝛc.

(d) **Trauerbekanntmachungsschreiben des Herrn Grafen Georg August von Schönberg an dero Herrn Brüder, Grafen Philippe Carl, und Georg Wilhelm zu Fürstenau und Erbach.** Pfedelbach den 24. Febr. 1734.
> Nachdem es dem großen Gott, nach seiner Barmherzigkeit gefallen, Unsere noch einige im Leben geliebte Schwester diesen Morgen gegen 7. Uhr, ihres so langen Jammers zu befreyen und ihm so lang gewünschten Frieden kommen zu lassen ꝛc. ꝛc.

219) Philipp Friederich. (a) Sandbacher Kirchenbuch:
> 1676. den 11 Jan. Morgens hora 5. auf Breuberg gebohren Herr Philipp Friederich — — — des Hochgebohrnen Herrn, Herrn Georg Albrechtens, Grafen zu Erbach, und Herrn zu Breuberg p. t. allhie residirenden, und dessen Gemahlin der Hochgebohrnen Frauen, Anna Christina, Gräfin zu Erbach und Frauen zu Breuberg, gebohrner Gräfin von Hohenloe, Unserer gn. Herrschaft ehel. Herrlein — — —

(b) **Waldenburg. Kirchenbuch** Rubrik Beerdigte:
> 1676. den 27. Jul. Illmus Philippus Fridericus, Comes ab Erbach et Dominus in Breuberg natus 28. Wochen Nepos Illmi nostri *Philippi Godofredi*, starb den 25 Jul. unverhoft, vermuthlich an einem Apostem in der Brust, und wurde Abends um 9 Uhr beygesetzt.

221) Dorothea Elisabetha. Bekanntmachungsschreiben: Fürstenau 12. Febr. 1679.
> Ew. Lbd. kann ich — — — nicht bergen, welcher gestalt es dem Allerhöchsten gefallen, die Hochgebohrne Anne Dorothee Christine, meine freundlich geliebte Gemahlin, Ihrer bisher getragenen Ehelichen Leibes-Bürde, nach ausgestandener 24. stündigen höchst schmerzlichen Kindesnöthen, so, daß vor Menschlichen Augen, Mutter und Kind dem Tode nahe geschienen, endlich heute Morgens um 5. Uhren in Gnaden zwar entbunden, und uns beyde, an einer wohlgestalten jungen Tochter seinen Ehe-Segen zu zeigen, dannoch aber solches, nach seinem unerforschlichen Rath und Willen, so bald nach heiliger Taufe, wiederum zu sich, in die ewige Seeligkeit zu versetzen.

222) Carl Wilhelm. (a) **Michelstädter Kirchenbuch:**
> Den 30. Nov. 1680. dem Hochgebohrnen Grafen und Herrn, Herrn Georg Albrecht, Grafen zu Erbach, und Herrn zu Breuberg, und der Hochgebohrnen Gräfin und Frauen, Annen Dorotheen Christinen, Gräfin zu Erbach, geb. Gräfin von Hohenloe, gebohren ein junges Herrlein, eodem die getauft: Nomen *Carolus Wilhelmus*.

(b) Er war zuerst Rittmeister unter dem Kaiserlichen Cuirassier-Regiment des Herrn Landgrafen Philipps von Hessen-Darmstadt, quittirte aber diese Compagnie, und erhielt die Stelle eines Generaladjutanten bey dem Feldmarschall und Generallieutenant, dem Marggrafen Ludwig Wilhelm von Baden. Ich beweise dieses durch folgendes Patent:
> Von der Römisch Kaiserlichen auch zu Hungarn und Böhmen Königl. Maj. Unsers allergnädigsten Herrn ꝛc. wegen dero General Adjutanten Herrn Carl Wilhelm, Grafen zu Erbach Fürstenau, und Herrn zu Breuberg ꝛc. ꝛc. hiermit seiner Gnaden anzufügen, was maßen höchst ernannte Ihro Kaiserl. Majt. — — allergnädigst verwilligt haben, daß derselbe seine obhabende General Adjutanten Stelle in vorstehender Campagne unter

dem Commando Sr. Hochfürstl. Durchl. des Feld Marschalls, Marggrafen zu Baden vertretten könne.

Per Imperatorem
ex Consilio Bellico
Wien, 26. Oct. 1705.

(c) Concept Trauerbekanntmachungsschreibens von Herrn Graf Georg Albrecht — — Fürstenau den 28 Sept. 1714.

Ew. Lbb. kann ich leidmüthig nicht verhalten, was gestalt es dem großen Gott — — gefallen hat, mich — — — den Tod des hochgebohrnen, meines herzlich lieb gewesenen jüngsten Sohnes, Graf Carl Wilhelm zu Erbach Lbd. welcher gestern nach Mittag 2 Uhr in Franckfurt seine Seele in die Hand des Schöpfers wieder überliefert hat, erleben zu lassen rc.

(d) Die Ehberedung war unterzeichnet. Breda den 31. Oct. 1707.

Georg Albrecht, G. z. Erbach. Ernst. W. von Salisch.
A. Doroth. Chr. G. z. Erb. geb. Gräfin
von Hohenloe.

(d 2) Auszug aus den Personalien:

Sie ist gebohren den 31. May 1688. zu Zantuch in Schlesien, und war von zeben Kindern allein noch übrig geblieben. — — — Der Eltern Vergnügen an Ihr, wurde noch mehr vergrößert, als im verwichenen 1708ten Jahr den 4. Mart. die Hochselige mit dem Hochgebohrnen Grafen und Herrn, Carl Wilhelm, Grafen zu Erbach, und Herrn zu Breuberg, glücklich zu Breda vermählet wurde.

(e) Trauerbekanntmachungsschreiben von Herrn Grafen Carl Wilhelm, an die Fürstin von Erbach. Breda den 23. Febr. 1709.

Ew. Fürstl. Gnd. kann es aus innigst betrübtem Herzen nicht bergen, was gestalt es Gott dem Allerhöchsten gefallen, die weiland hochgebohrne Gräfin meine herzliebste Gemahlin, Frau Anna Maria Ernestina, Gräfin zu Erbach, Frau zu Breuberg, gebohrne Freyin von Salisch, nach einer 9. wöchigen sehr schmerzlichen Kranckheit, gestern Abends um ½ 8. Uhren, aus dieser mühseligen Welt durch einen sanften Tod abzurufen rc.

Sie ward den 4. Mart. 1709 zu Breda beygesetzt, und hiesigen Landes, im Fürstenauischen Antheil, eine Leichenpredigt gehalten.

223) Ernst Friederich Albrecht. (a) Michelstädter Kirchenbuch:
1681 den 27. December. Morgends zwischen 7 und 8 Uhren, ist dem Hochgebohrnen Grafen und Herrn Herrn Georg Albrecht, Grafen zu Erbach und Herrn zu Breuberg, von dero Frauen Gemahlin, der auch Hochgebohrnen Gräfin und Frauen Annen Dorothen Christinen vermählten Gräfin zu Erbach, gebohrne Gräfin von Hohenloe rc, ein junges Herrlein gebohren, und denselbigen Tag gegen 12 Uhr getauft worden. — — — Das junge Herrlein ist genennet worden Ernst Friederich Albrecht.

(b) Von den Lebensumständen dieses Herrn, welche in der Erbach. Historie S. 232. ausführlich zu lesen, gebe ich folgenden Auszug:

Er gienge den 16. May 1694 nach Copenhagen, und wurde daselbst in die Königl. Ritteracademie aufgenommen, nachdem er den 8. Jul. bey dem König, in Gegenwart aller fremden Envoyez, auch vieler Königl. Ministers und Cavalliers, hernach auch bey der Königin, öffentliche Audienz gehabt hatte.

Im Jahr 1701 den 28. Mart. wurde er Capitain von der Königl. Leibgarde zu Fuß, und gieng, in selbigem Jahr, mit dem Regiment nach Holland. Die erste Campagne machte er 1702, in welcher die Alliirten Kaiserewerth wegnahmen. Hier war er in großer Gefahr, indeme hinter ihm eine Canonenkugel jemand getödtet.

In der dritten Campagne 1704 ist er im Treffen bey Hochstädt zweymal am linken Bein blessirt worden. In eben diesem Jahre wurde er Obristlieutenant bey dem Schönfeldischen Regiment. Im Jahr 1705 war er mit dabey, da die Französische Arrierlinie zernichtet wurde. 1707 und 1708 gieng er wieder in Campagne, und commandirte allezeit das Regiment en Chef, und das sonderlich bey Oudenarde. Im Jahr 1709 stunde er bey Dornick bey der Observationsarmee. Er that die erste Attaque mit dem Regiment, und wurde, noch vor dem Retranchement am rechten Bein unter dem rechten Knöchel von einem Schuß betroffen, und gleich darauf oben drey Finger breit, über der Junctur, das Bein von einander geschossen.

(c) Befehl

Beweisthümer zur IV. Tabelle. 69

(c) Befehl an die Beamte und Geistliche, sich bey der Beysetzung dieses Herrn einzufinden. Samstag den 25. Jan. 1710.

Denselbigen wird leider bekannt seyn, was maßen dem grundgütigen Gott — — — gefällig gewesen, den Hochgebohrnen Grafen und Herrn, Herrn Ernst Friederich Albrecht, Grafen zu Erbach, und Herrn zu Breuberg. Er. Königl. Majest. von Dännemark hochbestellten Obristen über ein Regiment zu Fuß, nachdem Er. Hochgräfl. Gnaden, am 11. Sept. abgewichenen Jahres, in der Bataille bey Mons, gefährlich blessiret worden, auch zu solcher Blessure in die vier Monate lang, schwerlich darnieder gelegen, endlich am 3. hujus, Abends zwischen 5. und 6. Uhren, in Brüssel aus dieser Zeitlichkeit abzufordern. Wann dann nun dero verblichener Leichnam, welcher gestern Abends allhier angekommen, künftigen Montag in die Hochgräfl. Gruft gebracht werden soll — — Samstag den 25. Jan. 1710.

224) **Friederica Albertina.** (a) **Michelstädter Kirchenbuch:**

Den 29 Sept. 1683. ward dem Hochgebohrnen Grafen und Herrn, Herrn Georg Albrechten, Grafen zu Erbach, und Herrn zu Breuberg, ꝛc. als dieselben eben in dem Zug wider die Türken gewesen, und dem Entsatz von Wien, als Obrist-Lieutenant beygewohnet, von Dero Hochgebohrnen Gräfin zu Erbach und Frau zu Breuberg, gebohrnen Gräfin zu Hohenloe ein Hochgräfl. Fräulein gebohren, und Friderika Albertina genennt.

(b) **Die Ehepacten finden sich Urk. Nro. CCXXVI.** (b) **Aus ihren Personalien:**

Bey dem am 6. Dec. 1701. zu Pfedelbach angestellten Beylager des Herrn Grafen Christian Kraft von Hohenloe waren sie zugegen. Und die fügte sichs. daß den 7. gedachten Monats Dero Eheverspruch mit Herrn Grafen Friederich Eberhard von Hohenloe vor sich gegangen, die Trauung aber vor dem Krankenbette des Herrn Schwiegervatters am 18 Jan. 1702. durch Herrn Pfarrer M. Breyer verrichtet worden, und den 27. die Heimführung ohne Gepränge geschehen.

(c) Aufschrift der Leichpredigt: Die nach Gottes Rath geleitete und endlich mit Ehren aufgenommene glaubige Seele, als die weiland Hochgebohrne Gräfin und Frau, Frau Friederica Albertina, Gräfin von Hohenloe und Gleichen ꝛc. ꝛc. gebohrne Gräfin von Erbach den 19. Jan. 1709 Abends zwischen 3 und 4 Uhr, nach ausgestandenen harten Geburtsschmerzen, in ihrem Erlöser, Jesu Christo, selig entschlafen, und Dero verblichener Hochgräflicher Leichnam den 25. besagten Monats in seine Ruhekammer standsmäßig beygesetzt und eingesenket worden, bey dem darauf den 15 Febr. höchst angestellten betrübten Leichenbegängnis, nach Anleitung der von der Hochseel. Frau Gräfin daselbst erwehlten Textesworte Ps. XVII. 15. in einer christlichen Trauerpredigt angestellet, und auf gnädigsten Befehl zum Druck ausgefertiget von Johann Ludwig Wolf, Hof- und Stadtprediger zu Ruchberg.

225) **Ein todes Herrlein.** **Michelstädter Kirchenbuch:**

Den 6. May. 1685. ist die Hochgebohrne Gräfin und Frau, Frau Anna Dorothea Christina, Gräfin zu Erbach und Frau zu Breuberg, gebohrne Gräfin von Hohenloe, des Hochgebohrnen Grafen und Herrn, Herrn Georg Albrechten, Grafen zu Erbach ꝛc. und Herrn zu Breuberg, Hochgebohrne Frau Gemahlin zu Pfedelbach eines zwar wohlgestalten, aber todes Herrleins genesen.

227) **Georg Albrecht.** (a) **Michelstädter Kirchenbuch:**

Den 1. Nov. 1687. Nachts zwischen 1. und 2 Uhr ist die hochgebohrne Gräfin und Frau, Anna Dorothea Christina, Gräfin zu Erbach ꝛc. gebohrne Gräfin zu Hohenloe ꝛc. des Hochgebohrnen Grafen und Herrn, Herrn Georg Albrechten, Grafen zu Erbach Hochgebohrne Frau Gemahlin eines wohlgestalten jungen Herrleins genesen —

(b) Er kam 1697 nach Cassel, um daselbst die Französische Sprache, bey einem Prediger von dieser Nation, zu erlernen, die er auch so fertig, als seine Muttersprache redete, ward darauf mit dem Erbprinzen zu Darmstadt unterrichtet, und besuchte 1703 die Universität Giessen. Im Jahr 1705 thät er den Feldzug als Rittmeister, unter dem Hessen-Darmstädtischen Volke mit, und würde es, bey seinem tugendhaften Character, weit genug gebracht haben, wenn nicht der Tod, den ein auszehrendes Fieber nach sich gezogen, alles abgebrochen hätte. (c) Trauerbekanntmachungsschreiben an Herrn Landgrafen von Darmstadt, von Herrn Grafen Georg Albrecht den 21. Dec. 1706. —

Sw. Fürstl. Gnd. kann schmerzlich betrübt nit bergen, wie daß dem Allmächtigen Gott nach seinem heiligen Rath und Willen, gefallen hat, den Hochgebohrnen meinen geliebten Sohn Georg Albrechten, Grafen zu Erbach, und Herrn zu Breuberg, Fürstl. Hessen-Darmstädtschen Rittmeister, nach ausgestandener langwieriger Krankheit, gestern

gestern nachmittag, ein Viertel nach 3 Uhren, durch einen sanften Tod, aus dieser Welt abzufordern ꝛc.

(c 2) **Directorium der Beysetzung.**

228) **Henrietta Juliana Charlotta.** (a) **Michelstädter Kirchenbuch:**

Den 23ten April. 1689. ist die hochgebohrne Gräfin und Frau, Frau Anna Dorothea Christina, Gräfin zu Erbach, gebohrne Gräfin zu Hohenloe, des Hochgebohrnen Grafen und Herrn, Herrn Georg Albrechten, Grafen zu Erbach, Frau Gemahlin, einer jungen Gräfin glücklich genesen, Nachts um 11 Uhr, welche den 24 ejd., im Hochgräfl. Gemach, Christo in der Taufe vorgetragen worden. Die junge Gräfin hat den Namen erhalten Henriette Juliane.

(b) **Concept Trauerbekanntmachungsschreibens von Herrn Grafen Philipps Carl.** Hanau den 9. Sept. 1718.

Ew. Lbd. soll mit vieler Betrübnis melden, welchergestalt der allweise Gott für gut gefunden, meine freundlich vielgeliebte Schwester, die Hochgeborne Gräfin und Frau, Henriette Juliane Charlotte, Gräfin zu Erbach, am 7ten dieses, Abends zwischen 7. und 8 Uhr, nach ausgestandener langwieriger Krankheit, aus dieser Zeitlichkeit, zu sich in die Ewigkeit zu fordern.

(b 2) **Michelstädter Kirchenbuch:**

Den 12. Sept. 1718. ist Henriette Juliana Charlotta, geborne Gräfin zu Erbach, ihres Alters 29. Jahr. 19. Wochen 4. Tage weniger ꝛc. Stunden begraben worden.

230) **Christian Carl.** (a) **Gevatterschreiben an die Königin von Dännemark** den 27. Dec. 1694. Fürstenau. — —

Ich lebe gegen Ew. Königl. Majt. der aller unterthänigsten Hofnung und Zuversicht: Sie werden allergnädigst vermerken, daß zu meinem, durch glückliche den 26. dieses Mittags zwischen 12 und 1 Uhr geschehene Entbindung meiner Gemahlin, beschertem wolgestalten jungen Sohn, Ew. Königl. Majt. zu einem allerhöchsten Taufzeugen nebst Ihro Majestät dero Königlichen Herrn Gemahl zu erwehlen, mich unterstanden habe, allermaßen dero höchste Person bey der Taufe vertretten, und Ihm der Nahmen Christian Carl gegeben worden.

(b) **Concept Befehlschreibens an alle Geistliche, wegen Bekanntmachung der Landtrauer.** Fürstenau den 27. Aug. 1701.

Nachdem es dem Allerhöchsten gefallen, den Hochgebohrnen Christian Carln, Grafen zu Erbach, und Herrn zu Breuberg, Unsern freundl. herzgeliebtesten Sohn, durch ein langwierig anhaltendes hektisches Fieber, verwichenen Dienstag frühe zwischen 12. und 1 Uhr von dieser Zeitlichkeit abzufordern.

221) **Anna Sophia Christina.** (a) **Bekanntmachungs- und Gevatterschreiben an die Frau Mutter, Gräfin Anna Dorothea Christina, von Herrn Graf Carl Wilhelm.** Breda den 12. Nov. 1708.

Ihro Gnd. kann, aus erfreutem Gemüth, nicht verhalten, daß es dem großen Gott gefallen, die Hochgebohrne Gräfin Mariane Ernestine heute früh um 3 Uhr Ihrer Bürden in Gnaden zu entbinden, und uns mit einer wohlgestalten Tochter zu erfreuen. Ihro Gnd. werden gnädig erlauben, Sie zu einem Taufzeugen zu erwehlen, und gnädig genehm halten, daß heute dero Stelle vertretten, und der Name Anne Sophie Christine beygelegt worden.

(b) Die Eheberedung ist unterzeichnet. Breslau den 6. Merz 1724.

Ans G. C. G. z. E.
Anna Sophia, verm. von Salisch.

Joh. Wilhelm; s. j. Rath;
Hans Anton, Gr. von Schafgotsch.

Unterschrieben Fürstenau, Reichenberg, und Schönberg.

Anna Doroth. Christ. G. z. E. W.
G. W. G. z. E.

Phil. Carl, G. z. Erbach.
Georg August, G. z. Erb.

(b 2) **Bekanntmachungsschreiben von Herrn Grafen Wilhelm von Malzan, an Herrn Grafen Philipps Carln.** Breslau den 8. Jun. 1724.

Demnach die zwischen der Hochgebohrnen Gräfin und Fräulein Annen Sophien Christinen, Gräfin zu Erbach und Breuberg, und mir, aus göttlicher Fügung geschlossene Eheverbindnis nunmehro nächst abgewichenen 28. May. durch ordentliche Vermählung wirklich vollzogen worden — —

(c) **Trauerbekanntmachungsschreiben der verwittibten Frau Gräfin Malzan an Herrn Grafen Philipps Carl.** Militsch den 9. Sept. 1728.

Ew. Gnd. muß hiemit höchstbetrübt hinterbringen, was maßen es Gott dem Allmächtigen, nach seinem Willen gefallen, meinen herzliebsten Gemahl, den weil. Hoch- und wolgeb.

freyen Linien vorstellet.

Schönbergische Linie.

(s. vor. Tab. Nro. 229. Lit. M.) Georg August, reg. Graf zu Erbach und Herr zu Breuberg, Kaiserl. wirkl. Reichshofrath, gebohren zu Walbenburg den 17 Jan. 1691 (a), seine Lebensumstände siehe in den Beweisthümern (b), ließ 1752 die Primogeniturverordnung in seinem Hause bestättigen (c), starb den 29 Mart. 1758 zu Rönig, und ward den 3 April zu Michelstadt in der Gruft beygesetzt (d). Gemahlin: Ferdinande Henriette, Herrn Grafen Ludwig Christian, Grafen zu Stolberg, Rochefort, Abutzstein, Wernigerode und Hohnstein, Herrn zu Eystein, Münzenberg, Lohra und Clettenberg, hinterlassene Gräfin Tochter, geb. 2 Oct. 1699, vermählt den 15 Dec. 1719 zu Gedern (e), starb den 31 Jan. 1750 zu Rönig, und wurde den 6 Febr. zu Michelstadt in der Gruft beygesetzt (f).

260) Franz Carl, reg. G. zu Erb. und Herr zu Breuberg, des Russischen St. Annen-Ordens Ritter, geb. 28 Jul. 1724 (a), kam 1741 als Cornet in Hessische, 1744 als Hauptmann in Kaiserliche, 1747 als Obrist-Lieutenant in holländische Dienste, 1749 Obrister, 1772 General-Major, tratt 1777 die Regierung mit dem Genio des Hauses an. Gem. Auguste Caroline, Herrn Grafen Gustav Friederich, Graf von Ysenburg-Büdingen Sr. Tochter, geb. 15 Mart. 1758, vermählt zu Bergheim 4 Septembr. 1778 (b).

261) Christian Albrecht, geb. zu Gedern 23 Aug. 1725 (a), starb daselbst 27 Mart. 1726 (b).

262) Caroline Ernestine, geb. 20 Aug. 1727 zu Gedern (a), verm. an Heinrich XXIV. Reuß zu Eberndorf, 28 Jul. 1754 zu Thurnau (b), Witwe 13 May 1779 (c).

263) Christian, geb. 7 Oct. 1728 (a), gieng 1745 in holländische Dienste als Fähndrich, 1748 in Kaiserl. als Hauptmann unter Waldeck, 1758 Major, balb Obrist-Lieut. und Obrist, 1773 General-Major, seit 1783 T. O. Ritter, und 1783 Statthalter zu Mergentheim.

264) Georg August, geb. den 9 Merz 1731 (a), anfänglich Cornet unter Barbiani, 1751 königl. Französ. Hauptmann unter Nassau Royal Inf. 1758 Obrister 1770 Brigadier und des Ordens de la Merite R.

265) Carl, geb. den 10 Febr. 1732 (a), gieng 1748 als Volontair unter das Kais. Kön. Regiment Wolfenb. 1753 Hauptmann, 1758 Major, 1764 Obr. Lieut. 1774 Obrist, 1783 Gen. Major. Gemahlin: Maria Johanna Nepomucena, geb. Fräulein aus dem Alt-Ritterlichen Geschlecht derer Jabubikn v. Schönthal im Königr. Böhmen, getraut auf dem Schlosse Tscherminiz den 20 Oct. 1783 (b).

266) Auguste Friederike, geb. 20 Mart. 1730 (a), verm. an Herrn Christian Friederich Carl, Graf zu Giech, Herrn zu Thurnau, J. R. K. Maj. m. Cammerh. und des Br. A. D. R. den 13 Sept. 1753 zu Schönberg (b).

267) Friederich, geb. 22 Jan. (a), starb 6 April 1733 (b).

268) Louise Eleonore, geb. 23 Aug. 1735 (a), verm. an Leopold Casimir, Graf zu Rechtern, J. R. K. M. Cammerh. und General-Major in holl. Diensten, den 6 Jul. 1750 zu Schönberg (b), Wittib 26 May 1778 (c).

269) Casimir, geb. 27 Sept. 1736 (a), 1756 Fähndrich unter Arberg, † als Hauptmann unter Macquire zu Prag 27 Jan. 1760 (b).

270) Gustav Ernst, geb. den 27 April 1739 (a), 1758 Capit. unter Royal-Deux-Ponts, 1768 Obrister und Ritter des Ord. pour le Merite. Gemahlin: Henriette Christine, Hrn. Gr. Ludwigs von Stolberg zu Stolberg Gräfin Tochter, geb. 3 Aug. 1753, verm. zu Rönig 3 Aug. 1782.

273) Auguste Louise Christiane Caroline, geb. 28 Febr. 1784.

274) Caroline Auguste Louise Henriette Amalie, geb. den 9 Sept. 1785.

275) Ferdinande, geb. 23 Jul. 1784.

276) Georg Ludwig, geb. 15 Jan. 1786.

wolgebornen Herrn, Joachim Wilhelm, Grafen zu Waljau, den 6. dieſes Monats
vor Mittag um 4 Uhr aus dieſer Zeitlichkeit zu ſich abzufordern. Milttſch 9. Sept. 1728.

(d) **Die Eheberedung iſt unterſchrieben.** Briſa den 12. Nov. 1737.

Anna Soph. Chriſt. verw. G. zu Malʒ.	Balthaſar Friederich, Gr. von Promnitʒ.
G. G. von Erbach.	
Carl, Gr. v. Berg cur. noe	Philipp, Graf von Arco Teſtis.
Ernſt Julius, Gr. von Hoen.	
Carl Senr. von Langnau.	Leo Maximilian, Gr. von Hentel Teſtis.
Sylv. Friederich von Mutſchelwitʒ.	

(e) **Erbacher Kirchenbuch:**
Den 2. Febr. 1744. entſchlief zu Erbach in dem Herrn der Hochgebohrne Reichsgraf und
Herr, Herr Balthaſar Friederich, Graf von Promnitʒ auf Hallbau, nach 9 tägig aus
geſtandener Krankheit an den Blattern, und ward den 7. ejd. Standesmäßig zu Michels
tadt, in dem Herrſchaftl. Gewölbe beygeſetzt, ward von hier mit ordentlichem reichen
Conduct biß unter die Linde, mit Begleitung des Stadtgerichts gebracht, und neben
ſeinen Herrn Schwieger Vatter Graf Carl geſtellet.

(f) **Finden ſich keine Bekanntmachungsſchreiben, iſt aber aus den öffentlichen Blät-
tern bekannt.** (g) Trauerſchreiben von Herrn Grafen Friederich Auguſt, Grafen zu Roſpoth, an Herrn Grafen, Georg Ludwig zu Erbach, Schönberg.
Hallbau den 8 Febr. 1759. —
Ew. Lbd. muß ich unter äuſſerſter Betrübniß, zu Trauervollen Nachricht geben, welcher geſtalt es dem unerforſchlichen Rathſchluß des Höchſten gefallen, die Hochgebohrne
Gräfin, Frau, Anna Sophia Chriſtina, Gräfin Roſpoth, gebohrne Gräfin von Erbach, und Frau zu Freuberg, meine herzgeliebteſte Gemahlin, am 3. dieſes Monats,
nachmittag 2 Uhr, nach einer Niederlage von 6. Tagen, durch einen ſanften und ſeligen
Tod aus dieſer Zeitlichkeit in die frohe Ewigkeit zu verſetzen.

Beweisthümer zur V. Tabelle.

220) Philipp Carl. (a) **Glückwünſchungsſchreiben** der Stadt Rotenburg
an Herrn Graf Georg Albrecht den 25. Sept. 1677.
Welchergeſtalt der Allerhöchſte Dero herzgeliebteſte Frau Gemahlin, die Hochgebohrne
Frau Anna Dorothea Chriſtina, Gräfin zu Erbach, den 14. dieſes Monats, frühe
zwiſchen 6. und 7. Uhren, dero bißheriger Leibesfrucht in Gnaden entbunden, und Ew.
Hochgräfl. Gnaden beyderſeits mit einem jungen Herrn erfreut. — — — Das haben
wir ab Dero an Uns erlaſſenen Notificationsſchreiben vom 14 hujus hocherfreulich ver-
leſen hören ꝛc. ꝛc.

(b) **Auszug aus den Perſonalien:**
Er wurde auf dem Gymnaſium zu Wolfenbüttel erzogen, und erwählte den Mili-
tairſtand. In der Schlacht bey Hochſtädt commandirte er, als Heſſen-Caſſe-
liſcher Obriſter, ein Regiment Reuter, hätte auch damals beynahe ſein Leben einge-
büſt, weil er von einigen Feinden umringt, von ſeinem Regiment abgeſchnitten
wurde, war aber doch ſo glücklich, ſich durchzuhauen, und wieder zu ſeinem
Regiment zu kommen.
Nachgehends ward er zum Generalmajor und Obriſten über das Heſſen-
Darmſtädtiſche und Ober-Rheiniſche Craißregiment zu Fuß beſtellet. Er erhielte
nach ſeines Herrn Vaters Tode, da in der Fürſtenauiſchen Linie das Erſtgeburts-
recht nicht eingeführet war, in der brüderlichen Theilung 1718 das Schloß
und Amt Fürſtenau, nebſt der halben Stadt Michelſtadt, und, als mit dem
Herrn Grafen Friederich Carl zu Erbach, ao. 1731 die Erbachiſche Linie er-
loſchen, fiel Ihm und ſeinen Herrn Brüdern, deſſen hinterlaſſenes Land zu. Vom
Jahr 1720 an war er des Gräflichen Hauſes Senior; von 1732—1735 Director
des Gräfl. Collegiums in Franken, und nach dieſem Director in Evangelicis.

(c) **Michelſtädter Kirchenbuch:**
Den 2. April 1735. nach 1. Uhr ſtarb Herr Graf Philippo Carl: æt. 58. Jahr 7. Monat, und wurde den 7. ejd., in aller Stille, in hieſiger Pfarrkirchen Chor begraben.

(d) **Aus ihren Perſonalien:**
Sie war gebohren zu Caſſel den 17. April 1677. Von Ihrer Vermählung
heiſſet es:
Nachdem aber Unſere Hochſeel. Gnädigſte Gräfin und Frau mit dem Hochgebohrnen
Reichsgrafen, und Herrn, Herrn Philippo Carln, regierenden Grafen zu Erbach ꝛc.
Sich in eine chriſtliche eheliche Alliance eingelaſſen, ſo iſt ſolche darauf im Monath
December 1698, zu Zwingenbach, durch prieſterliche Copulation, vollzogen worden.

BeweisThümer zur V. Tabelle.

(d 2) In Ermangelung der Nachrichten des Heubachischen Kirchenbuchs kann uns folgendes den Tag der Trauung an die Hand geben:

Specification des Aufgangs bey der Heimführung Herrn Graf Philipps Carln Hochgräfl. Gnd. Frau Gemahlin vom 5—10. Dec. 1698.

(e) Trauerbekanntmachungsschreiben: Fürstenau den 8. Jun. 1722.

Ew. Lbd. gebe hiemit, aus höchst betrübten Gemüth, zu erkennen, was maßen es Gott gefallen, die weiland hochgebohrne Gräfin von Kunowitz, meiner hertzgeliebten Ger mahlin Lbd., nachdem dieselben schon 3. Wochen mit harter Leibesschwachheit beladen gewesen, diesen Morgen gegen 2 Uhr, in höchster Gelassenheit, von dieser Welt weg zunehmen.

(e 2) Consistorialrescript, wegen ihrer Beysetzung, an die Geistliche:

Nachdem der weiland Hochgebornen Gräfin Charlotta Amalia verblichener Leichnam, auf kommenden Mittwoch, als den 17 hujus, bey der Nacht, in die Michelstädter Pfarrkirche, christl. Gebrauch nach beygesetzt werden solle — — — —

(f) Aufschrift der Predigt bey der Vermählung:

Ein merkwürdiger Tag im Spessbardischen Hause, wurde, als der Hochgebohrne Graf und Herr, Herr Phil. Carl, regierender Graf zu Erbach, mit der Reichs-Frey-Hochgebornen Fräulein, Fräulein Anna Sophia von Spessbardt, auf dem Spessbardischen Schlosse zu Unsleben am 22. Jul. 1723. das Hochgräfl. Beylager hielte, in der Schlosskirche daselbst vorgestellet von M. Cubißus.

(g) Auszug testamentarischer Verordnung:

Wir Philipps Carl ꝛc. ꝛc. Urkunden — — — und erklären unsere letzte Willensmeinung dahin, daß wir hiemit unserer Hertzgeliebtesten Frau Gemahlin Lbd. die Hochgebohrne Gräfin und Frau, Anna Sophia, Gräfin zu Erbach, und Frau zu Breuberg gebohrne Freyin zu Spessbard ꝛc. welcher ohnehin die Tutela oder Vormundschaft legitime zukommt, ausdrücklich zur Vormünderin über die von uns erzeugte Kinder declariren. Fürstenau den 5. Jan. 1735.

(L. S.)   Philipp Carl.

(g 2) Kaiserliches Tutorium.

Wir Carl der Sechste von G. G. erwehlter Römischer Kaiser ꝛc. ꝛc. Bekennen offentlich mit diesem Briefe — — — Demnach Uns die Edle Unsere liebe Andächtige Anna Sophia, verwittibte Gräfin von Erbach, gebohrne Freyin von Spessbard in Unterthänigkeit zu erkennen gegeben, was gestalten Selbe über Ihre, mit ihrem verstorbenen Ehe Consorten, weil. Phil. Carl Grafen zu Erbach, erzeugte noch minderjährige Kinder, benanntlich, Ludwig und Georg Albrecht, dann Charlotten Wilhelminen und Sophien Carolinen, allerseits Grafen und Gräfinnen zu Erbach, als Vormünderin constituirt und verordnet sey, mit demüthiger Bitte, weilen sie sothane Vormundschaft zu übernehmen, auch Secundis Nuptiis renunciret, wir sothane Vormundschaft zu confirmiren, und zu bestätigen, gnädigst geruhen wollten.

Das haben wir angesehen ihre demüthige Bitte, und darum, als Römischer Kaiser und Obrister Vormund, obberührte, von Ihr — — — übernommene Vormundschaft — — — gnädigst confirmirt und bestätiget. Thun das, und bestätigen auch solche Vormundschaft hiemit von Römisch-Kaiserl. Macht vollkommenheit wissentlich in Kraft dieses Briefs: Und meynen setzen und wollen, daß sie obbesagter von weil. gedachten Grafen zu Erbach, hinterlassener Minderjährigen Kinder Vormünderin sey, und von menniglichen dafor erkennt, geehrt und gehalten werde, Sie Vormünderin aber, was den Pupillen gut und nützlich thun solle — — — vermög der, Uns, an Ihrer Statt, durch Unsern und des Reichs lieben Getreuen Joh. Henrich von Michelburg, Agenten an unserm Kaiserl. Hofe, geleisteten Vormundschaftlichen Pflichten Getreulich ꝛc. ꝛc. Und gebieten darauf ꝛc. ꝛc.

Mit Urkund dieses Briefs, der besiegelt ist mit unserm Kaiserl. anhangenden Insiegel, der geben ist in unserer Stadt Wien den sechszehenden Tag Monats Novembris, nach Christi unsers lieben Herrn und Seeligmachers gnadenreichen Geburt im Siebenzehen hunderten und sechs und dreyßigsten, Unserer Reiche, des Römischen im sechs und zwanzigsten, des Hispanischen im vier und dreyßigsten, des Ungarischen und Böhmischen ebenfalls im sechs und zwanzigsten Jahr.

Carl.
vt. J. A. Graf von Metsch.

ad Mandatum Sac.
Caes. Maj. proprium
F. F. v. Staudorf.

(h) Michelstädtisches Kirchenbuch:

Den 10. Jan. 1767 starben in dem Herrn sanft und selig nach einem 14 tägigen schmerzhaften Krankenlager und vermuthlich verschiedene Jahre hindurch sich bereitenden Marasmo senili, die weiland Hochgeborne Gräfin und Frau, Frau Anna Sophia, Gräfin

Beweisthümer zur V. Tabelle. 73

Gräfin zu Erbach, und Frau zu Breuberg, des weil. hochgebohrnen Grafen und Herrn, Herrn Philipp Carln, Grafen zu Erbach und Herrn zu Breuberg hinterbliebene Frau Wittib, geborne Freyin von Speßhardt. Eine Dame von großer Klugheit, ausnehmenden gnädigem Betragen, und gutem Charakter. Sie befahlen, bey ihrer Beerdigung, allen Pracht zu vermeiden.

Die Beysetzung geschahe in die längst bereitete Gruft im Chor, an die Seite Dero Herrn Gemahls. Den 16. Jan. bey nächtl. Weile.

Auf dem Deckel des Sarges stehet folgende Auffschrift in ein verguldetes Blech eingegraben:

Monumentum
Dominae
ANNAE SOPHIAE
Comitis Erbacensis et Dominae
Breubergensis
Natae Lib. Bar. de Spesbard
d. XVI. Septbr. 1693.
Conjugis quondam Chariſſimae
PHILIPPI CAROLI
mortui d. II. Aprilis
MDCCXXXVI.
denatae d. X. Jan. MDCCLXVII.
in sempiternam ejus memoriam
consecratum
a
Lugentibus, quos viventes reliquit
Filiis
LUDOVICO FRIDERICO CAROLO EGINHARDO
et
GEORGIO ALBERTO
quorum
tutelam per XX annos ex voto
et in salutem inclytae domus
ita gessit
ut
ejus memoriam nulla unquam
deleverit oblivio (*).

232) **Caroline.** (a) **Auszug aus den Personalien der Frau Mutter:**

Sie haben mit einander vier angenehme Ehrpflanzen erzeuget: als 1) die Hochgebohrne Gräfin Caroline geb. 29 7br. 1700.

(b) **Michelſtädter Kirchenbuch:** unter den zu Fürſtenau Copulirten:

1726. den 19 Jun. Herzog Ernſt Friederich, Erbprinz von Hildburghauſen und Caroline, älteſte Comteſſe Herrn Graf Philipp Carln.

(c) **Bekanntmachungsſchreiben von der verwittibten Herzogin von Sachſen an die Herrn Grafen Georg Wilhelm und Georg Auguſt zu Erbach und Schönberg.** Hildburghauſen den 13. Aug. 1745.

Mit höchſtbekümmerten und Jammervollen Herzen kann ich Ew. Lbd. Lbb. nicht bergen, welcher geſtalt es dem Allmächtigen Gott — — — gefallen, den weiland Durchlauchtigſten Fürſten, meinen im Leben hochgeehrten und herzvielgeliebten Herrn Gemahl, Herrn Ernſt Friederich, Herzog zu Sachſen ꝛc. ꝛc. am heutigen Freytag, frühe um 9 Uhr, durch einen ſanften Tod, aus dieſer irdiſchen Mühſeligkeit, abzufordern.

(d) **Trauerbekanntmachungsſchreiben des Herzogs von Sachſen Ernſt Friederichs an Herrn Grafen Georg Albrecht.** Hildburghauſen den 7. May 1758.

Ew. Lb. kann nicht verhalten, was maßen es dem Herrn über Leben und Tod gefallen, meiner im Leben lieb geweſenen Frau Mutter Snd. die weiland Durchlauchtigſte Fürſtin und

---

(*) Denkmal der hochgebornen Gräfin und Frauen, Frau Annen Sophien Gräfin von Erbach und Frau zu Breuberg, geb. Freyin zu Speßhardt, geb. den 16. Sept. 1693. Gemahlin des am 2. April 1736 verſtorbenen Grafen Philippe Carln. Sie ſtarb den 10. Jan. 1767. Ihre hinterbliebene ſchmerzlich betrübte Söhne Graf Ludwig Friederich Carl Eginhard und Graf Georg Albrecht, über welche ſie mit unvergeßlichem Lobe, und zum Wohl des hohen Hauſes über 20 Jahr die Vormundſchaft geführet hat, haben dieſes hier eingraben laſſen.

74 **Beweisthümer zur V. Tabelle.**

und Frau Caroline, vermittelte Herzogin zu Sachsen, gebohrne Gräfin von Erbach, heute nachmittag um 5 Uhr, durch einen sanften und seligen Tod, aus diesem Jammervollen Welt abzufordern. ꝛc. ꝛc.

233) **Henriette Sophie Albertine Eleonore.** (a) **Michelstädter Kirchenbuch:**

Den 9. Febr. 1703. des Morgens zwischen 7. und 8 Uhr ist Herrn Grafen Philipps Carln, und Hochgräfl. Frau Gemahlin, Gräfin Charlotte Amalie, Fräulein, Henriette Albertine Sophie zur Welt gebohren, und gleich darauf im Hochgräfl. Gemach getauft worden.

(b) **Michelstädter Kirchenbuch:**

Den 30. Jul. 1704. Abends zwischen 3. und 4. Uhr starb, zu Hanau, Henriette Albertine Eleonore, des Hochgebohrnen Unsers gnädigsten Grafen und Herrn, Herrn Grafen Philipps Carln, und dessen Hochgräfl. Frau Gemahlin Charlotte Amalie jüngstes Töchterlein, so den 1. Aug. des Abends nach 9. Uhr in hiesiges Kirchengewölbe, in der Stille, doch mit Fackeln, beygesetzt worden, deßen Leichpredigt ist auf den 10. Aug., an einem Sonntag, an statt der Frühpredigt, geschehen.

234) **Louise Eleonore.** (a u b) **Auszug aus den Personalien der Frau Mutter.**

3) Die Hochgebohrne Gräfin Louise Eleonore geb. 12 Aug. 1705. und ebenfalls gestorben den 7. Jun. 1707.

235) **Johann Wilhelm.** (a) **Bekanntmachungsschreiben von Herrn Graf Georg Albrecht an Herrn Graf Philipps Ludwig zu Erbach.** Hanau den 21. Febr. 1707.

Ew. Lbd. mag ich aus erfreutem Gemüthe hiermit freundlich nicht verhalten, was maßen der Allerhöchste Gott Gnade verliehen, daß die Hochgebohrne Gräfin Charlotte Amalie, Gräfin zu Erbach und Frau zu Breuberg, geborne Gräfin zu Kunowsi ꝛc. meine herzliebste Gemahlin, ihrer getragenen Leibes Bürden den 15. dieses allhier in Hanau gnädig entbunden worden, und Uns beiderseits mit einem wohlgestalten Söhnlein mildväterlich gesegnet ꝛc. ꝛc.

(b) **Consistorial Befehl an die Geistliche zu Erbach, Michelstadt, Beerfelden, König, Eschau, und in der Herrschaft Breuberg, wegen des Trauergeläuts.** Michelstadt 3. Aug. 1742.

Nachdem es dem Herrn über Leben und Tod gefallen, den Hochgebohrnen Reichsgrafen und Herrn, Herrn Johann Wilhelm regierend gewesenen Grafen zu Erbach, und Herrn zu Breuberg, am 1. hujus in Hildburghausen zu Sich in die Ewigkeit aufzufordern. ꝛc. ꝛc.

(e) **Berechnung der Kosten, so bey Beerdigung des Hochsel. Herrn Grafen Johann Wilhelms von Erbach, welche den 5. Aug. Abends in hiesiger Fürstl. Gruft Standesmäßig beygesetzt worden, aufgegangen.**

236) **Jmma.** (a) **Eigene Hand in des Herrn Grafen Philipps Carln Bibel:**

Anno 1724. den 3. May an einem Mittwochen, Morgens 1. Viertel nach 7. Uhr hat der große Gott meine herzgeliebteste Gemahlin entbunden, und uns mit einer jungen Tochter erfreuet, welcher der Name von unserer Stamm Mutter, Jmma, gegeben worden.

(b) **Michelstädter Kirchenbuch:**

Den 24 Mart. 1730. frühe um 2 Uhr, starb nach einer langwierig ausgestandener Krankheit, und letzlich dazu gekommenen Schlagflusse, im 6ten Jahr ihres Alters, die hochgebohrne Gräfin Jmma, des Hochgebohrnen Grafen und Herrn, Philipps Carln, Grafen zu Erbach und Herrn zu Breuberg Gräfin Tochter, und wurde in die Hochgräfl. Gruft beygesetzt.

237) **Charlotte Wilhelmina.** (a) **Oben angeführte Handschrift in Herrn Grafen Philipps Carln Bibel:**

Anno 1725. den 18 April an einem Mittwochen, Abends zwischen eilf und zwölf Uhren, hat der Allmächtige Gott abermalen meine herzliebe Gemahlin mit einer jungen Tochter glücklich entbunden, welcher die Namen Charlotte Wilhelmine gegeben worden.

(b) **Trauerbekanntmachungsschreiben von dem Herzoge von Hildburghausen an Herrn Grafen Georg Wilhelm zu Erbach.** Hildburghausen den 9. Mart. 1739.

Ew. Lbd. wir anduroh zu vernehmen, wie es dem Herrn gefallen, die weiland hochgebohrne Gräfin, Frau, Charlotte Wilhelmine, Gräfin zu Erbach, meine im Leben lieb gewesene Schwägerin, nach einem kurzen Krankenlager, heute früh um 6. Uhr, aus dieser Zeitlichkeit wegzunehmen.

(b 2) Die

Beweisthümer zur V. Tabelle.

(b 2) Directorium, wie es bey der weiland Hochgebohrnen Reichsgräfin und Frauen, Frauen Charlotten Wilhelminen Gräfin zu Erbach, und Herrin zu Breuberg am 9. Merz 1739 erfolgten hochseel. Absterben, und darauf den 13. ejd. angestellten Beysetzung gehalten worden.

238) **Ernst Ludwig Eginhard.** (a) Oben angeführte Handschrift:

Ao. 1726. hat der Allmächtige Gott, abermal, am Montag den 11 Novembr. meine allerliebste Gemahlin, mit einem jungen Sohn Gott Lob! glücklich entbunden, und es ist in der heil. Taufe Ernst Ludwig Eginhard genennet worden.

(b) Michelstädter Kirchenbuch:

1727. den 21 Jan. ist der junge Herr Ernst Ludwig Eginhard in der zehnten Woche seines Alters gestorben, und den 23. in der Stille, in der Herrschafftl. Gruft beygesetzt worden.

239) **Ludwig Friederich Carl Eginhard.** (a) Michelstädter Kirchenbuch:

Anno 1728. den 12 May ist Ihro Hochgräfl. Excell. Herrn Grafen Philippo Carln, regierenden Grafen zu Erbach und Herrn zu Breuberg rc. auch General Major und Obristen über ein Regiment zu Fuß von Ihro Hochfürstl. Durchl. dem Herren Landgrafen zu Darmstadt, und des löbl. Ober-Rheinischen Creises rc. rc. von Dero Frau Gemahlin Anna Sophia, gebornen Freyin von Eberhard, ein junges Herrlein geboren, und den 13ten Ludwig Friederich Carl Eginhard getauft worden.

(b) Der brüderliche Vertrag hierüber ist am 14. Febr. 1753 errichtet. (c) Wir Joseph der Andere von Gottes Gnaden erwehlter Römischer Kaiser rc. rc.

Bekennen offentlich — — — daß Uns die Edle, Unsere und des Reichs liebe Getreue, Ludwig Friederich Carl Eginhard, und Georg Albrecht des heil. Römischen Reichs Grafen zu Erbach und Herrn zu Breuberg rc. In Unterthänigkeit zu vernehmen gegeben, was maßen dieselben Sich bewogen gefunden, zur Aufnahm und Wohlfarth Ihres Gräfl. Particullierhauses, das so heilsam als unumgänglich nöthige Erstgeburts Recht ein zu führen, und zu solchem Ende eine Primogenitur Verordnung zu errichten, auf Maaß und Weise, wie die von Wort zu Wort hernach geschrieben stehet, und also lautet:

"Wir Ludwig Friederich Carl Eginhard, und wir Georg Albrecht, reurirende
"Grafen zu Erbach, und Herrn zu Breuberg, Urkunden und bekennen vor Uns und
"Unsere Erben und Nachkommen, demnach wir in reife Ueberlegung gezogen — — —
"in unserm Gräfl. Erbach-Fürstenauf. Particullierhause, und bey unserer Descendenz — — —
"das jus Primogeniturae, wie solches hiemit würklich beschiehet, einzuführen. — — —
"Zu mehrerer Bekräftigung — — haben wir beede einander bey wahren Gräfl.
"Worten, Treu und Glauben, an leiblich geschwohrnen Eidesstatt, völliglich darüber
"jederzeit zu halten, aufrichtigst zugesagt und versprochen, und auch hier eigenhändig
"unterschrieben und Unsere angebohrne Gräfl. Insiegel beygedruckt; weniger nicht drey
"Exemplarien, davon eines zu Kaiserl. Mit. allergnädigsten Confirmation, eines aber
"in Unserm, und eines in des Gräfl. Fränkischen Collegii Archiv hinterleget werden soll,
"ausfertigen lassen. So geschehen auf unserm Schloß Fürstenau den 1. Jul. 1756.

(L. S.) Ludwig Friederich,   (L. S.) Georg Albrecht,
Graf zu Erbach.   Graf zu Erbach.

Wenn und nun Eingangs genannte Grafen — — allerunterthänigst gebeten, daß Wir, als jetzt regierender Römischer Kaiser, sothane Primogenitur Constitution, als ein daurendes und beständiges Gesetze für Ihr Gräfl. Hauß und Nachkommen, zu confirmiren — — gnädigst geruheten.

Als haben wir — — — alles seines Inhalts gnädigst bestättigt, thun das — — — von Römisch. Kaiserl. Uebermacht, wissentlich kraft dieses Briefs

Gebieten darauf — —

Mit Urkund dieses Briefs besiegelt mit Unserm Kaiserl. Insiegel, der geben ist zu Wien den siebzehenden Tag Monats November. nach Christi Geburt im Siebzehenhundert und Acht und Sechzigsten. Unserer Reiche im fünften.

Joseph   ad mandatum
vt Fürst Colloredo.   Frans Georg v. Leykam.

240) **Sophie Caroline Christine Louise Eleonore.** (a) Michelstädter Kirchenbuch:

Den 6 Jan. 1730. Morgens gegen 1. Uhr wurde des hochgebornen Grafen und Herrn Philipps Carln, Unsers gnädigsten regierenden Herrn zu Fürstenau Hochgräfl. Frau Gemahlin Anne Sophie, geborne Freyin von Eberhardt mit einer jungen Comtesse entbunden, und diese noch selbigen Tages zur heil. Taufe gebracht. Der Name war Sophie, Caroline, Christine, Louise, Eleonore.

T 2   (b) Michel-

Beweisthümer zur V. Tabelle.

(b) **Michelstädter Kirchenbuch:**

Den 23 Sept. 1737. starb des weiland hochgebornen Reichsgrafen und Herrn, Herrn Philipps Carln: tot. tit. nachgelassene Comtesse Tochter Sophia Carolina: aet. 7. Jahr: 7. Monat, 7. Tage.

241) **Philipp Carl Diederich.** (a) Eigene Hand des Herrn Grafen in der Bibel:

Anno 1733. den 3. Martii an einem Dienstage Morgens frühe um 4 Uhr hat der barmherzige himmlische Vater meine herzliebe Gemahlin, nach lang ausgestandener Krankheit gnädiglich entbunden, und Uns Eltern mit einem wohlgestalten Sohn erfreuet, welcher gleich den Nachmittag getauft, und Ihme die Namen Philipp Carl Diederich mitgetheilet worden.

(b) **Michelstädter Kirchenbuch:**

1735. den 29. May starb des Hochgebohrnen Unsers gnädigsten Grafen und Herrn jüngstes Herrlein Philipp Carl Diederich.

242) **Georg Albrecht.** (a)

1731 den 14 Jun. Abends zwischen 6. und 7 Uhr ist gebohren, und folgenden Tags getauft worden ein junges Herrlein, dem Hochgebohrnen Unserm gnädigsten Landesherrn, Herrn Grafen Philipps Carln, von Höchdero Frau Gemahlin Frau Anna Sophia, einer gebornen Freyin von Speßhardt: N. Georg Albrecht.

(b) siehe oben bey Nro. 239. l. b und c. (c) **Michelstädter Kirchenbuch:**

1778. den 2. May starb nach langwieriger Krankheit: Celmus junior Herr Graf Georg Albrecht, regierender Graf zu Erbach und Herr zu Breuberg, und wurden nach einer schriftl. hinterlassenen Disposition, am offentlichen Tage, Nachmittags, solenn, doch, wie sie befohlen, ohne Pracht, zu großer Erbauung, und unter Vergießung vieler tausend Thränen, in die Kirche zu Michelstadt, und um 5 Uhr, nach geschehener Leichenpredigt über Ef. 38. 17. und gehaltener Parentation, in die Gruft getragen.

(d) **Michelstädter Kirchenbuch:**

1752. den 3. Aug. wurde die hohe Vermählung des hochgebohrnen Grafen und Herrn, Herrn Georg Albrecht Grafen zu Erbach und Herrn zu Breuberg, mit der Durchlauchtigsten Princeßin Josepha Eberhardina Wilhelmine Adolphine, Fürstin zu Schwartzburg Sondershausen ꝛc. des weiland Durchlauchtigsten Fürsten und Herrn, Herrn Christian Fürsten zu Schwartzburg, der Viergrafen des Reichs, Graf zu Hohnstein, Herrn zu Arnstadt Sondershausen, Leutenberg, Lohra, und Clettenberg, Sr. Königl. Maj. in Pohlen und Churfürstl. Durchl. zu Sachsen General Lieutenant und Oberster über ein Regiment Cavallerie, des Königl. Pohlnischen weisen Adler und St. Huberti Ordens Ritter, jüngsten Prinzeßin, zu Neustadt an der Orla, durch Priesterliche Trauung vollzogen.

(e) **Auszug testamentarischer Verordnung:**

Wir Georg Albrecht ꝛc. ꝛc. Urkunden und fügen hiermit ꝛc. ꝛc.

zum vierten:

approbiren Wir die rechtliche Ordnung, nach welcher Unsere Frau Gemahlin, nach Unserm Tode die rechtmäßige Vormünderin unserer Söhne seyn und bleiben solle. So geschehen am Tage Johannis des Täufers im Jahr nach der heilbringenden Geburt Jesu Christi. Ein tausend siebenhundert sechzig Neun.

(L.S.)   Georg Albrecht G. z. Erbach.

Das Kaiserl. Tutorium für die Durchl. Frau Wittib und Mutter, als alleinige Vormünderin ist ausgefertigt. Wien den 21. Aug. 1780.

243) **Friederich August.** (a) **Michelstädter Kirchenbuch:**

1754. den 5. May, war Sonnt. Jubilate, frühe zwischen 12. und 1 Uhr wurden des Hochgebohrnen Grafen und Herrn, Herrn Georg Albrechten, Grafen zu Erbach, und Herrn zu Breuberg Hochgr. Gnd. Hochfürstl. Frau Gemahlin, die Durchlauchtigste Fürstin und Frau, Frau, Josepha Eberhardine, geb. Fürstin zu Schwartzburg Sondershausen ꝛc. ꝛc. mit einem wohlgestalten jungen Herrlein, durch Gottes Gnade glücklich entbunden. Nachmittags gegen 5. Uhr wurde es in dem Marggräfischen Zimmer getauft. Der Name Friederich August.

(b) **Michelstädter Kirchenbuch:**

1784. den 12 Mart. frühe gegen 5. Uhr wurden des Hochgebornen Grafen und Herrn Friederich Augusto, regierenden Grafen zu Erbach und Herrn zu Breuberg ꝛc. Obristen der Cavallerie in Diensten der hochmögenden Herrn Generalstaaten der vereinigten Niederlande ꝛc. kurze Lebenstage, nach einer 16tägigen Krankheit von einer Entzündung der Leber, vollendet, und wurde der entselte Leichnam den 16. Mart. Nachts, nach 9. Uhr nach gehaltenem Gebät — — — in die Gruft gebracht. Sie waren nur alt worden 29. Jahr 10. Monat und 7. Tag.

(c) **Michel-**

Beweisthümer zur V. Tabelle.

(c) **Michelstädter Kirchenbuch:**

1782. den 6. Aug. wurden zu Dürkheim an der Hardt getrauet und eingesegnet, Unsers gnädigsten Herrn, Friederich Augusto, regierenden Grafen zu Erbach, und Herrn zu Breuberg, Obristen der Cavallerie in Diensten Ihro Hochmögenden derer Hr. Generals Staaten der vereinigten Niederlande, Hochgräfl. Gnd. mit der Hochgebohrnen Gräfin und Frauen Charlotten Louisen Polyxenen, Gräfin von Wartenberg rc. des Hochgebohrnen Herrn Friederich Carl, Grafen zu Wartenberg Cort und Ostermannshofens Churpfälzischen General-Majors, der Churpfälzischen Löwen- und des Marg. Badischen de la Fidelité Ordens Ritters ältern Gräfin Tochter.

244) **Christian Carl August Albrecht.** (a) **Michelstädter Kirchenbuch:**

Anno 1757. den 18 Sept. als Dom. XV. p. Trin. Nachmittags 1. Uhr, wurde des Hochgebohrnen Reichsgrafen und Herrn, Georg Albrechten, regierenden Grafen zu Erbach-Fürstenau, und Herrn zu Breuberg. Frau Gemahlin, Josephen Eberbar. dinen Wilhelminen Adolphinen, Hochfürstl. Durchl. nach barter 11 stündigen Geburts Arbeit, mit einem gesunden und wohlgestalten jungen Herrn entbunden, welcher andern Tags, als den 19. Sept. nachmittags, nach 4 Uhr in dem sogenannten Marggräfischen Zimmer, getauft und Christian Carl August Albrecht benennt worden.

(b) **Michelstädter Kirchenbuch:**

Im Jahr 1786 den 25 Jul. ward die hohe Vermählung des Hochgebohrnen Reichsgrafen und Herrn, Herrn Christian Carls, regierenden Grafen zu Erbach und Herrn zu Breuberg rc. mit der auch Hochgebohrnen Gräfin und Frauen, Frauen Dorothee Louise Mariane, des Hochgebohrnen Grafen und Herrn, Herrn August Christoph, Grafen von Degenfeld-Schomburg rc. rc. Gräfl. Tochter, zu Hailbronn, durch priesterliche Trauung vollzogen.

NB. Die Siegelung der Ehepacten kommt in den Zusätzen.

245) **Georg Eginhard.** (a) **Michelstädter Kirchenbuch:**

1764. den 23. Jan. Nachmittags um 2 Uhr wurden Celsmi Georgii Alberti Hochgräfl. Gnd. Hochfürstl. Frau Gemahlin, Frau Josepha Eberbardina, geb. Fürstin zu Schwartzburg Sondershausen rc. rc. mit einem gesunden und wohlgestalten Herrn durch Gottes Gnade glücklich entbunden. Die heilige Taufhandlung wurde den 24. ejusd. nachmittags um 3. Uhr im Marggrävischen Zimmer verrichtet. Der Name Georg Eginhard.

246) **Georg.** (a) **Michelstädter Kirchenbuch:**

1762 den 28. Jul. frühe um 8 Uhr wurden des Hochgebohrnen Grafen und Herrn, Herrn Georg Albrechts, regierenden Grafen zu Erbach rc. rc. Durchlauchtigste Frau Gemahlin, Frau Josepha, Eberhardina, Adolphina, Wilhelmina, geb. Fürstin zu Schwartzburg Sondershausen, mit einem gesunden und wohlgestalten Grafen glücklich entbunden, welcher die seq. Mittags nach 12 Uhr getauft, und Georg genennet worden.

(b) **Michelstädter Kirchenbuch:**

A. 1762. den 1 Aug. früh gegen 1 Uhr starb an innerlichen Gichtern Herr Graf Georg, des Hochgebohrnen Grafen und Herrn, Herrn Georg Albrechts, regierenden Grafen zu Erbach, und Herrn zu Breuberg, den 28. el mensis gebohrner dritter Herr Sohn und ward den 5. Aug. nächtlich in Gefolg dreyer Kutschen nach Michelstadt gebracht, und nach gehaltener Vocalmusic, und einem Gebät unter dem Lied: So gehe nun in deine Gruft rc. in einem mit rothen Atlas besetzten Särglein, in der Gruft, linker Hand, beygesetzt.

247) **Ludwig.** (a) **Michelstädter Kirchenbuch:**

1765 den 17 April, Abends nach 6 Uhr, wurden Clmi Herrn Grafen Georg Albrechts Hochgräfl. Gnd. Hochfürstl. Frau Gemahlin, Frau Josepha Eberbardina, geb. Fürstin von Schwartzburg Sondershausen rc. mit dero fünften Herrn Sohn glücklich entbunden. Die heil. Taufe wurde an Ihm verrichtet, den 21 ejd. als Miseric. Domini, offentlich in der Schloßkirche, und empfienge den Namen Ludwig.

(b) **Michelstädter Kirchenbuch:**

1775. den 22 Sept. frühe gegen 1 Uhr starb an einem recht giftigen Scharlach-Fieber, das nur 4. Tage dauerte. der Hochgebohrne Graf und Herr, Herr Ludwig, des Hochgebohrnen Grafen und Herrn, Herrn Georg Albrechts, regierenden Grafen zu Erbach, und Herrn zu Breuberg, und der Durchlauchtigsten Fürstin und Frauen, Josephe, Eberbardine, gebohrnen Fürstin zu Schwartzburg-Sondershausen herzgeliebtester jüngster Sohn, und ward 25 ejd. ansehnlich mit Fackeln und Klang, doch ohne Gesang, nach vorherigem Gebät, in die Gruft getragen, nach einem Alter, von 10. Jahren, 5 Monaten und 6. Tagen.

226) **Georg Wilhelm.** (a) **Michelstädter Kirchenbuch:**

1686. den 19. Jul. ist die hochgeborne Gräfin und Frau, Frau, Anne Dorothee Christine, Gräfin zu Erbach, und Frau zu Breuberg, gebohrne Gräfin von Hohenlohe, des

U Hoch-

Hochgebohrnen Grafen und Herrn, Georg Albrechten, Grafen zu Erbach ꝛc. Frau Gemahlin, glücklich entbunden, und die Hochgräflichen Eltern mit einem jungen Herrlein erfreuet worden. N. Georg Wilhelm.

(b) **Auszug aus den Personalien:**

Er kam im Monath May 1694 nach Güstrow zu dem Herzog von Mecklenburg Strelitz, um dort mit dem einzigen Prinzen desselben erzogen zu werden. Hier blieb er bis in das 1702te Jahr, und kam, über Berlin und Franckfurt, wieder nach Hause. Bald darauf gieng Er, unter dem damaligen Obristlieutenant des Fränkischen Kuirassier-Regiments, Herrn Grafen Johann Ernst von Hohenloe-Oehringen, ins Feld; den Winter hernach in holländische Dienste unter dem neuen Anspachischen Regiment, und that zwey Feldzüge mit. Er war mit unter denen, welche auf dem Schellenberg den Angrif thaten, wohnte auch der Schlacht bey Hochstädt bey.

Er wurde hierauf bey den Königl. Dänischen Völkern Cornet, und bey der Belägerung der Vestung Ath 1706 gefährlich verwundet. Folgenden Winter kam Er in die Garnison nach Brügge, und wurde Rittmeister, war in den Schlachten bey Oudenarde und Malplaquet, wie auch bey der Belägerung von Mons.

Gegen das Frühjahr 1710 gieng er auf eine kurze Zeit nach Hause, bald aber wieder zu Felde, und wohnte der Belagerung Aix bey. Aber ein hitziges Fieber nöthigte Jhn, die Campagne zu verlassen, und 1712 gieng er, nach erhaltener Entlassung, vom Regiment ab.

Im Jahr 1713 begab er sich, bey dem Krieg am Rhein, wieder zu Felde. Hier erlangte er gute Bekanntschaft mit dem Prinzen Eugenius, und Graf von Königseck, und bekam eine Compagnie. Da aber, nach geendigtem Feldzug, das Regiment bey Mantua zu stehen kam, so suchte der Herr Vater, welcher anfieng sehr schwach zu werden, ihn zu vermögen, von Kriegsdiensten wieder abzugehen ꝛc. ꝛc. trat 1717 nach Absterben seines Herrn Vaters, die Regierung an, errichtete aber 1722 mit seinen Herrn Brüdern, mit Herrn Grafen Friederich Carl zu Erbach, eine gemeinschaftliche Regierung zu Michelstadt; verlegte 1731, nachdem die Erbachische Lande dem Hause Fürstenau zugestorben, seine Residenz nach Erbach, erbauete daselbst 1736 ein neues Schloß und 1749 und 1750 eine schöne Kirche. Er war seit 1736 Senior und von 1743 bis 1747 Director des Gräfl. Collegii in Franken.

Er that viele Reisen an deutsche und auswärtige Höfe. 1722 nach Berlin, 1728 und 1732 nach England, 1737 nach Versailles, vielmal nach Sachsen, und hatte aller Orten viel Gnade und Vorzüge.

(c) **Erbacher Kirchenbuch:**

1757. den 31 May Nachmittags 4. Uhr starb der hochgebohrne Graf und Herr, Herr Georg Wilhelm reg. Graf zu Erbach und Herr zu Breuberg und Rödern ꝛc. des Hochgräfl. Hauses Senior, zu Wisbaden, alß wohin Sie Sich kurz zuvor begeben, das Bad zu brauchen, nach einer kurzen, aber sehr harten Krankheit, ihres Alters 70. Jahr 10 Mon. und 12 Tage. Sie wurden von Wisbaden nach Reichelsheim gebracht, und daselbst den 2. Jun. nächtlich, ohne Gepräng, jedoch mit Gesang, und einer von Herrn Consistorialrath und Pfarrer Müller gehaltenen Trauer-Rede, beygesetzt. Dom. VII. p. Trin. als am 24. Jul. wurde Jhnen in allen Kirchen des Erbach-Erbachischen Antheils eine Predigt über Es. LV. 8. gehalten.

(c 2) **Grabmal in der Kirche zu Reichelsheim:**

Georg Wilhelm
regierender Graf zu Erbach, und Herr zu Breuberg, mit Ruhm bekleidet, gewesen, des erlauchten Erbachischen Hauses Senior, Huldreichster Beschützer des Volks, der gerechte und weise Regent, ein Salomon, der in Erbach des Herrn Tempel anfieng und vollendete,
gehet ein
zu dem Triumph unsterblicher Thronen und Herrschaften, im Jahr Christi 1757. den 31 May im 71. Jahr Dero glorreichsten Alters
Hier ist das Grab des frommen Landes Vaters
O Erbach, welch Kummer, welcher Schmerz!

Doch Franciscus lebt, unser allergeliebtester Herr Graf, den der glorreiche Landes-Herr, im Alter, mit der Tugend vollkommensten Leopoldine des Hochgebohrnen Wild- und Rheingrafen Carl Wallraths Hochgräfl. Tochter, gezeuget hat.

Beweisthümer zur V. Tabelle.

So gebe dann getreues Land, wann du vor diesem heiligen Grabe geweinet, und an deine Brust geschlagen hast, in das Heilige Gottes, unsere daselbst unablässig die freudigste Wünsche, das andächtigste Gebät, auf daß aus Franciscus künftigen Geschlechte in Erbach ein gesegnetes Held entstamme, sich ausbreite, und blühe bis an das Ende der Tage.

Leichentext.   Wahlspruch.
Meine Gedanken sind nicht eure Gedanken.   Der Mensch denkt und Gott lenkt.

(d) Die Verlöbnißacta sind unterzeichnet: Alt-Dreßden den 25. Dec. 1723.

Georg Wilhelm, Graf zu Erbach.   Sophia Charlotte.
Philipp Carl, G. z. Erbach.   Gisela Erdmuth, Gräfin von Bothmar.
Friederich Carl, G. z. Erbach.   Georg August, G. z. Erbach.
                                     Ludolph Christ. G. z. Bothmar.

(d 2) Aus den Personalien:

Im Jahr 1723 hatte Er Neigung nach Rußland zu gehen, reisete auch in dieser Absicht nach Schlesien, und nahm seinen Weeg über Dreßden und Leipzig, und machte sich bey unterschiedenen Hohen des hasigen Königl. und Churfürstl. Hofes bekannt. Hier ward auch die eheliche Verbindung mit der damalen sich in Dreßden aufhaltenden weiland Hochgebohrnen Gräfin, Frau Sophia Charlotta, vermittheten Gräfin von Reuß, gebohrnen Gräfin von Bothmar, einer Tochter des berühmten Königl. Großbrittannischen und Churfürstlichen Braunschweig. Premier und Staats Ministers den 25. Decembr. gedachten Jahrs zu Dreßden vollzogen, worauf Er, auf einige Wochen, sich zu der Frau Schwiegermutter begab, und im Monat März mit der Gemahlin zu Reichenberg anlangte.

(e) Trauerbekanntmachungsschreiben an die verwittibte Frau Gräfin Anna Sophia zu Fürstenau. Erbach den 14. Sept. 1748.

Ew. Lbd. habe bereits bekannt machen lassen, welcher gestalt es dem Höchsten gefallen, diesen Morgen zwischen 5. und 6. Uhr, meine im Leben herzlich geliebte Gemahlin, die weiland hochgebohrne Gräfin, Frau Sophia Charlotta, Gräfin zu Erbach und Frau zu Breuberg, gebohrne Gräfin von Bothmar, von dieser Zeitlichkeit abzufordern.

(e 2) Directorium, wie es bey der Beysetzung der hochgebohrnen Gräfin und Frauen, Frauen Sophien Charlotta, Gräfin zu Erbach rc. rc. verblichenen Leichnams, auf den 17. September zu Reichelsheim 1748 gehalten werden soll. (f) Die Ehepacten wurden errichtet und unterzeichnet. Grumbach den dritten Merz 1753.

Georg Wilhelm, Gr. zu Erbach.   Leopoldine Sophie.
Georg August, G. z. Erbach.   Wallrad, Wild- und Rheingraf.
Anne Sophie, verwittibte Gräfin zu   Francisca Leopoldina, Rheingräfin, geb.
  Erb. als Vormünderin.   von Prösnig und Limpurg.
Ludwig, Gr. zu Erbach.   Carl Magnus, Rheingraf als erbetener
Georg Albrecht, G. z. Erbach.   Zeuge, und Beistand Unserer Frau
                                       Baas der Gräfin Braut.

(f 2) Bekanntmachungsschreiben des Herrn Grafen Georg Wilhelms an Herrn Grafen Ludwig zu Erbach-Fürstenau. Grumbach den 4. May 1753. —

Ew. Lbd. gebe hiemit freundl und vetterlich zu vernehmen, was maßen, durch ungezweifelte göttliche Direction, ich mit des Hochgebohrnen Grafen und Herrn, Herrn Carl Wallrad Wilhelms Wild- und Rheingrafens von Dhaun ältesten Tochter, Gräfin Leopoldine Sophie Wilhelmine, Wild- und Rheingräfin rc. nach vorher genommener Berathschlagung und erfolgter Bewilligung der Gräfl. Eltern, und Angehörigen ein Eheverlöbniß geschlossen, und am dritten May. a. c. mittelst priesterl. Copulation, und erfolgten Beylager vollzogen.

(g) Das Kaiserl. Tutorium, welches in den Formalien mit den vorigen übereinkommt, ist ausgefertiget:

Wien den sieben und zwanzigsten Tag Monats Octobris nach Christi Geburt 1757.

Das Kaiserl. Con-Tutorium aber für den Herrn Grafen Georg Ludwig zu Erbach-Schönberg, ist gegeben:

Wien den vierzehenden Tag Monats Augusti nach Christi Geburt 1760.

248) Sophie Christine Charlotte Friederike Erdmuth. (a) Reichelsheimer Kirchenbuch:

1725. den 12 Jul. ward Herrn Grafen Georg Wilhelm, Grafen zu Erbach, und Herrn zu Breuberg rc. von dero hochgräfl. Frau Gemahlin, Frau Sophia Charlotta, geb.

U 2   Gräfin

Beweisthümer zur V. Tabelle.

Gräfin von Bodmar eine Comtesse gebohren, und eodem in der heil. Taufe Sophie Christina Charlotta Friederika Erdmuth genannt.

(b) Die Ehepacten wurden den 15. Febr. 1742 zu Frankfurt errichtet und unterzeichnet.

Wilhelm Henrich, Fürst zu Nassau.   Sophie Christine.
Carl, Fürst zu Nassau.   Georg August, Graf zu Erbach.
Carl August, Fürst zu Nassau.

(b 2) Die Vermählung war, wie die Personalien Ihres Herrn Vaters sagen, den 28. Febr. 1742 zu Erbach. (c) Trauerbekanntmachungsschreiben der verwittibten Fürstin von Saarbrück an Herrn Grafen Georg Albrecht zu Erbach-Fürstenau. Saarbrücken den 25. Jul. 1768.

Ew. Lbd. kan ich nicht umhin, leidmüthig zu eröfnen, welchergestalt es dem Allerhöchsten, nach seinem Rathschluß gefallen, den weil. Durchlauchtigsten Fürsten und Herrn, Herrn Wilhelm Henrich, Fürsten zu Nassau ꝛc. ꝛc. Ihro Königl. Majestät in Frankreich bestellten General Lieutenant und Obersten des Regiments Royal-Nassau Husaren, Großkreuz des Königl. Französischen Ordens der Kriegs Verdienste, wie auch des Königl. Pohlnischen weisen Adler Ordens Rittern, meines im Leben herzlich geliebtesten Herrn Gemahls Lbd. an einem dieselben vor etlichen Tagen wiederholt betroffenen Schlagfluß, gestern Morgens, nach 4 Uhr, aus dieser Zeitlichkeit abzufordern ꝛc. ꝛc.

249) **Johanna Ernestina**. (a) Reichelsheimer Kirchenbuch vom Jahre 1728 Getaufte:

Johanna Ernestina, Ihro Hochgräfl. Excellenz von Reichenberg, Herrn Grafen Georg Wilhelm, Grafen zu Erbach, und Herrn zu Breuberg, und Sophia Charlotta, dero Hochgräfl. Frau Gemahlin, Comtesse, wurde in der Nacht auf den 17ten Mart. gebohren, und eodem die auf dem Schloß getauft.

(b) Reichelsheimer Kirchenbuch vom Jahr 1731:

Johanna Ernestina, Ihro Hochgräfl. Excellenz: Herrn Grafen Georg Wilhelms, regierenden Grafen zu Erbach-Reichenberg ꝛc. herzlich geliebt gewesene, und von Gott mit sehr grosen Natur-und Gemüthsgaben gezieret gewesene Comtesse starb zum höchsten Leidwesen dero Hochgräfl. Eltern, und aller dero treuen Diener den 27. Sept. Abends 1 Viertel vor 9. Uhr und wurde den 29. Sept. als am Tage Michaelis, allhier in der Kirche, in der Mitte vor dem Altar, zu Nachts, in der Stille begraben, ohne Leich Sermon: aet. 3. Jahr 6. Monat. 11. Tage.

(b 2) Epitaphium in der Reichelsheimer Kirche:

(*) R. S.
RARISSIMAE SPEI.
FILIOLAE DULCISSIMAE
JOHANNAE ERNESTINAE
IMMATURA MORTE
A. O. R. MDCCXXXI. D. XXVII. SEPT.
QVO MATVRIVS IN COELIS VIVERET
TERRIS EREPTAE
PARENTES SVPERSTITES
G E O R G I V S W I L H E L M V S
ERBACENSIS
S O P H I A C H A R L O T T A
BOTHMARIA
EX
ILLVSTRISSIMO COMITVM S. R. L. ORDINE
H. M. F. P. qve C.
VIXIT AN. III. MENS. VI. D. X. HOR. XXII.
†.   †.   †.

250) **Franz**. (a) Erbacher Kirchenbuch:

Anno 1754. den 29. Oct. frühe um 9. Uhr ward Herrn Grafen Georg Wilhelm Grafen zu Erbach, und Herrn zu Breuberg ꝛc. ꝛc. von Dero Hochgräflichen Frau Gemahlin Frauen Leopoldinen Wilhelminen geb. Rheingräfin (tot. tit.) ein junger Graf gebohren, und den 30. Oct. getauft. Name Franz.

(b) Kai-

(*) Der Auferstehung gewidmet: Einem hochstangenehmen Töchterlein von ungemeiner Hofnung Johannen Ernestinen, das An. 1731 den 27. Sept. frühzeitig verstorben ist, damit es desto ehender im Himmel lebte, haben Seine Hochgräfl. Eltern Georg Wilhelm, Graf zu Erbach, Sophia Charlotta, geb. Gräfin zu Bothmar dieses Denkmal errichten lassen. Es hat gelebet 3 Jahre, 6 Monat, 10 Tage, 22 Stunden.

Beweisthümer zur V. Tabelle.

(b) **Kaiserliches Diploma: pto. Ven aetatis.**

Wir Joseph der andere von Gottes G. erwählter Römischer Kaiser ꝛc. ꝛc. Bekennen öffentlich mit diesem Briefe, und thun kund allermänniglich, daß Uns der Edle, Unser und des Reichs lieber Getreuer Franz des heil. Röm. Reichs Graf zu Erbach-Erbach allerunterthänigst zu vernehmen gegeben, was wegen Er. nach beygebrachten Zeugniß, noch in diesem Monat das zwanzigste Jahr seines Alters erreichte, auch seine Mutter, als Vormünderin, und sein Vetter der Graf von Erbach-Schönberg, als Mitvormund, verschiedener erheblicher Ursachen halber wünschten, der bisherd geführten Vormundschaft überhoben zu seyn, daß er sich also bewogen sehe, mit Vorwissen und Gutfinden dieser seiner Vormundschafft, Uns die Veniam aetatis, zu Selbsteigener Verwaltung seines Vermögens, und Administrirung seiner Güter, unterthänigst zu belangen.

Wie nun ersagte Vormundschaft in einer besondern Bittschrift vorgestellet, daß die dermalige Lage der Vormundschaftl. Angelegenheiten, sie von dem überwiegenden Vortheil einer eigenen Administration überzeuge, und in die Nothwendigkeit setzen, zur Beruhigung ihres Gewissens, um unsere allergnädigste Erlaubniß zu bitten, daß dieser ihr Pflegbefohlner die Besorgung seines Vermögens selbst übernehme, und sich den damit verbundenen Nutzen selbst verschaffen möge, zumalen, daß Er seine Studia und Reisen nunmehro vollendet, und die darauf verwendete Sorgfalt und Kosten so vortreflich benutzet, daß Sie Vormundschaft, in Ansehung seiner Sitten, Wandels, Wissenschaft und Einsichten sowohl, als auch, in Betracht seiner bisherd geführten, guten, genauen, und untadelhaften Haushaltung das beste Zeugniß ertheilen können:

So haben Wir demnach aus jetzt gemeldten Ursachen mit wohlbedachtem Rath und rechtem Wissen, Ihme Franz, Grafen zu Erbach-Erbach die gebetene Veniam aetatis gnädigst ertheilet, und also den Abgang seiner unvollkommenen Jahre erfüllet und ersetzet.

Thun das, ertheilen, erfüllen, und ersetzen auch solche aus Röm. Kaiserl. Macht Vollkommenheit wissentlich und in Kraft dieses Briefs — — und meynen, setzen, und wollen, daß mehr ermeldter Franz, Graf zu Erbach, sich dieser unserer Entsetzung der Jahre und ertheilten Veniae aetatis erfreuen, gebrauchen, behelfen, und zu seinem Besten und Wohlfart geniesen, seine Güter und Vermögen selbst administriren und sonst anders, wie andere Grosjährige, zu ihre natürliche Grosjährigkeit erreichet haben, seinem guten Verstand nach, wirklich handeln und fürnehmen, thun und lassen solle und möge, ohne Verhinderniß männiglichen.

Und gebieten darauf allen und jeden ꝛc. mit diesem Brief, und wollen, daß sie obbesagten Franz Grafen zu Erbach-Erbach bey dieser Unserer Ersetzung der Jahre und Venia aetatis, wie obstehet, unangefochten lassen, daran nicht hindern, oder irren, noch solches jemand andern zu thun gestatten in keine Wege noch Weise, als lieb einem jeden seye, Unserer und des Reichs schwere Ungnade und Strafe, und dazu eine Poen von 30. Mark löthigen Goldes, die jeder, so oft er hiewieder thäte, Uns halb in Unsere Kaiserliche Kammer und den andern Theil viel benannten Grafen von Erbach-Erbach unnachläßig zu bezahlen verfallen seyn soll.

Mit Urkund dieses Briefs besiegelt mit unsern anhangenden Insiegel der geben ist zu Wien den dritten Tag Monats Novembr. nach Christi unsers lieben Herrn und Seligmachers Geburt im Siebenzehenhunderten vier und Siebenzigsten, Unserer Reiche im Eilften Jahr.

.   **Joseph.**

        Vt. A. F. v. Colloredo
        Ad Mandatum Sac. Caef. Majeftatis proprium
           Franz Georg v. Leykam.

(c) Schon unterm 28. Dec. 1754 ist von weiland Herrn Graf Georg Wilhelm ein Erstgeburtsgesetz entworfen, und dem Kaiserlichen Reichshofrath zur Bestätigung vorgelegt, diese auch nach der den 7. Nov. 1755 publicirten Kaiserlichen Resolution wirklich beschlossen worden. Da aber derselbe, bald darauf, nemlich am 31. May 1757 mit Hinterlassung eines einigen Sohnes, des jetzt regierenden Herrn Grafen Franz starb: so unterblieb die Ausfertigung der Kaiserlichen Bestättigungs-Urkunde.

In der Folge sahe sich der jetzt regierende Herr Graf Franz bewogen, ein neues Familiengesetz zu errichten, und in solchem das Erstgeburtsrecht einzuführen. Dieses Primogeniturgesetz ist am 25. Jun. 1783 errichtet und die Kaiserliche Bestättigungs-Urkunde am 28. May 1784 erfolget (*).

(d) **Extract Dürkheimer Kirchenbuchs:**

Im Jahr 1776 am 1. September wurde im herrschaftlichen Residenzschloße dahier zu Dürkheim priesterlich eingesegnet Sr. Hochgräfl. Gnd. der hochgeborne Graf und Herr Herr

---

(*) Siehe die Urkunden vollständig in H. Hofrath Reuß teutschen Staatskanzley X. Theil von S. 84—123.

Herr Franz, regierender Graf zu Erbach und Herr zu Breuberg ꝛc. ꝛc. mit Ihro Hochgräfl. Gnaden der hochgebohrnen Gräfin und Frau, Frau Louise Charlotte Polyxene, Gräfin zu Leiningen und Dagsburg, Frau zu Aspremont ꝛc. ꝛc.

(d 2) Die Ehepacten waren unterzeichnet:

Dürkheim den 3. Sept. 1776.
Erbach den 7. Sept. 1776.
König den 15. Sept. 1776.
Fürstenau den 15. Sept. 1776.

Franz, Graf zu Erbach.   Louise, Gräfin von Leiningen.
Leopoldine Sophie, verwittibte
 Gräfin zu Erb. geb. Rh. Gr.   S. C. W. Gr. zu Leiningen.
Franz Carl, Gr. zu Erbach im Na-
 men von meines abwesenden   W. F. C. Graf zu Solms.
 Herrn Bruders Georg Lud-
 wig, Lbd.
Ludwig, Gr. zu Erbach.
Georg Albrecht, Gr. zu Erbach.

(e) **Erbachisches Kirchenbuch:**

Den 13. Jan. 1785. Morgens, gleich nach fünf Uhr, entschliefen sanft in dem Herrn, nach einer ausgestandenen achttägigen Krankheit, die in Kindbetter-Fieber war, die Hochgebohrne Gräfin und Frau, Frau Louise Charlotte Polyxene, regierende Gräfin zu Erbach und Limburg, Frau zu Breuberg ꝛc. geborne Prinzessin zu Leiningen Dagsburg, in einem Alter von 29. Jahren 7. Monat und 7. Tagen.

Der entseelte Leichnam wurde am 18 dieses Nachmittags, in die Familiengruft des Hochgräfl. Hauses Erbach, nach geendigtem Lied: Jesus meine Zuversicht ꝛc. und nach einer, von mir, dem hiesigen Hofprediger, vor dem Altar in der Michelstädter Kirche, gehaltenen Trauerrede, unter Absingung des Liedes: Nun laßt uns den Leib begraben ꝛc. standesmäßig beygesetzt.

Am 2ten Sonntag in der Fasten Reminiscere wurde auf die Hochseel. Frau Gräfin in allen Kirchen diffeirigen Landes Antheils die Gedächtnispredigt über Spr. Sal. 10. 7. Das Gedächtnis des Gerechten bleibet ꝛc. ꝛc. gehalten. Auch im Limburgischen geschahen desgleichen.

Im Druck sind erschienen:

Trauer-Rede und Gedächtnispredigt auf die Hochgebohrne Gräfin und Frau, Frau Louise Charlotte Polyxene, regierende Gräfin zu Erbach und Limburg, Frau zu Breuberg ꝛc. ꝛc. gebohrne Prinzessin zu Leiningen und Dagsburg ꝛc. in der Stadtkirche zu Michelstadt am 18 Januar. und in der Stadtkirche zu Erbach am 20. Februar. 1785. gehalten, und auf hohen Befehl dem Druck übergeben, von J. D. Wolff, Hochgräfl. Erbach-Erbachischen Hofprediger, Consistorialrath und Stadtpfarrer zu Erbach; gedr. zu Michelstadt.

Trauerpredigt über Jes. 40. 6-8. zu schuldigstem Gedächtnis der weiland Erlauchtesten Reichsgräfin und Frauen, Frau Louise Charlotte Polyxene, regierenden Gräfin zu Erbach und Limpurg, und Frau zu Breuberg, gebohrnen Prinzessin zu Leiningen Dagsburg ꝛc. des Erlauchten Reichsgrafen und Herrn, Herrn Franz regierenden Grafen zu Erbach und Limburg, Herrn zu Breuberg ꝛc. des St. Johanniters und Chur-Pfälzischen Löwen-Ordens Ritters, wie auch Königl. Grosbritanischen und Churhannöverischen Generalmajors ꝛc. ꝛc. zärtlich geliebtesten Hochgräflichen Frau Gemahlin, Hochwelche den 13. Jan. 1785. nach einem kurzen Krankenlager, in den Wochen, schon in dem 30sten Jahr ihres Alters, zum grösten Leide Hochderoselben Hochgräfl. Hauses, und ganzen Landes zur Zeit in die Ewigkeit abgerufen worden, gehalten am Sonntag Oculi den 27. Febr. desselben Jahres in der Kirche zu Gailorf vom Joh. Gottfried Conz; t. t. Stadtpfaar-Amtsverweser daselbst, und auf gnädigsten Befehl zum Druck befördert.

(f) **Auszug aus dem Dürkheimer Kirchenbuch:**

Im Jahr 1785 am 14ten August wurden in dem hiesigen Residenzschloße zu Dürkheim, in Gegenwart Sr. Hochfürstl. Durchlaucht meines gnädigsten Fürsten und Herrn und anderer respe Herrschaften und Standespersonen — Se. Hochgräfl. Gnaden der Hochgebohrne Graf und Herr, Herr Franz regierender Graf zu Erbach und Herr zu Breuberg ꝛc. mit Ihrer Hochgräfl. Gnaden der hochgebornen Gräfin und Frau, Frau Charlotte Louise Polyxene gebornen Gräfin von Wartenberg Frau zu Court und Ostermannshofen, verwittibten Gräfin zu Erbach-Fürstenau vermählt, und zu Ihrer Bettmühlung priesterlich eingesegnet.

(f 2) Die

Beweisthümer zur V. Tabelle. 83

(f 2) Die Eheberedung ist unterschrieben:
Erbach den 30. Jul. 1785.
Dürkheim 13. Aug. 1785.
König 1. Aug. 1785.

Franz, Graf zu Erbach.

Leopoldine Sophie Wilhelmine, verwittibte Gräfin zu Erbach geb. Ng.

Carl, Fürst zu Leiningen.

Franz Carl, Graf zu Erbach.

Mettenheim 11. Aug. 1785.
Schönberg 8. Aug. 1785.
Fürstenau 1. Aug. 1785.

Charlotte, verwittibte Gräfin zu Erbach, geb. Gräfin zu Wartenberg.
Ludwig, Graf zu Wartenberg.
Gustav Ernst, Gr. zu Erbach erbetener Beystand der Gräfin Braut.
Ludwig, Graf zu Erbach.
Christian Carl, Graf zu Erbach.

251) **Charlotte Auguste Wilhelmine.** Erbacher Kirchenbuch:

Anno 1777. den 5. Jun. Morgens um 5. Uhr ward dem Hochgebohrnen Reichsgrafen und Herrn, Franz, regierenden Grafen zu Erbach und Herrn zu Breuberg, des St. Johanniter und Chur-Pfälzischen Löwen Ordens Ritter ꝛc. und Hochdero Frauen Gemahlin, Frauen Louise Charlotte Polyxene, Gräfin zu Leiningen und Dagsburg ꝛc. eine junge Gräfin gebohren, welche den 8. ejd. getauft, da Sie den Namen Charlotte Auguste Wilhelmine erhielt.

252) **Mariane Louise Friederike Caroline.** Erbacher Kirchenbuch:

Anno 1778. den 4. October Morgens nach 4 Uhr ward dem Hochgebohrnen Reichsgrafen und Herrn Franz, regierenden Grafen zu Erbach und Herrn zu Breuberg ꝛc. und Hochdero Frau Gemahlin Frau Louise Charlotte Polyxene geb. Gräfin zu Leiningen eine junge Gräfin gebohren, und den 5. ejd. getauft, und Mariane Louise Friederike Caroline genennet.

253) **Caroline Louise Wilhelmine.** Erbacher Kirchenbuch:

Anno 1779. den 21 November, frühe Morgens, ward dem Hochgebohrnen Reichsgrafen und Herrn, Herrn Franz, regierenden Grafen zu Erbach und Herrn zu Fr. uberg ꝛc. ꝛc. und hochbero Frau Gemahlin Louise Charlotte Polyxene, eine junge Gräfin gebohren, und bey der heiligen Taufe Caroline Wilhelmine Louise genennet.

254) **Louise Charlotte Polyxene.** Erbacher Kirchenbuch:

Anno 1781. den 28. Jan. ward dem hochgebohrnen Reichsgrafen und Herrn, Herrn Franz, regierenden Grafen zu Erbach, und Herrn zu Breuberg ꝛc. ꝛc. und hochdero Frau Gemahlin, Frau Louise Charlotte Polyxene, geb. Gräfin zu Leiningen, eine junge Gräfin gebohren, und bey der heiligen Taufe Louise Charlotte Polyxene genennet.

255) **Franz Carl Friederich Ludwig Wilhelm.** Erbacher Kirchenbuch:

Anno 1782. den 11 Jun. ward dem Hochgebohrnen Reichsgrafen und Herrn, Herrn Franz, Grafen zu Erbach und Herrn zu Breuberg ꝛc. ꝛc. und hochdero Frau Gemahlin, Frau Louise Charlotte Polyxene, geb. Gräfin zu Leiningen ꝛc. ꝛc. ein junger Herr gebohren, und den 15. Jun. bey der heil. Taufe Franz Carl Friederich Ludwig Wilhelm genennet.

256) **Auguste Caroline.** Erbacher Kirchenbuch:

Anno 1783. den 19 August Nachmittags 2 Uhr ward dem Hochgebohrnen Reichsgrafen und Herrn, Herrn Franz, regierenden Grafen zu Erbach, und Herrn zu Breuberg ꝛc. ꝛc. von hochdero Frau Gemahlin Louise Charlotte Polyxene geb. Prinzessin von Leiningen ꝛc. eine junge Gräfin gebohren und den 23t. ejd. getauft, und Auguste Caroline genennet.

257) **Franz Georg Friederich Christian Eginhard.** Erbacher Kirchenbuch:

1785. den 4 Jenner Morgens zwischen 6. und 7 Uhr ist dem Hochgebornen Reichsgrafen und Herrn, Herrn Franz, regierenden Grafen zu Erbach und Herrn zu Breuberg ꝛc. ꝛc. von Hochdero Frau Gemahlin Louise Charlotte Polyxene gebornen Prinzessin von Leiningen ein junger Herr gebohren, und den 9ten ejd. bey der heil. Taufe Franz Georg Friederich Christian Eginhard genennet worden.

Georg August. (a) Zeugnis aus dem Waldenburg. Kirchenbuch:

Daß der hochgebohrne Graf und Herr, Herr Georg August, des auch hochgebohrnen Grafen und Herrn, Herrn Georg Albrechten, Grafen von Erbach und Herrn zu Breuberg und der hochgebohrnen Gräfin und Frauen Annen Dorotheen Christinen,

L 2   Gräfin

Gräfin von Hohenlohe und Walbenburg und Frauen zu Langenburg ꝛc. ꝛc. allhier zu Walbenburg den 17. Jan. 1691 gebohren und getauft worden, solches attestirt — fide pastorali etc. Walbenburg den 23. Mart. 1753.

(L. S.) Johann Justus Hermig
Oberpfarrer.

(b) Aus der Nachricht von seinem Leben:

Er befande sich in jüngern Jahren meistens im Hohenlohischen, und zu Heilbronn, besuchte 1711 die Universität zu Giessen, und 1712 Leipzig, that 1715 eine Reise nach den Niederlanden, gieng 1716 nach Weslar, trat 1717 die Regierung an, begab sich darauf an den Kaiserl. Hof, und erhielte die Würde eines wirklichen Reichshofrats; besahe darauf die vornehmsten Oerter in Ungarn, und gieng durch Schlesien und Sachsen zurück nach Hause. Er widmete sich ganz den Regierungsgeschäften; setzte das Schloß Schönberg in wohnbaren Stand; richtete nach 1747 erfolgter Theilung des ao. 1731 zugefallenen Erbachischen Landesantheils, das sogenannte Herrnhaus zu Konig zu einer Residenz ein, und ließ im Jahr 1748 eine neue Kirche zu Reichenbach und 1751 eine zu Konig einweihen. Im Jahr 1747 war er Director des Gräfl. Collegiums in Franken und 1757 Senior des Gräfl. Erbachischen Hauses.

Im Jahr 1745 hatte Er die Gnade, Nahmens der Fränkischen Grafen Einigung Sr. erwehlten Kaiserl. Majestät, Franz dem Ersten in Heidelberg, und dero Allerdurchlauchtigsten Frau Gemahlin in Aschaffenburg, freudige Glückwünsche zu bezeugen.

(c) Im Jahr 1736 arbeitete Er schon daran, eine Primogeniturverordnung zu Stande zu bringen. Es fanden sich aber Hindernisse, daß solche allererst den 28. Dec. 1748 ausgefertiget und den 8. May 1752 von Kaiserl. Maj. bestättigt worden.

(d) Michelstädter Kirchenbuch:

Den 3. April 1758. um Mitternacht wurden der den 29. Mart. Nachts nach 1. Uhr nach einem achtwöchigen Krankenlager zu Konig im Herrn entschlafene Celsimus senior Domus Erbacensis, Herr Graf Georg August, in der Herrschaftl. Gruft, beygesetzt. Der entseelte Leichnam wurde, von Konig, auf dem Leichwagen, bis ans alhiesige Rathhauß gebracht, daselbst von hiesigen Stadtrath abgehoben, und auf die Bahre gestellet, und in die Kirche getragen. Die Leiche wurde an der großen Kirchthüre von Herrn Consistorialrath und Hofprediger Pagenstecher, Herrn Consistorialrath und Pfarrer Bey von Konig, mit dem Hofprediger Cranz und Herrn Consistorial-Rath und Stadtpfarrer Luk empfangen, und unter dero Vortrettung, nahe an Altar niedergesetzet, worauf Bleib Jesu, bleib bey mir ꝛc. gesungen worden. Sämtliche Herrn Geistliche stunden vor dem Altar, und hier wurde von dem Herrn Hofprediger Pagenstecher, nach einem beweglichen Eingang, ein auf diesen Vorfall aufgesetzter Gebät, und darauf der Segen gesprochen; wornach unter dem Liede: So gehe nun in deine Gruft ꝛc. ꝛc. die Gebeine des Hochseligen in die Gruft getragen worden. Sie hatten erlebet 67. Jahr, weniger 2. Monat und 18 Tage und höchstlöbl. regieret 42. Jahr.

Am Feste der Himmelfart Christi ward zu Konig mit besondern Solennitäten eine Gedächtnißpredigt über Röm. IIX. 17. gehalten.

(e) Gederisches Kirchenbuch:

Den 15. Decemb. 1719 vermählten sich, und wurden Priesterlich getrauet der Hochgeborne Graf und Herr, Herr Georg August Graf zu Erbach, mit der auch hochgebornen Gräfin Ferdinande Henriette, des weil. Hochgebohrnen Grafen und Herrn, Herrn Ludwig Christian, Grafen zu Stollberg in Gedern hinterlassener Gräfin Tochter.

(e 2) Die Ehepacten wurden ausgefertiget und unterzeichnet. Gedern den 28. Dec. 1719.

Georg August, G. zu Erbach.

Anne Dorothee, verwittibte Gräfin zu Erbach.

Phil. Carl, G. zu Erbach.

Georg Wilhelm, Graf zu Erbach.

Ferdinande Henriette, Gräfin zu Erbach geb. Gräfin zu Stollb.

Christina, geb. Herzogin zu Mecklenburg-Güstrow, Gräfin zu Stollberg, Wittb. und Vermünderin.

Christian Ernst, G. zu Stollb.

Friederich Carl, G. zu Stollb.

(f) Schrei-

Beweisthümer zur V. Tabelle.

(f) Schreiben des Gräfl. Erbach-Schönbergischen Consistoriums an das Gräfl. Erbach-Fürstenauische Consistorium. Erbach den 31. Jan. 1750.

Nachdem der große Gott die weiland Hochgeborne Frau Ferdinande Henriette, Gräfin zu Erbach, gebohrne Gräfin zu Stollberg und Königstein ꝛc. Unsers gnädigsten Grafens und Herrn zu Erbach Schönberg hertzgeliebteste Frau Gemahlin, an einem hitzigen Brust-fieber, diesen Nachmittag um 4. Uhr, aus dieser Zeitlichkeit hinweggenommen — — Erbach den 31 Jan. 1750.

(f 2) **Michelstädter Kirchenbuch:**

Den 6. Febr. 1750. wurden Ihro Hochgräfl. Gnd. die Frau Gräfin Ferdinande geb. Gräfin von Stollberg Gradern, vermählte Gräfin von Erbach-Schönberg, unter einer Parentation allhier beygesetzt.

(f 3) Trauerrede und Gedächtnißpredigt, welche bey der Beerdigung und Leichenbegängnisse der weiland Hochgebohrnen Gräfin und Frauen, Frauen Ferdinanden Henrietten, vermählten Gräfin zu Erbach und Herrin zu Breuberg, gebohrnen Gräfin zu Stollberg, Königstein, Rochefort, Wernigerode, und Hohnstein, Herrin zu Epstein, Münzenberg, Breuberg, Agimont, Lohra und Klettenberg ꝛc. in der Stadtkirche zu Michelstadt den 6. Hornung, und in der Kirche zu König den 1. Merz des 1750sten Jahrs gehalten, und nebst dero rühmlichen Lebenslaufe, auf gnädigsten Befehl zum Druck befördert von Joh. Rudolph Pagenstecher, Hochgräfl. Erbach-Schönbergischen Consistorialrath, Hofprediger und Pfarrer zu Gronau.

258) **Christina.** (a) Gronauer Kirchenbuch:

Anno 1721. den 5. May wurde dem Hochgebohrnen, Unserm gnädigsten Grafen und Herrn, Herrn Georg August, regierenden Grafen zu Erbach und Herrn zu Breuberg ꝛc. von dero Hochgebornen Frau Gemahlin, Ferdinande Henriette eine junge Gräfin gebohren und eodem die getauft. Der jungen Gräfin Name ist Christine.

(b) Gronauer Kirchenbuch:

Anno 1742. den 2. Oct. wurde der Hochgeborne Reichsgraf und Herr, Herr Henrich der XII. jüngerer Linie Reuß, Graf und Herr zu Plauen, Herr zu Greitz, Cranichfeld, Gera Schlaitz und Lobenstein, Sr. Königl. Majestät in Dännemark hochbestellter Cammerherr und Hauptmann bey der Garde zu Fuß, mit des hochgebohrnen Reichsgrafen und Herrn, Herrn Georg August, Grafen zu Erbach, und Herrn zu Breuberg, Unsers gnädigst regierenden Landesherrn ältesten Hochgräfl. Tochter, Gräfin Christina auf dem hochgräfl. Schloß zu Schönberg copuliret.

(b 2) Einsegnungsrede bey Trauung des Hochgebohrnen Grafen und Herrn, Henrich XII. Reuß, und der auch Hochgebohrnen Gräfin Christine ꝛc. auf dem Schlosse Schönberg gehalten den 2. Oct. 1742 von Joh. Rudolph Pagenstecher, Pfarrer zu Gronau, gedruckt zu Schlaitz.

(b 3) Die Ehepacten waren unterzeichnet: Schönberg den 2. Oct. 1742.

Henrich XII. jüngerer Linie Reuß und Herr zu Plauen.	Christina, Gräfin von Erbach.
Henrich I. jünger L. Reuß.	Ferdinande Henriette, Gräfin zu Erbach geb. Gräfin zu Stollberg.
Henrich XXIV. für mich und in Vollmacht meines Herrn Mitvormunds Henrich XXV. jüngerer und des Stamms älterer Reuß.	Georg August, G. zu Erbach.
Henrich XXIX.	Georg Wilhelm, Graf zu Erbach.
Henrich III. älterer Reuß.	
Henrich II. jüngerer Reuß.	

(c) Trauerbekanntmachungsschreiben an die Fürstin Josepha von Erbach-Fürstenau von Herrn Graf Henrich XII. Reuß. Schlaitz den 26. Nov. 1769. —

Ew. Fürstl. Gnd. hinterbringe hierdurch mit innigster Betrübniß, wie es Gott gefallen, meine hertzgeliebteste Gemahlin, die hochgebohrne Gräfin, Frau Christina Reußin, Gräfin und Herrin zu Plauen, Herrin zu Greiz, Cranichfeld, Gera, Schlaitz und Lobenstein ꝛc. nach ausgestandener langwieriger Schwachheit, heute frühe, gegen 5. Uhr, im 49sten Jahre ihres Alters, aus dieser Zeitlichkeit, zu sich in die frohe Ewigkeit aufzunehmen ꝛc. ꝛc.

259) Georg

259) **Georg Ludwig.** (a) **Gronauer Kirchenbuch:**

Anno 1723. den 27. Jan. wurde dem Hochgebohrnen Unserm gnädigsten Grafen und Herren, Herrn Georg August, regierenden Grafen zu Erbach, und Herrn zu Breuberg rc. rc. von Dero Hochgräfl. Frau Gemahlin Ferdinande Henriette ein junger Herr gebohren, und den 28. ejd. getauft. Des jungen Herrn Grafen Name ist Georg Ludwig.

(b) Trauerbekanntmachungsschreiben von der verwittibten Herzogin von Holstein, Christina Armgard, an Herrn Grafen Georg Albrecht zu Fürstenau. Plöen den 13. Febr. 1777.

Ew. Lbd. haben wir durch gegenwärtiges die betrübte Nachricht zu vermelden, wie es dem ewigen Beherrscher über Leben und Tod gefallen, Unsern herzlich geliebten Schwieger Sohn, den weiland hochgebohrnen Grafen und Herrn, Georg Ludwig, regierenden Grafen zu Erbach, und Herrn zu Breuberg, des sämtl. Gesamthauses Seniorem, und dessen Lehnes Herrlichkeit Administratorem Ritter des St. Annen Ordens Lbb. um 4. Uhr des Morgens den 11. dieses an einem hitzigen Gallenfieber und Brustkrankheit aus dieser Zeitlichkeit abzufordern.

(b 2) **Gronauer Kirchenbuch:**

Anno 1777. 11. Febr. starb in Plöen der Hochgebohrne Graf und Herr, Herr Georg Ludwig regierender Graf zu Erbach rc. und wurden in der Stille von daraus nach König gebracht. Nächstdeme aber, nach einer von denenselben zurück gelassenen Verordnung, nach Gronau, auf einem Trauerwagen, geführet, und alsdann — — — den 14 Martii nachmittags in die hiesige Herrschaftl. Gruft an die Seite Ihrer Hochfrl. ligen Frau Gemahlin gesetzt. Da Sie Sichs, in der bey Ihrem Leben gemachten Verordnung ausdrücklich verbeten, daß nach ihrem Tode, und bey der Beysetzung Ihres verblichenen Leichnams, weder eine Trauer Rede vor dem Altar, noch Gedächtnispredigt solle gehalten werden; so ist solches, aus Liebe und Hochachtung ihres Herrn Nachfolgers in der Regierung, des Herrn Grafen Franz Carlo Hochgräfl. Gnd. jedoch, ohne Kosten und Aufwand zu schonen, auf das allergenaueste beobachtet worden.

(c) Bekanntmachungsschreiben der verwittibten Herzogin von Holstein an die Fürstin Josepha von Erbach Fürstenau. Ploen 12. Sept. 1764.

Ew. Lbd. haben wir anburch zu vernehmen zu geben, ohn ermangeln wollen, welchergestalt die zwischen der Durchlauchtigsten Fürstin, Frau Friderike Sophie Charlotte, Herzogin zu Schleswig Hollstein, Unserer vielgeliebten Prinzeßin Tochter, und des Hochgebohrnen Grafen und Herrn, Grafen Georg Ludwig reg. Grafen zu Erbach Lbb. Lbb. vor einiger Zeit verabredete Verlobung, am eilften des jetztlaufenden Monats, durch Priesterliche Einsegnung, vollzogen worden.

(c 2) Aus den Personalien:

Unsere Höchstselige Fürstin thäten in 1763. eine Reise nach Pyrmont, um dortigen Gesundheits Brunnen zu gebrauchen, und da fügte es sich, daß Sie Dero nachherigen Herrn Gemahl daselbst zum erstenmal sahen — und die freundschaftlichsten Gesinnungen für Ihn zu fassen anfiengen. Im Merz 1764 begaben sich unser gnädigster Herr nach Plöen — — — da dann die wirkliche Verlobung geschahe. Da aber der Herr Bräutigam wegen der auf den 5. April vorgewesenen Krönung des Römischen Königs, und anderer Geschäfte, nach Hauß eilen muste, so begaben Sie Sich erst im August wieder nach Plöen — — —

(c 3)

Nach der Vermählung blieben Sie beyderseits noch den ganzen Winter in Plöen. Von da geschahe die Abreise den 13 Martii 1765. über Braunschweig Wernigerode, Ballenstadt, Cassel, kamen von Frankfurt den 4. May in hiesigem Lande an, und wurden sowohl bey Höchst im Steubergischen, als in König, mit grosem Frohlocken empfangen.

(d) **Gronauer Kirchenbuch:**

Anno 1769. den 4. Jan. Abends gegen 4 Uhr starben, zu Schönberg, die Durchlauchtigste Fürstin und Frau, Friderike Sophie Charlotte, geb. Erbin zu Norwegen, Herzogin zu Hollstein, Stormarn rc. vermählte Fürstin und Gräfin zu Erbach, Unsers gnädigst regierenden Landesherrn, Herrn Grafen Georg Ludwig im Leben herzlich geliebt gewesene Frau Gemahlin. Sie wurden bereits den 30 Decembr. ai elaph von Geburtsschmerzen angegriffen, welche bis zu Dero seligen Ende, ohne daß die Entbindung erfolgte, anhielten, und Sie mit einer bewundernswürdigen Gelassenheit erdulteten. Bey der den 5. Jan. vorgenommenen Eröfnung wurde ein junger Herr gefunden, und zugleich eine solche Hindernis der Geburt entdeckt, die durch keine menschliche Hülfe gehoben werden konnte. Sie wurden, mit Dero Leibesfrucht, den 8ten gedachten Monats, dahier in der Kirche, und zwar in der neuerbauten Gruft, in Beysein Unsers gn. Landesherrn und mehrerer hohen Herrschaften, nach einer vor dem Altar gehaltenen Rede, Standesmäßig beygesetzt. Alsdann wurde den 12 Febr. ebenfalls bey der Anwesenheit

senheit hochgedachten Unsers gnädigsten Landesherrn und anderer Herrschaften Ihnen dahier auf eine sehr feyerliche Art von Mir (Hofprediger Pagenstecher,) über den gewehlten Text Ps. 73, 23. 24. und von dem Hof-Caplan Sonntags hernach über die Worte Gen. 48, 9. Gedächtnißpredigt gehalten, wie solches, über den ersten Spruch, den 15. Febr. in den andern Kirchen des Landes geschehen.

260) **Franz Carl.** (a) Gronauer Kirchenbuch:

Anno 1724. den 28. Jul. vormittags wurde dem Hochgebohrnen Unsern gnädigst regierenden Grafen und Herrn Georg August von dero Hochgräfl. Frau Gemahlin, Ferdinande Henriette, ein junger Herr gebohren, und an eben diesem Tage getauft. Des jungen Herrn Grafen Name ist Franciscus Carolus.

(b) **Röniger Kirchenbuch:**

Anno 1778. am 4ten des Herbstmonats ist der Hochgebohrne Graf und Herr, Herr Franz Carl, regierender Graf zu Erbach-Schönberg, Herr zu Breuberg, General-Major in Diensten Ihrer Hochmögenden derer Herrn General Staaten der vereinigten Niederlanden, und des Rußischen, St. Annen Ordens Ritter ꝛc. mit der Hochgebohrnen Gräfin und Frauen, Frauen, Augusten Carolinen, geb. Gräfin zu Isenburg und Büdingen ꝛc. des Hochseel. Herrn Grafen Gustav Friedrichs, weil. regierenden Grafen zu Isenburg und Büdingen, des Dannenbrogs, und de l'Union parfaite Ordens Ritters hinterlaßenen jüngsten Gräfin Tochter in Bergheim getrauet worden. Am 21sten erfolgte die hohe Ankunft. Das Heimführungsfest wurde den 27. ejd. celebriret. s. die Zusätze.

261) **Christian Albrecht.** (a) Auszug aus den Personalien der Frau Mutter:

Maßen hochdieselbe eine gesegnete Mutter von dreyzehn Kindern worden sind, von welchen zwey hochgräfl. Söhne der Hochseligen Frau Mutter in die Ewigkeit vorangegangen, nemlich: Weiland Herr Graf Christian Albrecht gebohren den 23. Aug. 1725.

(b) **Trauerbekanntmachungsschreiben an Herrn Grafen Philipps Carl zu Fürstenau.** Gedern den 27. Mart. 1726. —

Ew. Lbd. gebe hiermit aus betrübten Gemüthe zu vernehmen, wie der Allerhöchste heute Nachmittag, nach 3. Uhr, meinen jüngsten Sohn, Christian Albrecht, Graf zu Erbach, durch einen frühzeitigen Tod wieder uns entrißen ꝛc. ꝛc.

262) **Caroline Ernestine.** (a) Auszug aus den Personalien der Frau Mutter:

Die Hochgebohrne Gräfin Caroline Ernestine, Gräfin zu Erbach, und Herrin zu Breuberg, geb. den 20. Aug. 1727.

(b) **Bekanntmachungsschreiben Herrn Grafen Georg Augusts an Herrn Grafen Georg Wilhelm zu Erbach.** Thurnau den 29. Jul. 1754.

Ew. Lbd. gebe hierdurch aus hocherfreutem Gemüthe zu vernehmen, was maßen durch Gottes sonderbare Fügung, zwischen dem hochgebohrnen Grafen, Herrn Henrich XXIV. jüngerer Linie Reußen, Grafen und Herrn zu Plauen, Herrn zu Greiz, Cranichfeld, Gera Schlaiz und Lobenstein, dann meiner zweyten Tochter, der hochgebohrnen Gräfin Carolinen Ernestinen, Gräfin zu Erbach, und Herrin zu Breuberg, eine christliche Eheverlöbnis sich ereignet, welche den 28. dieses durch Priesterliche Copulation vollzogen worden ꝛc. ꝛc.

(b 2) Die Ehepacten sind unterzeichnet den 27sten Jul. 1754.

H. XXIV.	Caroline Ernestine.
Sophia Theodora.	
H. XXVI. vor sich und im Vorm. Namen.	Georg August, G. zu Erbach.
	Georg Wilhelm, Graf zu Erbach.
H. XXVII.	A. Soph. V. G. zu Erbach.
H. II.	Ludwig Friederich, Graf zu Erbach.
H. XII.	
H. XXII.	Georg Albrecht, G. zu Erbach.

(c) **Trauerbekanntmachungsschreiben von der verwittibten Frau Gräfin von Eberstorf.** Schloß Eberstorf den 13. May 1779.

Nachdem es dem allweisen Gott, nach seinem zwar heiligen, doch unerforschlichen Rathe, gefallen, den weiland hochgebohrnen Grafen und Herrn, Herrn Henrich den 24. jüngern Reußen, Grafen und Herrn zu Plauen, meinen im Leben innig lieb gewesenen Gemahl, nach ausgestandener langwieriger und schmerzhafter Krankheit, heute frühe um 3 Uhr, im 56sten Jahr seines Alters, aus dieser Zeitlichkeit zu sich zu nehmen.

263) **Christian.** (a) Obenangeführte Personalien:

Der hochgebohrne Graf, Herr Christian Graf zu Erbach, und Herr zu Breuberg geb. den 7. Oct. 1728.

Beweisthümer zur V. Tabelle.

264) **Georg August.** Gronauer Kirchenbuch:

Anno 1731 den 9. Martii frühe um 5. Uhr wurde dem hochgebohrnen Unserm gnädigsten Grafen und Herrn, Herrn Georg August von Dero Hochgräfl. Frau Gemahlin Ferdinande Henriette ein junges Herrlein gebohren, des folgenden Tags getauft, und Ihm der Name Georg August mitgetheilet worden.

265) **Carl.** (a) Auszug aus den Personalien der Frau Mutter:

Der Hochgebohrne Graf Herr Charles, Graf zu Erbach, und Herr zu Breuberg, geb. den 10. Febr. 1732.

(b) Tit. pl.

Der hochgeborne Herr Carl, Reichsgraf zu Erbach und Herr zu Breuberg, Seiner Kayserl. Königl. Majestät General Feldwachtmeister und Brigadier ist, vermög Extrait auß dem Kirchenbuch zu Pryedslawiz, durch den alldortigen Herrn Pfarrer, Johann Samuel Gedlitschka, in dem Schlosse Tschernintiz den 20. Octob. a. 1783. getrauet worden mit der hochgebornen Gräfin, Frauen Maria Johanna Nepomucena, Gräfin zu Erbach, Herrin zu Breuberg, gebohrnen Fräulein auß dem Alt Ritterlichen Geschlecht deren Zadubsky von Schönthal im Königreich Böhmen.

Dieser Extrait der hohen Trauung ist in dem Trauungsbuch des löbl. Herzogl. Wolfenbüttel. Regiments fol. 457. ingrossiret worden.

Aus dieser christlichen hocheehrbaren Ehe ist den 9. Septemb. a. 1785. eine Comtesse erzeuget worden, Hochwelche in der heil. Taufe die zu Böhmisch Budweiß geschehen, durch mich Endes Unterzeichneten, als Hochdieselbe taufenden, die Nahmen erhalten: Caroline Auguste, Louise, Henriette, Amalie, wie es eben das Geburtsbuch des löbl. Herzogl. Wolfenbüttel. Regiments sub folio 7. bezeuget. Solches getreulich attestire Sig. Böhm. Budweiß den 18. Jun. a. 1786.

(L.S.) Adauctus Leopold des löbl. Herzog Wolfenbüttel Regiments Pater.

266) **Augusta Friederika.** (a) Oben angeführte Personalien:

Die hochgebohrne Gräfin Augusta Friederika Gräfin zu Erbach, und Herrin zu Breuberg geb. den 20. Mart. 1730.

(b) Gronauer Kirchenbuch:

Anno 1753. den 13 Sept. wurde der hochgeborne Graf und Herr Herr Christian Friederich Carl, regierender Graf zu Giech, Herr zu Thurnau und Buchau, Ihro Kaiserl. Majestät wirklicher Cämmerer, und des Brandenburgischen rothen Adler Ordens Ritter, mit dem hochgebohrnen Grafen und Herrn, Herrn Georg August, regierenden Grafen zu Erbach, und Herrn zu Breuberg, des Gräfl. und Herrl. Collegii in Franken dermal. Directoris, dritten hochgräfl. Tochter, Gräfin Augusta Friderika auf dem Schloß Schönberg copuliret.

(b 2) Die Ehepacten waren den 2. Jul. 1753. unterschrieben:

Christian Friederich Carl, Graf von Giech.	Augusta Friderika.
Carl Henrich, Graf von Giech.	Georg August, G. zu Erbach.
Carl August, Gr. von Hohenlohe und Gleichen als Vormünder des vorstehenden Carl Henrich von Giech, und erbetener Zeuge.	Georg Wilhelm, G. zu Erbach.
	A. Sophie, verwittibte Gräfin zu Erbach.
	Ludwig Friederich, Graf zu Erbach.
	Georg Albrecht, Graf zu Erbach.

267) **Friederich.** (a) Gronauer Kirchenbuch:

Anno 1733. den 22 Jan. des Nachts zwischen 8 und 9. Uhr wurde dem hochgebornen Unserm gnädigsten Grafen und Herrn, Herrn Georg August, von Dero Hochgräfl. Frau Gemahlin, Ferdinande Henriette, der siebente Sohn gebohren, und den 23. ejusd. getauft. Des jungen Herrn Name ist Friederich.

(b) Gronauer Kirchenbuch:

Anno 1733. den 6. April früh um 4 Uhr starb Friederich, der siebente gebohrne junge Herr, des Hochgebornen Unsers gnädigsten Grafen und Herrn, Georg Auguste, und wurde den 7. ejusd. Abends mit Fackeln, unter dem Geläute der Glocken, hinter dem Altar in der Kirche, in der Stille beygesetzt, alt 10. Wochen 4. Tage.

268) **Louise Eleonore.** (a) Bekanntmachungsschreiben von Herrn Grafen Georg August, an Herrn Grafen Philipps Carl, Schönberg den 24. Aug. 1735. —

Was maßen es dem Grundgütigen Gott gefallen, meine herzgeliebteste Gemahlin, die hochgeborne Gräfin, Frau Ferdinande Henriette Gräfin zu Erbach, ꝛc. ꝛc. gestern Nachmittag zwischen 3. und 4 Uhr mit einer gesunden und wohlgestalten Tochter, welcher bey

Beweisthümer zur V. Tabelle.

bey der heil. Taufe die Namen Louise Eleonore beygelegt worden, glücklich zu entbinden ꝛc.

(b) **Gronauer Kirchenbuch:**

Anno 1750 den 6t. Jul. wurden der Hochgeborne Graf und Herr, Herr Leopold Casimir, Graf zu Rechtern ꝛc. Sr. Kaiserl. Majt. wirklicher Cämmerer, und der General Staaten der vereinigten Niederlanden General Major und Obrister eines Regiments Infanterie, mit des hochgebohrnen Reichsgrafen und Herrn, Herrn Georg August, regierenden Grafen zu Erbach, und Herrn zu Breuberg ꝛc. des Gräfl. Collegii in Francken damaligen Directors, Unsers gnädigsten Grafen und Herrn jüngsten Gräfl. Tochter, Gräfin Louise Eleonore auf dem Schloß Schönberg copuliret.

(c) Trauerbekanntmachungsschreiben der verw. Frau Gräfin Rechtern, an Herrn Grafen Ludwig Friederich zu Erbach-Fürstenau. Hülst den 26. May 1778. —

Ew. Lbd. muß, mit betrübtem Herzen, die schmerzliche Nachricht geben, daß es Gott gefallen, meinen hertzgeliebten Gemahl, den weiland hochgebohrnen Grafen, Herrn Leopold Casimir, Reichsgrafen von Rechtern. Ihro Kaiserl. Majt. Cammerherr, General Lieutenant, Chef über ein Regiment zu Fuß, Commendant der Stadt Hulst in Diensten der vereinigten Niederlanden, diesen Morgen um eilf Uhr, nach einer zwar lang ausgestandenen Brustbeschwerde doch plötzlich in dem 61sten Jahre seines Alters zu sich zu nehmen.

269) **Casimir.** (a) Gronauer Kirchenbuch:

Anno 1736. den 27. Sept. Abends gegen 12. Uhr ward dem Hochgebohrnen Unserm gnädigsten Grafen und Herrn, Georg August von Dero Hochgräfl. Frau Gemahlin Ferdinande Henriette, ein junger Herr gebohren, und den 28. ejd. getauft, und Ihm der Name Casimir gegeben.

(b) Concept Condolenzschreibens von Herrn Graf Ludwig Friederich zu Fürstenau an Herrn Grafen Georg Ludwig zu Schönberg. Fürstenau den 15. Febr. 1760.

Welchergestalt es dem göttlichen Rathschluß gefallen, Ew. Lbd. im Leben hertzlich geliebtesten Herrn Bruders Lbd., den weiland Hochgebornen Grafen und Herrn Casimir am 27. Jan. durch eine harte Krankheit, in Prag aus dieser Zeitlichkeit in die Ewigkeit zu versetzen, solches war die traurige Nachricht, die aus Ew. Lbd. geehrtesten mit wehmüthigsten Gemüthe zu ersehen gewesen ꝛc. ꝛc.

270) **Gustav Ernst.** (a) Gronauer Kirchenbuch:

Anno 1739. den 27. April Nachts zwischen 10- und 11 Uhr wurde dem Hochgebohrnen Herrn Grafen Georg August, Unsern gnädigsten Landesherrn, von dero hochgräfl. Frau Gemahlin Ferdinande Henriette ein junger Herr gebohren und den folgenden Tag getauft. Der Name des jungen Herrn ist Gustav Ernst.

(b) **Röniger Kirchenbuch:**

Im Jahr 1782. den dritten Tag des Erndmonds wurde der Hochgeborne Reichsgraf und Herr, Herr Gustav Ernst. Graf zu Erbach und Herr zu Breuberg, Obrister ꝛc. in Königl. Französ. Diensten und Ritter des Ordens pour les Merites, mit der auch hochgebohrnen Reichsgräfin und Frauen, Frauen, Henrietten Christinen, geb. Gräfin zu Stolberg, Rochefort, Wernigerode und Hohnstein, Herrin zu Epstein Münzenberg, Breubera Sigmont, Lohra und Clettenberg, in den gelben Zimmern des hiesigen Residenzschlosses getrauet. s. die Zusätze.

271) **Todtgebohrne Gräfin: Personalien der Hochsel. Fürstin:**

In dem folgenden 1766. Jahr befanden Sich dieselbe gesegneten Leibs, — und wurden den 22. Nov. Abends um 8. Uhr, zwar glücklich, aber von einer todten Tochter entbunden.

272) **Ungebohrnes Herrlein:** siehe oben von dem Absterben der hochsel. Fürstin.

273) **Auguste Louise Christiane Caroline. Röniger Kirchenbuch:**

Den 28. Hornung 1784. ward dem Hochgebohrnen Reichsgrafen und Herrn, Herrn Franz Carln, regierenden Grafen zu Erbach Schönberg, Herrn zu Breuberg, General Major in Diensten Ihrer Hochmögenden Herrn General Staaten der vereinigten Niederlanden, und des Rußisch Kaiserl. S. Annen Ordens Ritter, und der auch hochgebohrnen Reichsgräfin und Frauen, Frauen Augusten Carolinen, regierenden Gräfin zu Erbach Schönberg, Herrin zu Breuberg, geb. Gräfin von Isenburg Büdingen, Höchstdero Frau Gemahlin eine Comtesse gebohren, und den 4ten Merz getauft. Name Auguste, Louise, Christiane Caroline.

B   274) Caro-

274) **Caroline Auguste Louise Henriette Amalie.** sieheNro. 265. lit. b.

275) **Ferdinande. Extract Zwingenberg. Kirchenbuch:**

Im Jahr Christi Siebenzehnhundert achzig vier den 23. Jul. Mittags zwischen eilf und zwölf Uhr wurde Ihro hochgräfl. Gnaden dem Hochgebohrnen Herrn, Herrn Gustav Ernst, Grafen zu Erbach-Schönberg Herrn zu Breuberg königl. Französischen Obrist der Infanterie des Ordens pour le Merite militaire Ritter, und dessen Frau Gemahlin hochgräfliche Gnaden Frau Henriette Christine hochgebohrne Gräfin zu Stolberg, Königstein, Rochefort, Wernigerode, und Hohenstein, Frau zu Epstein, Münzenberg, Breuberg, Aigmont, Lohra und Klettenberg ꝛc. eine Gräfin Tochter gebohren, und den 25ten getauft, —— und Ihr der Nahme ertheilt Ferdinande.

276) **Georg Ludwig. Zwingenberger Kirchenbuch:**

Im Jahr nach Christi unsers Herrn Geburt Siebenzehnhundert Achzig Sechs den 15. Jenner frühe zwischen drey und vier Uhr wurde Ihro hochgräfl. Gnaden dem hochgebohrnen Herrn, Herrn Gustav Ernst, Grafen zu Erbach Schönberg, Herrn zu Breuberg, königl. Französischem Obristen der Infanterie, des Ordens pour le Merite militaire Ritter, und dessen Frau Gemahlin hochgräfliche Gnaden Frau Henriette Christine hochgebohrne Gräfin zu Stolberg Königstein Rochefort, Wernigerode und Hohnstein, Frau zu Epstein, Münzenberg Breuberg Aigmont, Lohra und Klettenberg ein junger Graf gebohren und den 18. Jenner getauft. Der Nahme Georg Ludwig.

Zusätze.

Zu Nro. 33. Tab. I. l. b.

Ich Schenk Conrad von Erpach versehen offentlich in diesem Briefe vnd tue kunt, daß für mich komen sint die erbere Knechte Hug vnd Rücklin von Hochhusen Gebrüder, edel Knechte sond han mich gebeten mit vorbedachtem Mut — daß es min gunstiger Wille sy vnd verhengen wolle, daß sie ir Gut, das von mir zu Lehen hant, vnd hernach beschrieben stent, durch Gottes Willen, vnd durch jrer vnd jrer Eltern Sele Heil geben mögen an vnser Frauen Altar in der Kirche Burfelden zu einer ewigen Messe. Des han ich angesehen —— —— —— —— vnd sind die gut mit Namen die Mule zu Stegheim, und die zweene Morgen Ackers, die daran stossen.

Wir Hug und Ruecklin von Hochhusen Gebrüdere vorgenant, versehen offentlich, an diesem Briefe, daß wir dieselbe Gut, all und besonders —— —— gehen machen und setzen zu einer ewigen Messe an vnser Frauen Altar in der Kirche zu Burfelden —— Auch han ich Schenk Conrad vorgenant mir behalten an diesem Briefe, daß ich die Wile ich lebe, vnd nach mir ie mein eltister Son, und darnach je der eltiste Schenk von Erpach die vorgesetzte Pfrunde zu der vorgesetzten Messe, als dicke sie ledig wer an einen Priester lihen vnd sollen vnd mogen ane allerley Wiederrede vnd Geverde Vnd zu einer waren Vrkund aller dieser vorgesetzten Dinge han ich Schenk Conrad vorgenant mein Ingesiegel gehencket an diesen Brief. —— Wier Hug vnd Rucklin Gebrüdere vorgenant han auch zu Urkund aller der vorgesetzten Dinge vnser jeglicher sein Ingesiegel gehenket an diesen Brief, der geben wart an den Montage nach sant Barthol. Tage des Zwelf Boden, da man zalte von Christi Geburt drutzehenhundert und sybenundvierzig Jarr.

Zu Nro. 72. Else. Diese beweiset Retter aus Humbracht fol. 168. n. 10.

Conrad von Hutten, Ritter, Fürstl. Würzburg. Hofmeister 1340. Fürstl. Fuldaischer Marschall 1362 † 1387. heurathet I. Elsa Schenkin von Erbach Conrad Schenk von Erbach und Eva von Cronberg T. † 1383.

Zu Nro. 95. Anna. Diese beweiset Retter aus Tollner Addit. ad Hist. Pal. f. 49. 74.

Ludovicus El. Pal. 20. 1449 acquisivit ab Anna de Erpach Comitatum Loewenstein.

Zusätze.

Zu Nro. 123. l. c.

Tabellarische Vorstellung der Successionen auf Breuberg.

Eberhard, gen. Reuß, Herr zu Breub. kommt vor 1242—1271.
Gemahl. **Mechtild**, kommt vor 1242.

Gerlach, H. zu Br. 1269—1298. Gem. **Luckard** 1298.

Arnoes, Herr zu Breuberg 1314 und ist 1329 schon todt. Gem. **Gisela** von Falkenstein 1313. 1314.

Eberhard, H. z. Br. 1298—1320 ist 1324 schon tod. Gem. **Mechtild**, Gräfin von Waldeck occ. 1315—1327.

Cunzina oder Cuniza f. vor 1317. Ihr Gemahl Conrad, Herr von Trimperg, verkauft sein Theil an Graf Rudolph von Wertheim und Gottfr. von Eppstein 1336.

Mechtild f. vor 1317, 1329 cediert ihr Antheil ihrer Schwester 1329.

Elisabetha, Gemahlin Graf Rudolphs v. Werrheim kommt vor 1324—1341. ist 1343 schon tod.

Eberhard, Gr. zu Wertheim.

Luckard, heirath. 1. Conrad, Herr v. Weinsb. 2) Gottfried, Herr von Eppstein. Sie verkauft 1341 das vierte Theil, so sie von Trimp. gek. an Wertheim.

Johannes, Graf zu Wertheim löste das Theil von Conrad Krieg 1410 aus.

Elisabetha, bevor. Ulrich, Gr. zu Hanau.

1. **Conrad**, Herr von Weinsberg.

2. **Gottfried von Eppenstein**.

2. **Eberhard**, Herr von Eppenstein; zweite Gemahlin. Luckard von Falkenstein, die ihm Königstein zubringt.

Michael I., Graf zu Wertheim.

Ulrich VI. Gr. zu Hanau, Gem. Cath. v. Ziegenh. verkauften 1407 ihr Antheil an Gr. Johannes von Wertheim.

Reinhard, der älteste. Gem. Catharina von Nassau.

Johannes.

Eberhard, Herr zu Eppstein und Königstein. † 1475.

Luckard, Schenk Philipps zu Erbach Gemahlin.

Maria, Graf Johann v. Eberstein Gemahlin.

Wilhelm, Gr. zu W. † 1482. Gem. Agnes von Ysenburg.

Philipp † 1487 Herr von Eppenstein und Königstein.

Margaretha, Graf Philipps zu Rineck Gem.

Michel II. Gr. zu W. Gem. Barbara, Gr. v. Eberstein.

Georg, Gr. zu Werth.

Maria, Schenk Eberhards von Erbach Gemahlin.

Martha, Graf Wolfens von Castell Gem. wird verglichen, und bekomt Remlingen.

Eberhard, † 1537. Gem. Catharina von Weinsberg, stirbt ohne Erben.

Philipp, Domherr zu Mainz. † 1527 unvermählt.

Georg, Gem. Anna, Graf Gothos zu Stollberg.

Ludwig, geb. 1505. † 1547.

Margaretha, Gem. Henrich von Pfenb. wird abges.

Michael III. † 1556.

Georg Eberhard und Valentin, Grafen von Erbach nehmen 1556 Besitz von der Hälfte.

Catharina, Gemahlin 1) Philipp, Graf zu Eberstein, 2) Michel, Gr. zu Wertheim.

Elisabeth, Gem. 1) Dieterich, VI. von Manderschied. 2) Wilhelm von Crichingen wird nicht zugelassen.

Anna, Gem. Ludwig, Graf zu Löwenstein.

Ad Nr. 142. b.

Ungeweyrliche Verzeichnis wie es auf des wohlgebornen Herrn Georgen, Graven zu Tübingen und Fräulein Walpurgis Hochzeit und Beyschlaf gehalten worden av. 1564.

Uf Montag den 13. Novembris seind wolermelten meinem gnädigen Herrn von Tübingen und seiner Gnaden Freundschaft entgegen geschickt worden Georg, Grave zu Erbach ꝛc. der Junge, Schenk Friederich und Schenk Gottfried beede Herrn von Limpurg, auch andere von Adel, die den Bräutigam samt seiner Freundschaft nemlich, Grave Eberharden von Hohenloe und Grave Ernsten von Wolfstein und Schaumburg, von meinem gn. Grave Georgen zu Erpach des Eltern, vnnd dan der Wittib zu Erpach wegen, im Felde empfiengen vnd fürter gehn Erpach beleitet haben.

Als nun Ire Gn. eingezogen, hat jetzgedachter mein gn. h. Grave Georg der Elter, sampt der Wittib vnd bey sich habenden Frauenzimmer, den Bräutigam vnd andere Im Schloß bey der Brüchen auch empfangen, vnd fürther Iden insonderheit inn die verordnete Gemach gefueret vnd gewiesen, auch alsbald lan idem Gemach etliche warme essen verordnet worden. vmb v. Uhren Abents vngevehrlich seind Graven vnd herrn sampt dem Frauenzimmer, aufferthalb der Braut, welche diesen Abent Im Gemach plieben vnd denen von Adel in die Hofstuben khommen und über die lang Tafel gesetzt worden, wie nachstehet:

Pfaltzgräfisch Gesanth; Agatha Gräfin von Hohenloe; Bräutigam; Fraw Margaretha, Grävin zu Erpach Wittwe; Grave Ernst von Schaumburg, Frailein Elisabeth zu Erpach die Eltere; Grave Georg zu Erpach der Eltere; Frailein Elisabeth zu Erpach die Jüngere; Schenk Friederich von Limpurg; Marschalts Frau; SchenkGottfried zu Limpurg; Grav Georg zu Erpach, der Junge; Hanß Raphael von Neuschach; Hans Wolf von Bubenhofen.

Aber die andern v. Nebendisch in der Hofstuben ist das übrig Frauenzimmer und die von Adel, auch andere fürnembe Personen gesetzet worden.

Nach dem NachtEssen ist in idem herrn Gemach ein sonderlicher Schlaftrunk zugerichtet worden.

Dienstags den 14. Novembris

Ist der Kirchgang vngevehrlich vmb 9. Uhren fürgenohmen, vnd der Pfaltzgrevisch Gesanth neben Schenk Friderichen von L:mpurg ꝛc. die Braut zu führen verordnet worden. Hat man anfänglich in der Kirchen 2. Psalmen gesungen, darauff ein Predig gethan, vnd nach solchen die Eheleut vermög der Graveschaft Erpach Kirchen Ordnung im Chor eingesegnet, darnach mit einem Psalmen beschlossen worden. Als man wieder ins Schloß khomen, ist die Braut in die Hofstube gefürth vnd die lang Tafel besetzt worden, wie volgt:

Brautigam; Braut; Pfaltzgrävisch Gesandte; die von Hohenloe; Schaumburg; Wittib zu Erpach; Grave von Hohenloe; Frailein Barbara; Grave Georg zu Erpach der Eltere; Frailein Elisabeth die eltere; Schenk Friederich; Frailein Elisabeth die Jüngere; Schenk Gottfried; Junge Herr von Erpach, Neuschach.

Die andern v. Nebendisch sind mit Frauenzimmer vnnd Edelleuten, wie den Abent zuvor besetzt worden. Nach dem essen Ider in sein Gemach gelassen vnd zu gelegner Zeith vnderdrunth vnd andere kurtzweil mit Spielen vnd andern zur handt genohmen worden.

Zum NachtEssen abermals Jdermann gesetzt worden, wie zuvor.

Darnach die Braut, samt dem Frauenzimmer nach Essens hinauf, vnd vnlängs hernach widerumb herab in den Saal gefürth vnnd alda in Beysein beiderseits Freundschaft in dem Beth, so sonderlich dozu zugerichtet, wie gebräuchlich, beygelegt worden. Nach demselben alsbald in der gemalten Stuben Schlafftrunk gethan, wie dann zwo vnderschiedliche lange Tafeln darinnen zugerichtet gewesen. Alsdann Jdermann zur Ruhe gangen.

Mitwoch.

Off den Mitwoch zu morgen ungevehrlich vmb 9. Uhr ist der Vertzieg in des Breutigams Gemach, in Beisein etl. Zeugen im Vertzieg benennet, auch anderer Freundschaft, durch den Erpachischen Secretarium verlesen, vnd wie bräuchlich, mit dem Aydt bercreftigt worden.

Volgends ist die Schankung in der gemalten Stuben fürgenohmen worden, vnd hat anfenglichs der Bräutigam, durch den von Schaumburg, die Braut mit einer gulden Ketten, vnd dan einer Verschreibung, die 1000 Gulden Morgengab verehren lassen.

Darnach der Pfaltzgrävisch Gesanth ein vergult Schnuren verehret; darauf die Wittib zu Erpach ein Ketten vnd Kleinod; als denn Grave Georg zu Erpach der Elter für sich, auch von wegen der Wittib zu Rhineck, vnd balder Frailein zu Fürstenaw, seiner Gnaden schwestern schankung gethan, volgends Schenk Friederich von Limpurg. Und letlich hat Schaumburg ein Trinkgeschirr verehren lassen. Wie wol nun Georg von Venningen, Rappoltsteinischer Hofmeister von dem wolgebornen herrn Egenolphen zu Rappoltstein alher verordnet gewesen, ist Ime doch die Schenkung auß allerhand Verhinderungen nit zukommen, derwegen der Gesanth solche entschuldigung fürgewandt; aber nach dem Morgenessen ist die Schenkhung khomen, die der Gesanth hernach sonderlich überantwort hat.

Nach beschehener Schankung hat der Brautigam samt der Braut durch Georg Schwenden Hohenloischen Vogt zu Waldenburg gewönliche Danksagung thun lassen von wegen des Glückwünsches vnd reichlicher Verehrung.

Volgends Menniglich in die Hofstuben kommen vnd ist Schaumburg zum Morgen Imbs oben an, vnd darnach von der Freundschaft dem Alter vnd Gelegenheit nach vmgewechselt worden.

Den

Zusätze.

Den Mittwoch zu Nacht Imbs. desgleichen den Donnerstag zu Morgen Imbs. Ist es obgeschriebener maßen auch gehalten worden.

Aber nach dem Morgeneßen sind die Herrn und das Frauenzimmer samt dem Adel mit einander gen Fürstenau gezogen allda sie den Freitag und volgends den Samstag zum Morgeneßen blieben sein. Darnach ist bohenloe Schaumburg und andere hinweggezogen. Der Bräutigam und beide von Limpurg sind gen Erpach gezogen.

Personen, so gedienet haben
Uf die lange Tafel in der Hofstuben
Hanß Blickhar Landschad Pfaltzgrevischer Marschall.
Fürschneider.
Hanß Philipp Landschad.
Georg von Venningen.

Nro. 149. l. b. Außzug der Pact. Dotal. zwischen dem Wild- und Rheingrafen Friederich und Gräfin Anna Amalia von Erbach.

Zu wissen — das im Namen der heiligen Dreyfaltigkeit Gott dem Allmechtigen zu Lob und Ehren — — ein Freindschaft der Ehe, zwischen dem wolgebornen Herrn, Herrn Friederichen, Wild und Rhein Grafen Graven zu Salm, und Herrn zu Winstingen ꝛc. an einem sodann der auch wolgebornen Frewlein, Frewlein Annen Amalien gebornet Grävin zu Erpach anderntheilß aufgerichtet, und mit Ihrer beederseitß Freindtschaft nemblich an seiten wolgedachtß Graf Friederichen deß Durchleuchtigen hochgebohrnen Fürsten und Herrn Herrn Georg Friederichen Marckgrafen zu Baden und Hochberg, Landgrafen zu Sausenberg Herrn zu Rötelu und Badenweiler vnd der auch wolgebornen Herrn Herrn Adolph Henrichen Wild und Rheingrafen Grafen zu Salm und Winkingen auch Herrn Johann Georgen Grafen zu Hohenzollern Sigmaringen und Herrn zu Haigerloch und Wehrstein, Kaiserl. Cammergerichtspräsidenten ꝛc. desgleichen von wegen wolgedachtes Frewlein Annen Amalien der auch wolgebornen Herrn Herrn Georgen, Graven zu Erpach und Herrn zu Breuberg wohlgebachtes Frauleins Herrn Vattern, und Herrn Otten Graven zu Solmß, Herrn zu Münzenberg und Sonnenwaldt ꝛc. des Eltern, wissen und Willen abgeredt, das wolgedachter Rheingraf Friederich ebberürt Frewlein Annam Amaliam zu einem ehel. Gemahel, also auch hinwiederum wolbesagtes Frewlein mehr besagten Graf Friederichen zu einem ehel. Gemahl haben, nemen, — — sollen — — — dessen, — zu wahrem Urkundt — hat anstatt hochgeachtedts Herrn Marggrafen Friederichß ꝛc. S. F. G. Abgeordneter Nicolaus Beringer der Rechten Licentiat, Sodann wir Friederich Wild- und Rheingraf und Hans Georg Grave zu hohenzollern wie ingleichen auch wir Georg, Grave zu Erpach, als welche vor bißmal zur Stelle gewesen und mit eigenen Händen vnderschrieben, auch vnser Ring Pitschaften hiefürgetruckt und sollen nach der Hand zu erster Gelegenheit dieser Heyratsverschreibungen zwo gleich lautend auf Pergamen geschrieben verfertiget und mit samentlicher Anfangs benannter Fürsten und Graven Insigeln und aigenen Handschriften bekrestiget werden. Geschehen zu Erpach den 7. Monatstag Octobris, nach Christi Geburt ein tausend sechs hundert und vierten Jare.

Ad Nr. 155. Johann Casimir.

l. d. Leichprocession des Herrn Grafen Johann Casimir 3. April 1627.

Zu Erbach ward morgens um 9. Uhr gespeiset, nach 11. Uhr erhob man sich nach Fürstenau. Vorher ritten die Centzgrafen von Erbach, Michelstadt und Berselben.

Zwey Marschälle — nach solchem die Herrschaft und Gesandten: Grav Ludwig von Erbach, und Graf von Pfenburg; Graf Georg Albrecht und Graf von Löwenstein; Graf Gottfried von Oettingen und Solmischer Gesandte; Graf von Hohenlohe und Löwensteinischer Gesandte; die von Adel; Gräfl. Frauenzimmer, Bediente und Beamte.

Von Fürstenau aus
gehen 2. Burger in langen schwarzen Trauermänteln mit Hellebarden. Die übrige Burgerschaft stunde in Trauermänteln mit umgekehrten Hellebarden auf beyden Seiten des Hofs. Uf obige Burger giengen die Erbachische Beamten, die ganze Leichprocession zu führen, als der Keller zu Fürstenau, Seeheim und Breuberg. Darauf die Schüler, Præceptores und Pastores, und schlüßen das letze Glied die Pfarrer zu Erbach, Michelstadt und Reichenberg. Ferner, die Gräfl. Räthe und Befehlshaber D. Augelmann, Secretarius Wielius, Peter Saag, Amtmann auf Breuberg, Jo. Glandorf, Amtmann uf Reichenberg, Rentmeister zu Erbach, Cammerschreiber, Keller zu Erbach, und Löwensteinische.

Nächst der Leiche beede Marschälle mit schwarzen Stäben; die Leiche, auf welcher ein vergüldeter Degen, mit Sporn und blechenen Handschuhen lagen, warde getragen von denen von Rodenstein und von Abelsheim, von Bernhold und von Walbrunn, von Bernhold und von Sechenbach, von Berlinger und von Mosbach, zwey von Ried. Neben derselben giengen acht Personen, als Gabelträger.

Das Leibpferdt, schwarz bekleidet, geführt von Andreas Knapp, Stallmeister.
Darauf die Herrschaft:
Herr Graf Ludwig, geführt von dem von Eisenberg.
— — Georg Albrecht, gef. vom Grafen von Löwenstein.
— — Gottfried, gef. von dem Dettingischen Ges.
Graf Ludwigs Gemahlin, geführt vom Hofmeister von Schmiedberg.
Graf Georg Albrechts Gemahlin gef. vom Solmischen Gesandten.
Gräfin Marie Juliane, gef. vom Löwensteinl. Ges.
Fräulein Amalia von Nassau, gef. von dem von Lehter.
Die andern Adeliche Frauenzimmer, Beamten und Kirchendiener Weiber; Cammer Mägde.
Nach ihnen 3. Zentgrafen, Canzleyverwandte und andere Hofdiener.
Das Gericht und Burgerschaft zu Michelstadt.
Die Procession wähet aus der Hof Capelle zu Fürstenau bis über die steinerne Brücke im Vorhof.
Der Leichnam wurde bis an das Siechhaus zu Michelstadt gefahren, Alda abgenommen, und in voriger Ordnung in die Kirche getragen, und dem Predigstul übergestelt.
Nach vollendeter Predigt wird die Leiche vom Adel erhoben, ins Chor bis zum Grab getragen, und vom Gericht eingelassen.

Zu Nro. 156. Barbara. Ex Archivo wie die folgenden bis Nro. 168.
(a) ist Fräulein Barbara geboren 20. Jan. Nachts zwischen 11. und 12. Uhren.
(b) ist zu Schlaiz gestorben bey ihrer Schwester der Reussin Ao. 1601 im Maj.

Zu Nro. 157. Ao. 1580, 25. May hat m. gned. frau zween (*) junge herrn tod geborn zu Gambs in Elsas.

Zu Nro. 165. Friederich Christian.
Anno 1594. am Tage Jacobi, welcher war der Donnerstag nach dem 8. Trin. den 25. Jul. ist Morgens zwischen 7. und 8. Uhren zur Welt geboren und folgenden 13. Sonnt. Trin. den 25. Aug. getauft worden der wolgeborne herr Friederich Christian Grave zu Erpach rc. welcher den 16. Sonnt. Trinit. den 15. Septembris in dem Herrn seeliglich entschlafen, und folgenden Mittwochen den 18. Sept. zu sein Ahnelkämerlein zur Michelstadt geleget worden.

Zu Nro. 167. Elisabethe Juliane.
Anno 1600 am ersten Sonnt. Epiph. den 13. Januarii ist zur Welt geboren und folgenden 21. Jan. Montags nach Septuagesima getauft worden das wolgeborne Freiwlein Elisabetha Juliane, Gräfin zu Erbach.

Zu Nro. 168. Louise Juliane.
1603 den 3. Jun. geboren Fräulein Louise Juliane wurde den 3. Jul. getauft.

Zu Nro. 169. Georg Albrecht.
Daß er meist seinen Aufenthalt auf dem Schlosse Breuberg gehabt, beweiset auch unter andern, ein in Silber fein getriebenes Bildnis, wo er zu Pferd, unten, den Breuberg vor sich habend, zu sehen ist. Es haben des Herrn Grafen Franz zu Erbach Hochgräfl. Gnd. dieses Bild von den Erben und Enkeln eines gewissen Stephan Jacob Silberrads, der des hiesigen Gräfl. Hauses Creisgesandter gewesen, und solches von Graf Georg Albrecht verehrt bekommen, erkauffet.

Zu Nro. 187. Sophie Elisabeth. Eigne Hand der Frau Mutter:
b. 1641 den 18. Jan. ist meine Tochter Sophie Elisabeth Mittags umb 11 Uhr durch einen unversehenen geschwinden Schlagfluß selig im Herrn entschlafen, ist begraben worden nach Michelstadt in die Kirche den   Jan.
Der Tag ist nicht bemerkt.

Zu Nro. 193. Georg I. c. 2. Rechnung wegen der Balsamirungs- und Abführungskosten:

	Gulden	Stüber
Vor Materialien zum Balsamiren	230	—
Dem Chirurgo von Utrecht, der die Defnung und das Balsamiren gethan	60	—
Denen Medicis	126	—

Das

(*) Anmerkung. Da mit diesen 2. todtgebornen jungen Herrn die Anzahl der Kinder von Graf Georg II, u 26. wie sie die Aufschrift des Grabmals desselben angieht, übereinkommt: so sind in der Tabelle 1. zu viel gesetzt worden, welches aber nicht geschehen seyn würde, wenn ich gegenwärtigen Documenten früher habhaft werden können.

Zusätze.

Das Directorium des Leichbegängnisses, so bey der Nacht veranstaltet worden, meldet:

> Daß der Leichnam nach Erbach gebracht, und daselbst in die Kirche gestellet worden; von dar aus erhob sich der Zug bis nach Michelstadt an der Linde: da die Leiche auf die Bahre gesezt, die Regalia von Cavalieren vorher getragen, und Obgste Herrschaft vom Cavalieren geführet worden. Mit dem Anfang des Liedes: Nun laßt uns den Leib ꝛc. ward ein Zeichen gegeben, worauf die Stücke gelöset und allemal eine Salve von dem Ausschuß (Contingent) gegeben worden.

Zu Nro. 242. Georg Albrecht l. d.

Die Ehepacten waren gestellet und unterzeichnet Neustadt an der Orle den 19. Jul. 1752.

Georg Albrecht, Graf zu Erbach.
Anna Sophia, verwittibte Gräfin zu Erbach, als Mutter und Vormünderin.
Ludwig, Graf zu Erbach.
Georg Wilhelm, Graf zu Erbach.
Georg August, G. z. Erbach.

Josepha Eberhardina Princeſs de Schwarzbourg Sondershausen
S. Everhardine, verwittibte Fürstin zu Schwartzburg, gebohrne Fürstin zu Anhalt-Bernburg als Mutter und Obervormünderin.
Henrich der zwölfte jüngerer Reuß, Graf und Herr von Plauen als Mitvormund.

Zu Nro. 244. Christian Carl l. b.

Die Ehepacten sind gestellet und unterschrieben:
Heilbronn den 28. Nov. 1785.
Michelstadt, König und Erbach den 29. May 1786.

Christian Carl, Graf zu Erbach.
Josepha Eberhardina, verwittibte Fürstin zu Erbach, gebohrne Fürstin v. Schwarzburg.
Ludwig, Graf zu Erbach.
Josepha Eberhardine, verwittibte Fürstin zu Erbach, gebohrne Fürstin von Schwartzburg, als Vormünderin meines Sohnes
Georg Eginhards Lbb.
Franz Carl, Graf zu Erbach.
Franz, Graf zu Erbach.

Dorothea Louise, Gräfin von Degenfeld-Schomburg.
August Christoph, Graf von Degenfeld-Schomburg.
Friderika, Gräfin von Degenfeld-Schomburg, gebohrne Freyin von Riedesel zu Eisenbach.

Zu Nro. 260. l. b. Die Eheberedung ist gestellet und unterschrieben Bergheim, Wächtersbach und Neuwied den 28ten Junius und König den 3ten Julii 1778.

(L.S.) Franz Carl, Graf zu Erbach.
(L.S.) Christian, Graf zu Erbach.
(L.S.) Georg August, Graf zu Erbach.

(L.S.) Auguste Caroline, G. z. Ysenburg und Büdingen.
(L.S.) Ferdinand Casimir, G. z. Ysenburg vor mich und als Vormund meines minderjährigen Herrn Vetters Grafen Ernst Casimirs zu Ysenburg-Büdingen Lbb.
(L.S.) Johann Martin, Graf zu Stolberg, als Vormund der Gräfin Braut Lbb.

Zu Nro. 270. l. b. Die Eheberedung ist ausgefertiget. König den 3ten August 1782 und unterschrieben:

(L.S.) Gustav Ernst, Graf zu Erbach.
(L.S.) Franz Carl, Graf zu Erbach.

(L.S.) Henriette Christiane, Gräfin zu Stolberg-Stolberg.
(L.S.) Louise Charlotte, verwittibte Gräfin zu Stolberg-Stolberg, geborne Gräfin zu Stolberg-Roßla.
(L.S.) Carl Ludwig, Graf zu Stolberg-Stollberg.
(L.S.) Christian Friederich, Graf zu Stolberg-Wernigerode.

Der geneigte Leser wolle folgende Fehler verbessern.

In den Tabellen:
Tab. II. n. 116. für Priorin l. Conventualin
Tab. III. n. 130. für Jan. l. Jun.
142. für 13. l. 14. Nov.
148. für März l. May, und nach lit. (b) setze: † 1635.
179. für 19. l. 29. May
180. für 20. l. 2. Oct.
185. für Jan. l. Jun.
Die übrigen in diese Tabelle eingeschlichene Fehler können aus denen beygefügten Zusätzen berichtigt werden.
Tab. IV. n. 223. Z. 12 für Dec. l. Jan.

In den Beweißthümern:
S. 16 Z. 1 für LVI. l. LV. Z. 14 für 57 l. 58 ebendas. Z. 14 von unten für 76 l. 78. S. 17 Z. 9 für 63 l. 65. S. 18 Z. 10 von unten für 57 l. 77. S. 19 Z. 10 für CXXXVIII. l. CXXXVII. ebendas. Z. 30 muß es heissen, die und — Schenk Philips des Georgen Vater ιc. S. 20 Z. 7. für c. l. d. und für d. l. e. S. 24 Z. 16 für LXIV. l. CLXIV. Z. 20 nach CHRISTI muß 1539 eingerückt werden S. 25. Z. 16 für Nro. CLXXXI. l. l. CLXXX. 1. S. 28. Z. 19 wird nach April 1559 eingerückt. S. 30 Z. 5 für 28 l. 130. S. 31 für CLXXXIX. l. CLXXIIX. S. 38 auf der kleinen Tabelle gehöret die Elisabetha Christina, Königin von Preußen annoch der Herzogin von Braunschweig Antoinette Amalie, ιu. S. 46 für 119 l. 208. Z. 17 von unten für 119 l. 208. S. 49 Z. 25. für CXIII. l. CCXIII. S. 50 Z. 31 für Nro. 171. l. 152. ebendas. Z. 6 von unten für 1633 l. 1663 wie auch S. 51 Z. 2 S. 52 Z. 24 für 25 l. 28. ebendas. für 19 l. 29. S. 53 Z. 4 für 1646 l. 1645. S. 57 Z. 28 für d. l c. 2. Z. 33 für c. l. d. Z. 36 für L l. e. Z. 45 für f 2 l. c. a. S. 63 Z. 28 für Michelstädter l. Erbacher. S. 76 Z. 12 für 1735 l. 1733.

www.ingramcontent.com/pod-product-compliance
Lightning Source LLC
Chambersburg PA
CBHW031404160426
43196CB00007B/896